KISU
연구총서
2

안전하고 평화로운

통일의 길

걸림돌 해결방안

하정열 외 공저

강진석·라미경·문성묵·이상철·이자형·정경영·안찬일

한국안보통일연구원

머 리 말

　우리의 자랑스러운 대한민국은 한민족의 생존보장을 바탕으로 조국통일의 꿈을 실현하고, 일류국가에 합류하여 인류의 평화와 번영에 이바지할 수 있는 나라가 되어야 한다.

　그 동안 통일담론을 통해 한반도의 평화통일을 위한 다양한 전략과 정책이 제시되었지만, 통일의 걸림돌에 대한 식별노력이 소홀했었다. 걸림돌에 대한 정확한 진단이 전제되지 않으니 통일정책의 일관성이 사라지고 정권에 따라 흔들림의 진폭이 매우 클 수밖에 없었다.

　이 책 『안전하고 평화로운 통일의 길, 걸림돌 해결방안』은 튼튼한 안보를 바탕으로 대한민국의 생존을 보장하고, 번영·발전과 평화통일을 이루어 일류국가로 도약할 수 있는 통일의 길에 걸림돌은 무엇인가를 진단하고, 그 대책을 제시하기 위해 집필되었다. 국가전략의 큰 틀 속에서 평화통일을 위한 '해결능력을 담고 있는 정책대안'을 제시하기 위해 미시·거시적인 분석을 통해 근원적인 문제를 파헤치고 대안을 제시하는 접근방법을 모색하였다.

　본서는 통일운동의 선봉장 역할을 다하고 있는 한국안보통일연구원의 두 번째 연구총서로서 연구원의 소장단이 함께 참여하여 공저의 형식으로 내놓게 되었다. 제1장 미래지향적 안보통일철학의 정립은 강진석 국방연구소 소장이, 제2장 북한의 평화통일 저해요인 제거전략과 제8장 남북한 군의 성공적인 군사통합 준비는 하정열 한국안보통일연구원 원장이 작성하였다. 제3장 일관성 있는 통일정책 추진은 문성묵 통일연구소 소장이, 제4장 남남갈등 해소와 국민통합은 라미경 평화연구소 부소장이 작성하였다. 제5장 남북한 통일과 법적문제 해결방안은 자문위원인 이상철 육군사관학교 명예교수가, 제6장 통일비용의 재원조달과 최소화 방안은 이자형 남북경제연구소 소장이, 제7장 통일을 향한 국제협력 방향은 정경영 안보연구소 소장이, 제9장 탈북민정책과 통일역군 준비는 자문위원인 안찬일 교수가 작성하였다.

각 분야에서 최고의 전문가들이 공저자로 참여하여 실무 경험과 지혜에서 나온 전략적인 혜안과 정책적인 제안을 제시하고 있는 『안전하고 평화로운 통일의 길, 걸림돌 해결방안』이 기존의 연구들과는 다른 차원에서 통일의 핵심 걸림돌을 식별해 내고 이에 대한 실천적인 대안을 제시함으로써, 튼튼한 안보를 바탕으로 통일을 이루는 디딤돌의 역할을 할 수 있다고 자부한다. 평화통일 된 일류국가 건설을 위해 헌신노력하시는 분들을 포함한 모든 국민들에게 감히 일독을 권한다.

출판을 맡아 주신 도서출판 오래의 황인욱 대표님과 관계자 여러분에게 감사드린다.

2014년 가을
평화통일된 일류국가를 염원하며

한국안보통일연구원
공저자 일동

차 례

제2장

평화통일 북한 저해요인 제거방안   <하정열>   57

제3장

일관성 있는 통일정책 <문성묵>

제4장

남남갈등 해소와 국민통합 <라미경>　133

제5장

남북한 통일과 법적 문제 <이상철>　171

제6장

통일비용의 재원조달과 최소화 방안   <이자형>   217

제7장

통일을 향한 국제협력 방향   <정경영>   255

제8장

남북한 군의 성공적인 군사통합 준비   <하정열> 287

제9장

북한이탈주민정책과 통일역군 준비
—통일과정 관리를 위한 전문가 육성 및 활용 <안찬일>　323

<표·그림 목차>

안전하고 평화로운 **통일의 길**

— 걸림돌 해결방안

개   관

　　지금 남북한 관계는 한치 앞도 예측하기 힘들 정도로 대치 국면이 심화되면서 장기화되고 있다. 이를 극복하여 우리의 염원인 통일의 길을 앞당겨야 한다.

　　박근혜 대통령은 '한반도 신뢰프로세스'를 천명하고, 통일은 대박이라고 전제하면서 2014년 3월 28일 통독의 상징도시인 드레스덴에서 평화통일 기반조성을 위한 3대 제안을 발표했다. 즉 '한반도 평화통일을 위한 구상'이라는 제목의 기조연설에서, 첫째 남북 주민의 인도적 문제 우선 해결, 둘째 남북 공동번영을 위한 민생 인프라 구축, 셋째 남북 주민간 동질성 회복 등 3가지 구상을 북측에 제안했다.

　　북한의 김정은 정권은 박 대통령의 제안의 진정성을 문제 삼아 '흡수통일' 논리이자 '황당무계한 궤변'으로 매도하면서 사실상 이를 거부한 채, 한편으로는 인천 아시안게임에 참가하였고, 전격 폐막식에 참석차 방한한 황병서 총정치국장, 최룡해 노동당 비서, 김건양 대남담당 비서 등 북한 고위층 인사들이 우리측 김관진 국가안보실장, 류길재 통일부 장관과 고위급 회담을 개최하였다.

우리 조국이 일류국가가 되기 위해서는 한반도의 평화정착과 평화통일이 전제되어야 한다. 이를 위해서는 과연 무엇을 어떻게 풀어나가야 하는가에 대한 분석과 대안제시가 모호하다는 데 어려움이 있다.

　　통일은 장밋빛 전망으로만 접근할 수 없다. 통일국가의 형태, 사회운영의 원리, 노동문제, 그리고 북한의 소유제 해결 방식 등의 문제들이 있다. 또한 시장경제체제로의 전환 과정에서 이념과 사상 및 사회 갈등의 해소, 안보대책, 경제통합 접근방법과 법적문제 해결 등 하위차원에서의 어려운 문제들이 산적해 있다. 이러한 문제 인식하에 2014년 7월 15일 대통령 직속하에 통일준비위원회가 발족되었다. 박근혜정부의 한반도 신뢰프로세스를 구체화하기 위한 통일준비가 시작되었다고 할 수 있다. 늦은 감이 있지만, 이제부터 구체적으로 통일문제를 검토해 나갈 수 있게 된 것이다.

　　이 시점에서 우리는 통일의 걸림돌이 무엇인가를 진지하게 파악하고, 안전하고 평화로운 통일을 위한 준비를 어떻게 해야 할지 종합적으로 검토해 볼 필요가 있다. 이를 위해 아홉 개의 통일을 위한 핵심 걸림돌의 해결방안을 제시하였다.

　　첫 번째, 통일의 걸림돌은 북한의 사상이념공세로서 오도된 민족담론과 통일전선전술의 극복이다. 전시작전통제권 전환이 예정되어 있고 북한의 핵을 머리 위에 얹고 통일을 추진해야 할 처지에 있다. 우리는 그 어느 때보다도 신중한 통일 접근이 요구되며, 안전하고 평화로운 통일을 위한 국가 대전략

수립이 요구된다. 북한의 위협을 줄이고 상생해 나갈 수 있는 여건 조성을 위해서는 향후 예상되는 주체사상 등 정치사상 공세와 통일전선 전술을 극복해 나가면서 신뢰프로세스를 적용 발전시켜 나가야 한다. 이를 위해서는 무엇보다도 먼저 북한의 사상공세에 대처하고, 내부적으로 이념적 장애요소를 극복할 수 있는 국민들의 안보통일철학의 정립이 요구된다.

통일의 과정에 있어서 가장 큰 문제는 사상 이념적 대립이다. 북한정권의 통치이념은 김일성 주체사상과 선군정치 이념을 근간으로 하고 있다. 민족, 자주, 민주이념을 용어혼란전술을 통하여 혼란을 야기하고 남조선 저항세력들과 통일전선을 형성, 주체사상에 의한 인민민주주의 통일을 추구하고 있다. 따라서 북한의 사상적 공세를 차단하고 통일 과정에서 야기될 것으로 예상되는 우리 내부의 이념적 혼란을 극복할 수 있어야 할 것이다.

이를 위하여 통일을 지향한 국가가치체계를 정립하고 이에 입각한 안전하고 평화로운 단계적 통일접근 방안과 전략적 대안 및 정책 방향을 모색해 본다.

두 번째, 통일의 걸림돌은 북한의 변화를 저해하고 있는 북한 내부의 여러가지 요인들이다. 주요 요인으로는 북한의 사회주의 혁명을 명시하는 노동당규약과 핵 보유를 강조하는 북한헌법이 기저를 이루고 있다.

북한정권은 대한민국 정부가 해결하고자 원하는 무력통일전략, 핵 등 체제유지와 관련한 의제에 대한 협의를 완강하게 거부하는 입장이다. 남북한간 통일문제에 대한 논의는 구조적인 접근이 쉽지 않다. 그리고 남북관계에서 군사력의 직접 사용은 적대적 긴장과 대결의 역효과만을 초래하므로, 북한체제의 변화를 촉진 및 활용하기 위한 '간접접근전략'(Indirect Strategy)이 필요하다. 통일의 시점까지 상생의 '윈윈(win-win)원리'가 작동해야 하는 남북한 관계에서는 우리가 주인이 되어 포괄적·신축적 상호주의를 활용하여 우리가 원하는 방향으로 그들의 체제와 주민들을 변화시켜나가야 할 것이다.

세 번째, 통일의 걸림돌은 우리의 일관성 없는 통일정책이다. 통일실현을 위해서는 반드시 일관성 있는 통일정책이 추진되어야 한다. 그러나 우리는 정부가 바뀔 때마다 통일정책과 대북정책이 오락가락한 전례를 갖고 있다. 이는 통일 성취과정에서 우리에게 또 다른 걸림돌이다.

통일정책과 대북정책은 별개로 생각하기 어렵다. 그래서 통일·대북정책이라는 용어를 사용하고자 한다. 통일정책과 대북정책은 어떠한 상관관계가 있는지, 통일·대북정책은 어떤 개념인지 살펴본다. 이러한 개념정의에 입각해서 이승만 정권 이후 박근혜정부에 이르기까지 역대 정부의 통일·대북정책이 어떻게 바뀌어 왔는지를 정리해 본다. 이처럼 정권이 바뀔 때마다 통일·대북정책이 변경될 수밖에 없었던 근본원인은 무엇인지 살펴보고 이처럼 정책방향이 오락가락한 결과 어떠한 부작용이 발생했었는지 알아보기로 한다. 이와 함께 평화통일의 모범적 사례를 보여준 독일의 경우 어떻게 일관된 정책을 추진하여 통일성을 이루었는지 역사적인 과정을 살펴본다. 또한 우리 정부가 통일정책 추진을 일관되게 추진해 나가기 위해 필요한 조건은 무엇인지, 현 안보상황에 부합된 통일정책은 어떻게 정립하고 추진해 나아가야 할지 그 대안을 모색해 본다.

네 번째, 통일의 걸림돌은 남남갈등이다. 어느 사회, 국가나 내부적 갈등은 존재하며, 국가는 그러한 갈등을 해소하고 '국민통합'을 도모하기 위하여 다양한 정책을 추진한다. 우리나라의 경우 지역갈등을 비롯하여 이념갈등, 계층갈등 등 여러 가지 갈등이 존재하고 있으며, 최근에는 세대 간의 갈등도 중요한 갈등 가운데 하나로 부각되고 있다.

남북한이 공존의 협력시대에 진입하기 위해서는 북한의 변화도 필요하지만, 우리 남한사회 내부의 대북인식도 변화되어야 한다. '남남갈등'이 치유되지 않고는 남북통일도 쉽게 달성될 수 없을 뿐만 아니라, 국가발전도 도모되기 어렵다는 점에서 남남갈등의 해소는 우리 국민들에게 부여된 중요한 과제라고 할 수 있다.

대북 통일정책에 있어서 남남갈등의 내용과 현주소를 조명해 보고 대북 통일정책에 관한 국민합의 방안을 민족통합 방안과 사회통합 방안으로 나누어 살펴보기로 한다.

다섯 번째, 통일의 걸림돌은 남북한의 상이한 법체계이다. 통일과 관련하여 해결해야 문제는 여러 분야에 복합적으로 연결되어 있다. 정치, 외교, 국방, 경제, 사회, 문화 등 여러 분야에서 통일의 걸림돌을 해결하고 대비하여야 한다. 통일의 마지막 마무리 단계에서 필수적이라 할 수 있는 법적 측면에서도 해결해야 할 문제점이 여러 곳에 산재해 있다. 헌법을 비롯한 개별법규에서 남북한 관계가 어떻게 규정되어 있고, 남북한 법이 서로 어떻게 다른가 하는 점을 살펴보고 그 문제점을 해결함으로써 혼란 없는 통일을 달성할 수 있을 것이다.

남북한 통일과 관련하여 해결해야 할 법적 문제점은 남북한 헌법의 차이점과 남북한 관계법, 민사법 분야에서의 몰수재산 처리, 재산 상속, 가족법 문제, 형사법 분야에서의 교류협력 과정에서 발생되는 형사사건 처리문제, 체제불법에 따른 형법적 청산의 문제, 남북한 사법조직의 통합 문제, 국제법 분야에서의 조약 승계 문제, 군통합에서의 법적 문제 등이 있다.

여섯 번째, 통일의 걸림돌은 통일비용이다. 통일비용은 위기관리비용, 체제전환비용, 경제적 투자비용, 경제사업비용, 분단비용, 그리고 평화비용 등으로 구성된다. 통일비용에 대한 기존연구와 독일의 사례를 살펴보고 재원조달의 새로운 방향을 모색해본다. 통일비용 재원조달에 대한 사회적 합의 도출, 통일비용 재원 조달의 최소화 방향, 통일비용 조달에 대한 국제협력 강화 방안을 살펴본다.

일곱 번째, 통일의 걸림돌은 한반도 주변국들의 이해관계이다. 한반도 통일은 남북간 민족 내부의 문제이자 동시에 분단을 유발한 국가들의 협력이 요구된다는 차원에서 국제문제이다.

한반도 통일의 국제적 여건을 조성하기 위해서는 통일 한국의 비전을 제시하여 공감과 지지 확보를 하는 것이 우선시되어야 한다. 서독이 어떠한 통일외교를 전개하여 미국, 소련, 프랑스, 영국 등 강대국들로부터 협력을 이끌어낼 수 있었는가를 알아보고, 한반도 통일에 주는 교훈과 시사점을 도출해 본다.

통일의 걸림돌이 되고 있는 요인들은 주변국의 한반도 분단에 대한 이해관계, 한반도 통일시 우려사항 등이며 이를 해소하기 위해 통일의 편익(便益)이 무엇인가에 대한 논리 개발이 요구된다.

통일 과정에 있어서 한반도 평화체제 구축을 위해 필요한 여러가지 사항들과 대비사항 등을 살펴보고 이의 실현을 위한 구체적인 정책적 대안을 모색해 본다.

여덟 번째, 통일의 걸림돌은 통일 과정에서의 군사통합이다. 한반도의 통일 과정에 있어서 군사통합의 문제를 어떻게 해결하느냐가 안전하고 평화로운 통일의 핵심적인 요소라 할 수 있다.

우리는 향후 한반도의 평화정착과 통일논의가 진전될 경우에 대비하여 구체적인 군사통합방안의 준비가 요구된다. 군사통합의 문제는 평화통일의 국가전략 개념을 바탕으로 정치, 경제, 사회, 문화적인 분야의 통합과정과 연계하여 보완적으로 추진되어야 한다. 정부의 통일방안에 맞추어 단계적으로 군사통합을 추진하면서, 북한의 급변사태에 따른 군사통합의 문제도 병행하여 준비가 요구되며 이를 위한 대안을 모색해 본다.

아홉 번째, 통일의 걸림돌은 통일시 북한주민의 동화와 적응을 위한 준비의 미비이다. 통일준비 과정에서 북한이탈주민들을 활용하여 대안세력으로 활용할 수 있는 준비가 요구된다. 현재 정부의 북한이탈주민대책에 여러가지 문제점이 있다. 통일 과정에 있어서 북한주민들에 대한 통제와 동화, 적응을 위한 효율적인 체제구축을 위한 대책 마련이 요구된다. 구체적으로 이를 전담하고 사전 준비를 위한 시스템 구축이 요구되며 전문요원 양성이 요구된다. 북한의 체제전환을 위해서는 이들을 가장 잘 알고 있는 북한이탈주민들을 활용하는 것이 필요하며 우선 북한이탈주민 발생원인과 현황, 북한이탈주민 정착의 문제점과 대안을 살펴보고 이들의 인텔리군 양성과 준비, 체제대안세력과 시장경제 구축세력으로서의 활용대책을 모색해 본다.

제1장

미래지향적 안보통일철학의 정립
—북한의 오도된 민족담론과 통일전선전술 극복

강진석

북한이 핵무장을 완료함에 따라 대남 군사적 열세를 만회하였다고 판단하고 김정은의 통치기반이 안정되었다고 판단되면 이를 바탕으로 통일전선전술을 극대화하며 적극적 평화공세를 취해 올 것으로 예상된다. 따라서 우리의 향후 대북전략은 북한의 전략적 평화공세와 통일전선전술을 극복하기 위하여 방어적이고 공안대책 차원의 북한에 대한 현상관리적 틀에서 벗어나야 한다. 그리고 내부적으로는 우리 국민들의 안보통일철학의 정립을 통해 통일의 비전과 가치를 명확히하고 이를 기반으로 북한의 실질 변화를 목표로 한 통일가치 실현전략이 추진되어야 한다.

개　요

　　북한의 핵 무장으로 2015년 말로 예정되었던 전시작전통제권 전환 시기의 재연기가 협의되고 있다. 북한의 핵을 머리 위에 얹고 통일을 추진해야 할 우리는 그 어느 때보다도 신중한 통일접근이 요구된다. 또한 안전하고 평화로운 통일을 위한 국가 대전략 수립이 요구된다. 북한의 위협을 줄이고 상생해 나갈 수 있는 여건 조성을 위해서는 향후 예상되는 북한의 정치사상 공세와 통일전선전술을 극복해 나가면서 신뢰프로세스를 적용 발전시켜 나가야 한다. 이를 위해서는 무엇보다도 먼저 북한의 사상공세에 대처하고 이념적 장애요소를 극복할 수 있는 국민들의 가치체계 정립 등 안보통일철학의 정립이 요구된다.

　　통일의 과정에 있어서 가장 큰 문제는 사상 이념적 대립이다. 북한정권의 통치이념은 김일성 주체사상과 선군정치 이념을 근간으로 하고 있다. 이에 따라 북한은 통일전선전술을 구사해왔으며 민족, 자주, 민주이념에 대한 용어혼란전술을 통하여 혼란을 야기하고 남조선의 저항세력들과 통일전선을 형성, 주체사상에 의한 인민민주주의 통일을 추구하여 왔다. 북한의 통일전선전술은 그 근본이 대남적화혁명을 목표로 한 전략전술이며 이것은 북한체제가 '혁명'을 체제 존립의 정당성을 근거로 삼을 수밖에 없는 한 영원히 포기할 수 없는 부분이다.

북한이 핵무장을 완료함에 따라 대남 군사적 열세를 만회하였다고 판단하고 김정은의 통치기반이 안정되었다고 판단되거나 정치상황의 변화로 정책전환이 요구될 때 통일전선전술을 극대화하며 적극적 평화공세를 취해 올 것으로 예상된다. 따라서 우리의 향후 대북전략은 방어적이고 현상관리적 틀에서 벗어나 북한을 실질적으로 변화시킬 수 있는 목표와 북한자유화 추진 전략을 세워야 한다.

그 동안 압도적 경제적 우위와 한미동맹을 근간으로 상정했던 낙관론적 햇볕정책도 북한의 자멸 또는 몰락을 기본전제로 북한 필멸론에 입각한 흡수통일 정책 모두 실패하였다. 따라서 새로운 차원의 통일 접근전략이 요구되며 패러다임 전환이 요구된다.

따라서 신뢰구축을 전제로 한 대북 통일접근은 첫째 북한의 사상적 공세를 효과적으로 차단해야 하며, 둘째 안전이 보장되어야 하며, 셋째 남과 북이 상생공존 할 수 있어야 하며, 넷째 평화적으로 추진되어야 한다.

최근 통일과 함께 국민 대통합이 국가적 과제로 대두되었다. 통일을 위해서는 먼저 국민 대통합이 이루어져야 한다. 오늘날 한국사회는 이념, 세대, 지역, 계층별로 가치관, 세계관, 역사관, 국가관, 사회관의 차이 등의 국민분열이 심각하다. 현재 한국사회는 가치와 도덕과 시각의 차이가 구조적이다.[1] 국민대분열의 원인으로 남북분단, 압축성장의 결과, 세대간 의식과 문화

---

1) 박세일, 「국민통합 어떻게 이룰것인가 -갈등과 대립으로 선진화는 불가능하다-」, 『한국군사』 제32호, 한국군사문제연구원, 2013, p. 25.

의 차이 등을 들수 있는데 이를 극복할 수 있는 대책으로는 첫째 역사의 정통성·정당성의 정립(正立), 둘째 헌법가치의 준수(자유민주주의, 시장경제, 법치주의, 세계평화주의), 셋째 북한의 사상전에 적극대응, 넷째 약자/피해자에게 미래비젼의 제시, 다섯째 세대간 소통의 생활화·제도화 등이 요구된다.

따라서 통일의 가장 큰 걸림돌은 국민의 대분열이라고 할 수 있으며 이를 극복하기 위한 대안이 강구되어야 한다. 역사의 정통성과 정통성을 바로세우는 문제로부터 시작하여 우리 내부적 단합을 이룩하고 외부적 충격과 도전에 대응할 수 있는 힘을 길러야 한다.

본고에서는 과거의 접근과는 다른 새로운 차원의 종합적 대책으로서 국가가치 정립을 통한 역사의 정통성과 정당성을 바로세우고 이를 통하여 북한의 이념적 사상공세를 극복하는 한편, 우리 내부의 이념적 혼란과 분열을 치유할 수 있는 대안을 제시하고자 한다. 이를 통하여 우리 국민들의 통일과 국가안보에 대한 명확한 철학이 정립될 수 있으며, 이로부터 안전하고 평화로운 통일접근 전략과 정책 방향 모색이 가능할 것이다.

제1절 통일의 가치와 목표

1. 통일비전과 통일담론의 대두

박근혜 대통령의 2014년 신년사에서의 '통일대박' 언급과 통일준비위원회의 발족(2014.7.15)으로 야기된 통일담론의 확산은 그 동안 형식적이고 정쟁의 도구에만 머물러 있던 통일의 구체적 의미를 되새기게 하였다. 왜 통일이 대박인가? 통일은 무엇이고 왜 통일을 해야 하며, 어떤 통일이어야 하고 어떻게 통일의 길로 가야 할 것인가에 대한 통일의 가치에 대한 철학적 논의와 함께 이를 위한 새로운 패러다임의 모색에 관한 논의들이 활발하게 진행되고 있으며, 이러한 통일담론은 과거와는 새로운 차원에서 이루어지고 있다.

그 동안 우리는 '선통합 후통일'의 논리로 단계적 점진적 접근을 해 왔다. 통일은 둘로 나누어진 민족, 국가, 국토가 하나가 되는 '분단의 극복'이라면, 통합은 한국사회의 내부의 '분열의 극복'과 함께 남북간 다양한 부분에서의 '조화와 융합'을 의미한다. 통일은 정치적·법적 차원의 가부(可否)의 문제이자 특정한 역사적 시점이 명확히 결정되는 사건이라면, 통합은 각 부분의 내적 결합의 수준과 심화의 단계를 의미한다.[2) 따라서

---

2) 조민, 「통일비전과 통일담론의 확산: 통일의 새벽이 동터오는가」, 통일정책 자료 Online Service CO 14-04, 통일연구원, 2014.3.14, p. 2.

그 동안 통일에 대한 접근은 이러한 당위적 낙관적 차원에서 이루어져 왔다. 따라서 그 동안의 통일접근 패러다임은 정치, 경제, 군사적 대북 우위를 바탕으로 하여 햇볕정책 중에는 낙관적 교류협력 정책이, 그리고 대북강경정책 기간에는 북한의 몰락을 전제로 하는 흡수통일 정책으로 오락가락하며 체계적이고 구체적인 통일의 준비는 진전될 수 없었다.

그러나 이제 북한이 핵무장을 하게 됨으로써 낙관적이던 상황이 바뀌었다. 핵을 가진 북한을 상대로 통일을 추진해 나가게 됨으로써 이제는 과거와 같은 낙관적 또는 비관적 가정에 기초한 막연한 정책으로는 통일을 이루어 갈 수 없다는 것이 명확해진 것이다. 이제 통일은 철저한 현실적인 준비가 필요하고 북한을 변화 시킬 수 있는 구체적이고 전략적인 접근이 요구되게 되었다. 비핵·평화통일과 번영은 우리 국민들의 건전한 안보통일철학의 재정립을 통한 패러다임의 전환을 통해 가능하다.

2. 통일의 가치와 목표

통일은 한반도와 동아시아의 항구적 평화상태를 이루는 길이다. 통일은 평화 혁명이며 파괴와 건설의 과정이다. 통일과 통합은 다르다. 통일은 해체와 통합을 넘어서 동북아 평화의 주도자로서 새로운 국가를 건설하는 것이다.[3]

---

3) 조민, 위의 글 참조.

분단 상태에서 한반도의 공고한 평화구축은 불가능하다. 한국은 6.25전쟁의 폐허를 딛고 60여 년 만에 서구 300~350여 년의 산업화와 민주화 과정을 압축 달성하여 단군조선 이래 처음으로 중국보다 잘살고 일제의 역사 왜곡과 식민침탈을 넘어서 선진국으로 발돋움하였다.

　　그러나 최근 대한민국은 기로에 봉착하였다. 동북아는 국제정치 구도에서 구한말과 유사한 강대국 역학관계와 북한 핵을 중심으로 신냉전 구도에 있다. 북한은 최빈국 상태로 인민들이 기아에 허덕이고 있고 인권이 최악의 상황에 있다. 글로벌 경제와 소셜네트워크서비스(SNS: Social Network Service) 사각지대의 고립무원 상태에서 상대적으로 강압독재는 더욱 심화되고 있다. 반면 한국은 G20 국가로서 위상을 확보하고 있지만 저출산, 고령화, 자원부족 등으로 새로운 성장동력을 얻지 않으면 미래발전이 불가능한 상황에 있다.[4]

　　따라서 통일은 남북 모두 절실한 과제가 되었다. 통일대박론도 바로 이러한 인식하에서 신뢰구축을 전제로 양측에 공생공영의 미래를 개척해 나가자는 것이다.

　　따라서 통일대박의 차원에서 통일의 가치와 목표를 새로운 차원에서 재조명해 보면, 첫째 붕괴된 북한의 경제와 한계에 봉

---

4) 미국의 경제 전문가인 해리 덴트(Harry S. Dent, Jr.)는 2020년을 한국경제에서 인구절벽이 시작되는 해로 지목하고 있다. 통상 인구절벽이란 인구가 줄어드는 시점으로 인식하고 있으나 그는 생애 전 주기에서 가장 소비자가 많은 연령대인 45-49세 인구가 줄어들기 시작하는 시점을 인구절벽으로 정의하고 있다(「2020년 인구절벽 위기 온다」, 『머니투데이』 창간기획, 2014.6.14).

착한 남한의 성장동력을 회복시키고 한강의 기적과 같이 대동강의 기적[5]을 일으켜 선진일류국가로 도약할 수 있는 중요한 모멘텀이 될 수 있다. 둘째 동북아 평화창출(Peace Maker) 및 유지자(Peace Keeper)로서 국제평화에 기여하며 주도적 역할을 수행할 수 있다. 통일 한국은 해양세력과 대륙세력의 화합과 공동번영의 장을 마련함으로써 동북아 평화문화를 창출할 수 있다. 셋째 일본의 역사왜곡을 극복하고 잃어버린 상고대 역사를 회복하여 중국의 동북공정에 대응함으로써 한민족의 역사적 정체성을 회복할 수 있다

이러한 통일의 가치와 목표실현을 위해 당면한 현실에서 북한체제의 진정한 변화를 위해서는 한반도 문제에 대한 접근방법에 있어 발상의 전환과 패러다임의 전환은 다음과 같이 요구된다.

첫째, 평화에 대한 인식으로서 한반도의 공고한 평화와 안전보장을 위해서는 분단평화가 아닌 통일평화를 추구해야 한다.

둘째, 동북아 영토갈등 및 역사왜곡 등 안보전략 환경의 변화에 따른 새로운 국가전략의 모색이 요구된다. 국가전략이 통일을 근간으로 선진일류국가 건설 및 번영을 추구하며 평화창출 및 유지자 역할을 할 수 있는 비전과 전략의 발전이 요구된다.

---

5) 매일경제·한국경제연구원·현대경제연구원, 『다가오는 대동강의 기적: 기회의 땅 북한』, 매일경제신문사, 2013; 삼일회계법인 대북투자지원팀, 『대동강의 기적: 개성에서 나진까지』, 삼일회계법인, 2013.

셋째, 북한의 민족개념인 김일성 민족이 아닌 한민족으로서 고유의 정체성 확립과 역사 재정립을 통해 역사왜곡을 극복하고[6] 통일코리아의 '흔문명'[7]을 창출, 홍익인간의 이념을 구현해 나가야 한다.

이러한 통일의 가치와 목표를 구현하기 위해서는 수많은 장애요소가 있다. 통일의 걸림돌로 가장 먼저 들 수 있는 것은 당장 눈앞에서 펼쳐지고 있는 허황된 야욕을 배경으로 한 북한의 대남 사상 심리전과 통일전선 전술이다. 최근 북한은 이러한 정치선전전술을 극대화하고 있다. 북한의 정치 사상전과 통일전선 전술의 실체는 무엇인가?

---

6) 북한의 역사교육은 세계사, 조선역사, 혁명역사로 구성되어 있으며 김일성 주체사상의 합리화로 귀결되어 있다. 북한의 역사인식은, 첫째 우리나라 최초의 통일국가는 고구려의 민족통일을 계승한 고려로 인식하고 있다. 즉, 신라의 삼국통일을 비판하고 부정하고 있으며, 둘째 고조선-고구려-발해-고려-북한으로 이어지는 북한정권의 정통성을 강조하고 있다. 셋째 한국사의 중심을 북한에 두고 있으며 북한이 한국사의 정통성을 이어간다고 말하고 있다. 넷째 '조선력사'의 역사주체를 인민에 두고 있으며 농민전쟁과 인민투쟁사를 위주로 하고 있다(이은형, 『북한의 교과서 '조선력사'에 보이는 한국고대사 인식의 변화』, 고려대학교 교육대학원, 2005).

7) '흔문명'이란 한민족 고유의 독자적인 문명을 말한다.

제2절 북한의 통일접근 전략

1. 북한의 대남혁명전략

북한이 표방하는 통일은 사회주의 헌법보다 상위 규범인 노동당규약에서 규정한 바와 같이 "당면목표로서 공화국 북반부 사회주의 강성국가를 건설하고 전국적 범위에서 민족해방 민주주의 혁명과업을 수행하며, 최종목적은 온 사회를 김일성·김정일주의화하여 인민대중의 자주성을 실현"[8]하는 데 있다. 한국정부가 민족공동체의 번영·발전 차원에서 통일문제를 보아온 반면 북한은 대남혁명전략 차원에서 통일문제에 접근해 왔다. 즉 "先 남조선혁명, 後 조국통일"이라는 정책기조를 견지해 오고 있다. 여기서 말하는 남조선혁명의 핵심은 자유민주체제인 대한민국을 타도하고 북한식 사회주의체제로 흡수한다는 것이다.

북한이 추구하고 있는 대남 혁명전략은 "민족해방 인민민주주의 혁명"이다. 민족해방혁명은 "미 제국주의 침략자 타도" 즉 주한미군 철수를 통하여 한국을 "미제국주의의 식민지적 지배"로부터 벗어나게 한다는 것이며 인민민주주의 혁명은 한국내 현정권을 타도하여 용공·연북정권을 수립시킨다는 것이다.

이처럼 북한은 공산정권 수립 이후 지금까지 대남적화통

---

8) 노동당 규약 서문: 2012년 4월 11일 개정.

일전략이라는 기조를 변함없이 고수하면서 한국에 대한 적대 정책을 더욱 강화하고 있는 것이다. 북한에 있어서 평화통일협상은 수차례의 경험에서 보듯이 한낱 명분적 구호와 통일전선전술 차원의 투쟁의 연장일 뿐이다.

통일전선론 체계는 해방직후기, 김일성시대, 그리고 김정일 시대로 이어지는데 골격은 비슷하나 일부 전략전술 강조에 차이가 있다.[9]

2. 북한의 통일전선전술(기만전략) [10]

2012년 4.11총선과 대선 이후 종북파 논란이 뜨거웠다. 우리나라 민주통일 과정에서 예상되었던 당연한 수순이기는 하나 대다수의 국민들은 그 동안 잠수해 있던 종북파들의 실체를 보면서 당혹해 하였으며, 그들의 시대착오적 역사인식과 왜곡된 이념논리에 황당해 하였다. 대부분의 국민들은 군사정권 시절에 횡행하였던 종속이론, 미 제국주의와 식민주의 착취, 그리고 그에 따른 반미·반제투쟁을 반 독재투쟁과 구분하지 못했다.

그리고 1997년 이후 민주화 이후 민주주의의 제도화가 완료된 이 시점에서 그 시절의 논리가 재연되어 남조선 사회에

---

9) 김동성, 「북한의 통일전선 전략전술과 대남정치 심리전」, 『전략연구』, 한국전략문제연구소, http://www.dbpia.co.kr/Article/3179126
10) 이 부분은 필자의 강진석, 『클라우제비츠와 한반도 평화와 전쟁』, 동인, 2013, pp. 450-455를 인용, 보완하였다.

통일전선을 구축, 김일성 세습왕조에 의한 공산·사회주의 통일을 추구하는 북한의 이념노선을 추종하며 통일이 그 어떤 가치보다 우선한다는 통일지상주의를 내세우고 있다.

진보와 보수는 동전의 앞뒷면과 같은 것으로서 역사를 발전시켜 나가는 두 수래바퀴이며, 헤겔의 정반합의 역사발전법칙인 것이다. 진보의 이념은 평등, 분배, 복지 등에 가치를 둔 새로운 법, 제도, 질서를 창출하여 보다 발전된 민생을 도모하고자 하는 것이다. 그러나 한국이 발전해 나가야 할 방향은 북한이 추구하는 통일은 아니다.

또한 우리를 위협하는 핵개발과 미사일 개발 그리고 6.25 남침에 대한 부정문제, 북한 국민에 대한 인권 탄압 문제 등에 대한 부정 등은 우리에게 용납될 수 없다. 북한 김일성은 1975년 제2의 남침을 위하여 중국에 군사적 지원을 요청했고 모택동은 대화하라면서 이를 거부했다는 사실이 최근(2012년 5월) 당시 동독 외교관 문서에서 확인되었다.[11] 종북파는 진보가 아니다. 다만 위선적 가면을 썼을 뿐이다.

따라서 분명히 해야 한다. 우리는 북한이라는 정치이념과 체제에 대하여 국민들은 그것을 추종하지 않는다. 그리고 통일이 모든 것에 우선하는 자유민주주의를 넘어서 추구해야 하는 절대적 가치가 될 수 없다. '우리끼리'라는 용어 속에 숨겨진 반미투쟁 논리에 현혹되지 않는다. 국민들은 정확히 이러한 북한 정권의 기만전술과 시대착오적인 적화통일 전략전술을 이

---

11) 성기홍 특파원, "1975년 김일성 남침지원 요구에 中 '남북대화해라' 訪中으로 대남정책 지원 이끌어내려던 시도 좌절"(연합뉴스, 2014.5.16일).

해하여야 한다.

　우리 국민들의 의식 수준은 상당히 높아졌다. 즉 G20 선진 부국 대열에 들어선 국민들의 눈높이는 세계 최고의 독재 세습왕조국가로서 극빈국가인 북한의 이념과 논리에 흔들리지 않는다는 점이다. 이것은 2012년 대선과정에서 여실히 증명되었다.

　이러한 이해는 통일 과정에서 우리의 확고한 자세를 견지하는데 대단히 중요한 것이며, 통일 과정에서 혼란을 최소화하고 단합된 의지로 필요한 조치들을 신속히 처리해 나갈 수 있다. 따라서 우리는 북한의 통일전선전술을 정확히 이해하는 것이 필요하다.

가. 통일전선전술의 기원

　'통일전선'은 레닌과 모택동의 혁명전략 이론에 의하여 시발되었으며, '국제공산주의 운동'에 그 뿌리를 두고 있다. 국제공산주의운동은 러시아혁명이 1917년 볼셰비키혁명 이후, 1921년 제3차 코민테른회의에서 처음 배척했던 '사회민주주의 세력'과 힘을 합쳐 혁명을 추구하는 '통일전선전술'을 제시한 것이 그 시원이다.

　북한의 통일전선전략은 특히 6.25전쟁으로 '반공'이 강한 남한의 국민에게 '평화'라는 정치용어를 통하여 그 세력을 형성하여 북한에 동조하게 하는 것을 말한다. '통일전선의 원리'는 '행동통일' 또는 '행동통일의 전술'을 의미한다. 이것은 1952

년~1953년 사이에 '국제공산주의 운동의 전선활동조직'결의에 의해서 결정된 것으로서 '평화투쟁(평화운동)'에서 나온 것이다. 북한이 말하는 평화란 엄격히 '평화투쟁'을 의미한다. 평화투쟁과 평화운동은 국제공산당에서 동의어로 사용했던 것으로서 전쟁을 목적으로 하는 공산주의의 기본이론이다.

나. 적화통일을 추구하는 '통일전선전술'

북한의 통일전선전술은 한반도 평화통일과는 전혀 관련이 없는 북한의 적화통일을 위한 전술이다. 이 용어는 반공교육으로 빈번하게 사용되어 왔던 용어이지만 이 시대에 있어 정확히 용어를 설명하거나 이의 실상을 소개하는 글들은 보기 힘들다. 그 이유는 국민들이 피로감으로 물들어 식상해 하는 경향이 있기 때문이다. 그러나 이러한 결과는 용어혼란전술을 통한 북한의 통일전선 전술이 노린 결과의 한 단면이라 할 수 있다.

오늘날 남북관계는 남한정부와 북한 통일전선사업부와의 관계라고 말할 수 있다. 북한의 통일전선사업부 신설 배경은 김일성이 1970년대 초 고려연방제를 내놓으면서부터 대외적으로나마 군의 강경 대남주도권을 일부 약화, 혹은 유화시켜야 할 필요성이 제기되었다. 고려연방제란 그 본질에 있어서 북한이 체제자신감을 바탕으로 남한 내 대중혁명을 적화통일로 유도하는 정책이다. 통일전선사업부는 명칭 그대로 김일성이 제안한 고려연방제를 중심으로 북한, 남한, 해외를 비롯한 광범위한 통일전선체 형성이 주요 목적이다. 이러한 사명으로 출범한 통일전선사업부는 이른바 김일성을 구심점으로 하는 민족통일전선체 형성을 위한 대남정책 및 전략전술을 총괄하는 부서로 부각되었다.

다. 남조선 혁명역량 강화전략의 전개

해방 직후의 통일전선전술의 특징은 소련군정의 지도를 받은 김일성이 공산정권 수립을 위한 수단으로 이용한 기만술이란 특징을 지닌다. 그러한 통일전선론이 전후 1950년대 후반에 주체사상의 조립과정과 맞물려 대남혁명전략 수행을 위한 이론체계로 정착되었다. 특히 1960년대 4.19혁명은 북한 대남전략의 틀을 바꾸게 만들었는데 통일전선전술의 체계화와 연관성을 갖는다. 1961년 9월 4차 전당대회에서 새로운 당 규약을 채택, 노동당의 최종 목적은 공산주의 사회를 건설하는 데 있다고 밝히면서 '전국적 범위' 즉 '남조선 혁명'을 강조하고 나섰다. 그리고 김일성에 의한 '반미구국 통일전선'을 언급함으로써 이를 기점으로 새로운 북한식 통일전선 이론의 체계가 정립되었다.

김일성은 1964년 2월 노동당 제4차 8기 전원회의에서 '전조선혁명을 위한 3대 역량강화 노선'을 제시하였다. 적화통일을 실현하기 위해서는 '3대 혁명역량[12)]'을 강화해야 한다고 강조했다.

그는 남조선 혁명의 기본임무를 "남조선에서의 미 제국주

---

12) 3대혁명역량이란 북한의 혁명역량, 남한의 혁명역량, 국제적 혁명역량을 말한다.

의 침략을 내쫓고, 그 식민지 통치를 없애며 군사파쇼독재를 뒤집어엎고, 선진적인 사회제도(공산주의)를 세움으로써 남조선 사회의 인민민주주의적 발전(공산화)을 이룩하는 것"으로 규정 하였다.

이에 따라 북한은 '남조선인'들의 혁명투쟁을 지원하여 '남 조선혁명'을 완수케 함으로써 궁극적으로 통일을 실현하고자 했 다.13)

남한 내에서의 혁명역량 강화는, 첫째 남한 내 민주주의운 동 지원, 둘째 남한 인민의 정치사상적 각성, 셋째 혁명당과 혁 명의 주력군 강화 및 통일전선 형성, 넷째 반혁명역량 약화 등 으로 집약된다.14) 남한 내의 민주주의운동 지원이란 남한 내 용공세력, 친북세력, 반정부세력 등의 투쟁을 선동·고무 지원 하는 것을 뜻한다. 이를 위해 북한은 간첩을 남파하여 투쟁자 금을 지원하는 등 좌파 운동권과의 연계를 강화했을 뿐 아니라 유언비어 유포, 선전선동 등으로 사회혼란을 조성하고자 노력 해 왔다.

남한 인민의 정치사상적 각성이란 남한주민들에게 반대한 민국, 반정부의식, 반미의식을 조장하고, 김일성 우상화와 북 한체제의 미화, 주체사상 확산 등을 통해 그들의 대남 공산혁 명 노선에 동조하도록 하는 '의식화' 공작을 말한다.

혁명당과 혁명의 주력군 강화 및 통일전선의 형성이란 남

---

13) 허종호, 『주체사상에 기초한 남조선 혁명이론과 조국통일 리론』, 사 회과학출판사(평양), 1975, pp. 25-26.
14) 위의 책, pp. 272-284.

한 내 친북 조직을 지원하는 공작활동을 말한다. 이를 위해 남조선 혁명을 이끌어 나갈 지하당을 구축하고 혁명의 주력군인 노동자, 농민, 청년학생 및 진보적 인텔리의 투쟁을 지원한다는 것이다. 통일전선 전술은 공산당이 주적을 타도하는 데 있어 그들의 힘만으로 부족하다고 판단할 경우 동조세력을 끌어들여 그들과의 잠정적 제휴를 통해 투쟁하는 전술이다. 그러나 공산세력은 주적 타도라는 목적이 달성된 후에는 비 공산세력들을 하나하나씩 고립시켜 제거함으로써 궁극적으로 공산당 독재를 완성한다.

반혁명역량의 약화란 남한의 무장력인 국군을 무력화시켜 결정적 시기에 공산혁명군으로 활용하자는 것이다. 이를 위해 북한은 우리 군 내에 간첩을 침투시켜 장교 등을 포섭하여 동조세력을 구축하고 남한의 정치, 경제, 사회 등 각 분야를 약화시켜 분열과 혼란을 조성코자 했다. 북한은 특히 그들의 대남공작에 대응 활동하는 한국의 대공수사기관을 무력화시키고 공산주의 활동을 규제하는 국가보안법 철폐운동을 벌이는 등 그들의 대남전략에 대응하기 위한 우리의 법적 제도적 장치를 분쇄하려고 갖은 공작을 일삼아 왔다.[15]

북한은 통일전선 조직체로 1949년 6월 '조국통일민주주의 전선'을 결성했다. 이후 반미구국통일전선, 반파쇼민주연합전선 결성을 주도했으며, 1980년대에는 한국민족민주주의전선을 위장 출범시켰다. 1990년대에는 해외동포까지 포함하는 통일

---

15) 유동열, 『북한의 대남전략』, 통일교육원, 2009 참조.

전선을 형성한다면서 조국통일범민족연합(범민련), 조국통일범민족청년연합(범청학련) 등을 결성하여 한국뿐만이 아니라, 해외에서도 활동하게 했다. 한국 내에 통일전선전술을 실천하기 위해 북한은, 첫째 남한 내 각계각층을 '각성'시켜 주요타격대상(남한정부와 보수세력)을 고립시키고, 둘째 각계각층 세력과 잠정적 제휴로 '진보적 정권'(용공정권)을 수립한 후, 셋째 남한의 '진보적 정권'과 북한정권과의 합작형식을 통해 통일(적화통일)을 이룩하며, 넷째 최종적으로 '사회주의혁명'에 방해가 되는 각계각층의 민주세력을 제거하는 순으로 그 실천 내용을 규정하고 있다.[16]

북한의 대남 통일전선전략은 대남 선전선동 등 정치심리적 차원과 남파간첩(직파 및 고정)에 의한 한국 내 지하조직망 구축 등 공작차원으로 이루어진다. 통일전선전략을 수행하는 조직은 김정은의 직접 관장하에 있는 노동당 통일선전부, 내각 소속인 225국(구 노동당 대외연락부), 인민국 정찰총국 산하 대외정보국(구 노동당 35호실)과 작전국(구 노동당 작전부) 등으로 구성되어 있다. 이 가운데 대남 통일전선 주무기구는 통일선전부이며 그 산하에 외곽조직으로 조평통(조국통일위원회), 조국전선(조국통일민주주의전선), 반제민전(반제민족주의전선), 아태평화위(조선아세아태평양위원회) 등을 두고 있다. 또한 2000년대에 들어 북한은 남북한 각계 인사들로 구성된 민화협(민족화해협의회)을 결성하였다.

<hr>

16) 강수산, 「북한의 대남 적화통일전략의 실상」, 이대우 편, 『탈북자와 함께 본 북한사회』, 세종연구소, 2012, p. 34.

통일선전부는 1978년에 만들어졌다. 설립의 주된 목적은 남한의 민주화운동을 공산혁명운동으로 발전시키기 위한 남한 내 '민주화 역량(공산혁명 역량)'을 지휘 조종할 수 있는 부서의 존재 필요성 때문이었다.

〈표 1-1〉과 〈표 1-2〉에서 보는 바와 같이 남한 내 혁명역량 강화를 위한 공격적인 통일전선 실천방안으로는 1980년대부터 추진중인 '대남 5대 포위공세'를 꼽을 수 있다. '5대 포위공세' 전략은 1978년 김정일에 의해 정립된 것으로 향후 대남공작의 기본방향을 규정한 것이다. 주요 내용은 주공세(정치적 평화공세, 사상적 공세, 조직적 공세)와 보조적 공세(외부적 공세, 내부적 공세)로 구분된다. '5대 포위전략'은 평상시 주 공세를 위주로 대남전략을 추진하다가 남한 내 혁명역량이 축적되고 결정적 시기가 도래하면 이를 바탕으로 보조공세인 외부적 공세와 군사적 공세를 결합하여 적화통일을 이룩한다는 전략이다.

〈표 1-1〉 5대 집중포위공세 전략

주공세	정치평화 공세	남북 정당연석회의/대화 요구, 3자회담, 청년학생 등 분야별 회담 개최 요구, 고려연방제 선전
	사상적 공세	자본주의의 모순 확대, 학원소요 선동, 노사분규 확산, 반정부 투쟁 종용
	조직적 공세	지하당 조직세력 강화, 반정부 투쟁 및 사회혼란 조성
보조공세	외부적 공세	국제적 지지세력 확보, 해외 친북조직 활용 반한 반미선전에 주력
	군사적 공세	군사력 증강 계속, 결정적시기 조성시 무력 도발

〈표 1-2〉 전략 추진방향

평화공세 → 안보의식 약화·와해, 군 이간 반미자주화 선동→ 미군철수, 통일우선론 주입

▼

민주화 선동→ 학생 등 분야별 소요, 반정부 투쟁 빈부격차 자극→노사분규, 민중폭동 유발

▼

민주화 약체정부 수립→진보 대립구도 형성 종북세력 강화→우익 축출, 용공정권 수립

▼

친북성향 정권 등장→남북 고려연방제 통일 또는 남한 혁명세력 지원 명분하 군사적 공세로 통일달성

출처: 이대우, 위의 책, p. 37. 참조

제3절 민족담론의 확산과 용어혼란전술

1. 민족담론의 대두와 배경

민족이란 일정한 지역에서 오랜 세월 동안 공동생활을 하면서 언어와 문화상의 공통성에 기초하여 역사적으로 형성된 사회집단을 말한다. 민족주의(民族主義, nationalism)란 민족(nation), 국민 또는 민족적 정체성을 사회의 조직과 운영의 근본적인 단위로 삼는 이데올로기로서 이에 기반하여 파생된 정치적 이념을 말하며, 그 대표적인 것이 파시즘이다.

오늘날 국제사회는 국제화와 더불어 탈민족주의적 경향을 보이고 있으며 열린민족주의를 지향하고 있다.[17] 그러나 동북아에서 중국의 동북공정과 일본의 역사왜곡과 집단자위권의 재해석 등 보통국가 추진은 심각한 민족주의적 접근을 보이고 있다. 특히 한국사회에서는 분단이라는 특수한 상황에 놓인 남한과 북한에서 '민족'은 여전히 중요한 의미를 지니고 있다. 이러한 현실에서 한반도의 '민족담론'은 근대 이후 민족국가 성립과 발달과정에서 배타적이고, 호전적 성격을 띠었던 서구의 국수적 민족주의를 교훈삼아서 새로운 패러다임을 모색할 필요가 있다.[18]

---

17) 우리나라에서도 국민교육헌장에서 "민족중흥의 역사적 사명을 띠고 이땅에 태어났다"는 구절이 1994년에 사라졌다.

18) 2003년 한국철학자대회 '민족담론' 토론, 2003년 10월 10일 서강

한반도에서 민족담론은 해방 이후 건국 과정에서부터 남한의 대한민국과 북한의 조선민주주의인민공화국의 건국논리로 대립되었다. 북한은 김일성 주체사상으로 민족이론을 발전시켜 남한을 '미제국주의=이승만=매국노'라고 매도하였고 남한에서는 '소련제국주의=김일성=매국노'라는 등식으로 팽팽히 대립하였다. 북한의 민족개념은 사회주의 혁명과 건설의 추진과정에서 그 내용을 달리 하는데 1970년대에 들어서 사람을 중심으로 보는 관점을 통하여 민족의 관점을 새롭게 정의하고, 1990년대 들어서 자주성으로 '민족생명체론'을 강조하게 된다.[19] 북한의 민족담론은 김일성의 주체적 '자주성'이 김정일의 '사회정치적 생명체론'과 연결되면서 '민족 생명체론'으로 변화 발전되었고 '김일성주의'로 귀결된다.[20]

북한의 민족개념은 1948년 북한정권 수립 이후 북한주민들에게는 단군조선과 이성계가 세운 조선 그리고 일제 강점기의 조선을 조선민주주의인민공화국이 계승하고 있다는 '조선민족'개념이다. 이들에게 한민족이란 조선민족에서 갈려져 나온 지엽적인 것에 불과하다.

이와는 달리 대한민국에서 우리 민족이란 '한민족'을 의미

대 다산관.『한겨레』, 2003년 10월 10일자.

19) 김남식,「21세기 우리민족 이야기」,『통일뉴스』, 2004, p. 61.

20) 김정일은 '인류의 역사를 자주성 실현을 위한 투쟁의 역사'라고 정의하고, 민족이 자주적 사상의식을 가지고 올바른 지도사상의 지도 아래 자주성 실현을 위해 위대한 민족이 된다고 주장한다. 주체의 민족관은 민족을 하나의 사회정치적 생명체로 보고 그 생명체는 자주성을 표현한다는 것이 핵심이다 (김정일,「주체사상에 대하여」,『친애하는 지도자 김정일 동지의 문헌집』, 조선노동당출판사(평양), 1992, p. 24).

한다. 대한민국 헌법 전문에 따라 '민족의 단결을 공고히한다'고 했을 때 그것은 '한민족'[21]의 단결을 의미한다. 우리나라의 정식 국호는 '대한민국'이나 사용의 편의상 '대한' 또는 '한국'이란 약칭을 쓸 수 있되 북한 괴뢰정권과의 확연한 구별을 위해 '조선'은 사용하지 못한다고 하였다.

한민족 개념과 조선민족 개념의 경쟁은 1919년 '대한민국 임시정부', 그리고 1897년 '대한제국' 수립 당시까지 거슬러 올라간다. 광무황제(고종)가 고대의 3한(마한, 진한, 변한)을 통합적으로 계승한다는 뜻에서 명명한 대한제국 수립 이후 대한 또는 한국이라는 개념은 제국적 질서를 벗어난 국제적 독립적 의미를 내포했다. 여기서 서구에서 사용되던 'nation'을 번역한 민족이라는 번역어가 결합되면서 (대)한민족이라는 개념이 보급되었다.[22]

한일 강제합병 이후 한국을 다시 조선으로 격하시킨 것은 일제의 조선총독부였다. 과거 중화제국적 질서 안에서 조선으로 존재했던 것처럼 일본제국의 지배하에서 조선으로 존속해야 한다는 저의였다. 따라서 일제강점하에서 조선민족의 개념은 가능했지만 (대)한민족의 개념은 불가능했다.

김일성은 이를 이용하여 조선민족 제일주의라는 기치를 내걸었고 김정일은 김일성 사후 1994년부터 김일성 민족이라는 개념을 보급하였다. 김일성 민족이야말로 봉건적 조선민족

---

21) 대한민국에서 한민족 개념이 조선민족 개념을 최종적으로 대체한 것은 1950년 1월 이범석 국무총리가 발표했던 국무원 고시 제7호에 의해서였다.
22) 「한민족, 조선민족, 김일성 민족」, 『동아일보』, 2013년 4월 26일자.

이 근대적으로 변화된 새로운 민족이라는 것이다. 북한의 '조선통사'는 대한제국의 독립에 대해서 기술하지 않고 있다. 이렇듯 민족담론에서 북한의 민족과 우리의 민족 개념은 차이가 있다.[23]

이렇게 오도된 민족 개념이 김일성 시대로부터 현재에 이르기 까지 대남 통일전선 공작에서 사용되고 있다. 민족대단결, 민족자주, 민족우선, 조선민족 제일주의 대민족회의, 민족끼리, 민족공조 등의 김일성 민족의 용어와 개념이 통일전선 공작용으로 사용되어 왔다. 특히 2000년대에 들어서 북한은 이러한 민족개념을 동원한 담론 개발과 투쟁을 본격적으로 시도하였다. 이는 남한사회 내부 곳곳에 민족해방사관(NL)이 침식하도록 하는 것과 남한 내 종북세력의 결속과 투쟁 방향을 지시하는 목표를 지닌 '민족기획 전략'의 일환이 되어왔다.

김정일 시대의 통일전선전술은 '민족기획 전략형'과 '반 대한민국세력 조직화'로 특징된다.[24] 하층전략인 '민족기획 전략형' 통일전선전술은 민족기획 코드에 공감하는 우군을 확보하고 사상전을 중시하면서 각종 담론투쟁을 전개해서 통일전선전술의 목표를 추구해 나가는 것을 말한다. '반 대한민국세력 조직화'는 상층부 통일전선으로서 정당과 국회를 겨냥한 대한민국의 붕괴, 혹은 혼란을 목표로 하여 종북세력과 제도권 정치세력을 연합시켜 나가는 전략전술 및 공작형태를 말한다.

---

23) 동아일보, 위의 글 참조.
24) 김동성, 앞의 책 참조.

2. 용어혼란전술

이 두 가지, 즉 상층부와 하층부 통일전선전술을 추구하는 데 있어 사용된 것이 용어혼란전술이다. 이것은 언어를 통한 '영향(影響)공작'의 일종으로 일반 대중이 선호하고 긍정적으로 받아들이는 용어를 사용해 북한을 우호적으로 생각하도록 만드는 '저강도 심리전'이라 할 수 있다. 용어혼란전술은 과거 공산주의자들이 혁명과정에서 대중들의 지지와 협조를 얻기 위해 특정 용어를 실제 용도와 의미와는 달리 대중들이 호감이 가도록 그럴듯하게 포장하여 구사했던 전술을 말한다.[25] 즉 용어혼란전술은 언어를 통한 영향력 공작(Influential Operation) 성격의 대남심리전으로서 대중들이 선호하고 긍정적으로 받아들이는 용어를 사용하여 자연스럽게 적화혁명에 우호적이거나 부정적 의식을 희석시키려는 영향공작의 또다른 수단이다. 북한은 대남 심리전수단으로 용어혼란전술을 사용해 왔으며, 한국의 신문 방송과 인터넷 등 언론매체들은 무비판적으로 이를 수용하여 대남혁명역량을 간접지원하고 있는 형국이다.[26]

북한의 용어혼란전술은, 첫째 자기들의 필요에 따라 새로운

---

25) 강진석, 앞의 책, p. 455.
26) '용어혼란전술'은 심리전의 서브리미널 효과(subliminal effect)를 노리는 것으로서 '서브리미널'은 서브(sub: 아래)와 리멘(limen: 識閾)의 합성어로 인간의 감각이 느끼지 못할 정도의 정신적 자극을 주어 잠재의식(潛在意識)에 무언가를 각인시키는 것을 의미한다. 이 같은 이유로 방송광고에서 시청자가 의식할 수 없는 음향이나 화면으로 잠재의식에 호소하는 방식의 서브리미널 광고는 사용이 금지되어 있다(『방송통신심의위원회규칙』 제79호 제15조 잠재의식광고의 제한).

용어를 만들어 내며, 둘째 기존의 용어들 가운데 대중적 이미지가 좋은 '민족'과 '우리민족끼리' 같은 용어를 선점해서 사용하고, 셋째 그들은 연방제통일(고려연방제 공산통일방안) 같은 기존의 용어들을 자기들 나름대로 새로이 정의하여 사용하는 것이다.

그 대표적인 것으로 연방제, 민주, 민족, 자주, 평화, 통일 등 약 30여 개 이상의 용어들이 우리의 개념과 다른 뜻을 가지고 있다. 국내에서 종북주의자 및 친북좌파세력들이 용어전술적 차원에서 가장 널리 북한의 용어를 차용하여 사용함으로써 혼란을 일으키고 있는 것이 '진보세력'과 '민주화세력'이다.

'진보세력'은 80년대 민족민주운동, 다시 말해 마르크스-레닌주의와 볼세비즘, 그리고 김일성 주체사상을 계승한 민족해방 민중민주주의혁명운동세력과 사실상 동의어라고 할 수 있다. '진보세력'은 친북반미좌파세력이며 이들의 운동을 '진보운동'이라 한다. '민주세력'도 '진보세력'과 같은 범주에 속한다. 친북반미 좌파들이 실제로는 수구공산주의를 지향하면서도 '진보'와 '민주' 용어를 선점해 선전선동 용어혼란전술을 쓰고 있으며 신문과 방송들은 알게 모르게 이런 '긍정적' 용어들을 따름으로써 사상과 이념 및 헌법정신과 국가정체성을 훼손하고 있는 것이 현실이다.[27]

이리하여 한국사회에서 공산·사회주의 혁명운동이 사회변혁운동으로, 대남혁명투쟁 3대 과제가 자주, 민주, 통일이란 용어로, 적화통일 목표가 자주, 평화, 민족대단결로, 용공정권

---

27) 강진석, 앞의 책, pp. 455-456.

을 민족자주정권으로 각각 미화되고 선전·선동되고 있다. 그들은 또 용공체제를 인민민주주의로, 국가보안법 위반자를 양심수로, 적화통일지지자를 통일애국세력으로, 북한 김정은 추종세력을 평화세력으로, 자유 민주세력을 전쟁세력 등으로, 용어를 노골적으로 왜곡 확산시키고 있다. 또한 노동해방과 계급해방, 인간해방을 공산주의 위장선전구호로, 공산주의 지향의 반국가사범들을 민주화세력으로 각각 미화, 왜곡하고 있다.

따라서 순수 진보와 종북주의는 엄밀히 구분되어야 하며 종북주의자들이 사용하는 '자주' '민주' '민족'은 각각 '반미투쟁' '반파쇼투쟁' '프롤레타리아 계급'으로 사용해야 올바른 표현이다. 전형적인 대남 심리전 용어인 양심수(비전향 장기수 또는 공산주의 사상범), 우리민족끼리, 통일애국인사 등은 사용하지 말아야 한다. 또한 민족, 민주, 정의 등이 들어간 용어 사용시는 구체적으로 그 의미와 뜻을 병기하여 사용하는 것이 용어혼란전술을 극복하는 길이다.

앞으로 북한이 평화공세를 취하면서 내세울 민족끼리, 민주주의 실현 및 외세를 배격한 자주적으로 통일 등에 있어서 우리민족끼리라는 말은 주한미군 철수를 겨냥하고 있으며 민주주의는 인민민주주의를 그리고 자주적으로 라는 말은 김일성 주체사상을 의미하는 것임을 명심해야 한다.[28]

---

28) 강진석, 앞의 책, p. 456.

3. 실 태

북한의 2000년대 북한의 민족을 앞세운 정치사상전과 종북 좌파 동원의 '반 대한민국세력'의 민족담론 투쟁의 통일전선사업은 우리 국민의 국가관, 대북관 그리고 안보관에 엄청난 영향을 미쳤다.

북한의 민족담론은 그 내용이 단순하고 유치한 측면이 많음에도 불구하고 인문학과 정치경제학계는 물론, 문화, 노동, 교육, 예술, 출판, 공공부분 등 국가사회 전역에 침투해 들어갔다. 그리고 반미·반전·평화와 민족을 한데 엮는 '코드 기획'을 진행시켰다. 예를 들면 미국이라면 무조건 적개심의 대상으로 만드는 세뇌공작 같은 것이다.[29]

우선 강도 높은 오도된 민족주의 정서를 고취시켜 국가우선주의적 정치정향을 민족우선주의적 정치정향으로 유도하였다. 이에 따라 북한의 핵개발과 김정은의 3대 세습까지도 합리화하는 도구로 사용되고 있는 것이다. 또한 민족을 앞세운 정치심리전과 통일전선 공작은 북한정권에 대한 경계의식을 '냉전적이고 후진적인 것'으로 매도시키고 우리 사회 전반에 걸쳐 안보불감증을 불러일으켰다. 우리 정부의 외교정책은 대미 의존적이며 북한에 대한 원칙과 상호주의 강조는 '반민족적'이고 '반통일적'이라는 도식을 형성하게 하였다.

또한 코드기획은 '반 대한민국세력' 구축의 상층부 통일전선 전술은 남한 국민의 사상개조를 위한 하층부 통일전선을 넘

---

29) 김동성, 앞의 책 참조.

어 정치 및 제도권으로 침투하여 네트워크를 형성하게 되었다. 남한 내 좌파조직과 일반 시민운동권(NGO)과 연대하여 전국연합·실천연대·통일연대·민중연대 등을 출범시키는 데 일정 역할을 했다. 현재는 한국 진보연대, 민권연대 등 광범위한 제2전선(후방전선)을 형성하게 되었다. 최근의 통합진보당 이석기 내란음모사건(2014년 봄)은 이러한 북한 통일전선전술의 결과적 실체라 할 수 있다.

최근 북한은 인천 아시안게임 참여를 하면서 대규모 미녀 응원단을 파견하지 않기로 했다. 그러나 그 동안 미녀 응원단을 파견한 것은 화전양면(和戰兩面) 전술로서 전형적인 북한의 선전선동술책이다. 북한은 3차례의 미녀 응원단을 파견했으며,[30] 그 때마다 여자 미녀 응원단을 통해 특수한 효과를 얻어왔다. 2005년 3번째 응원단은 '응원단'이라는 명칭을 거부하고 "청년학생협력단"이라고 명명하였고 응원이 주목적이 아니라 '남북화해협력 분위기를 만드는 것이 목적'이라고 하였다.

북한이 미녀 응원단을 파견한 것은 남한 내 우호적인 분위기를 만들어 남남갈등을 유발시키려는 저의를 가지고 있다.

---

30) 2002년 부산 아시안게임(280명)과 2003년 대구 하계유니버시아드대회(303명), 그리고 2005년 인천 아시아육상선수권대회(124명) 등 3번 파견했다. 첫번째 방문 때는 선박을 이용했고 그 이후에는 항공기를 이용했다.

제4절 통일담론과 조화안보통일철학

　　북한의 사상전인 민족담론과 통일전선전술을 극복하고 통일접근 패러다임을 전환하여 통일의 비전과 가치 실현을 위한 대안을 찾아야 한다.

　　이를 위해서는 조화통일 담론이 요구되며 국민들의 조화안보통일철학의 정립을 통한 국가차원의 종합적인 대책이 요구된다. 그간의 공안대책 중심의 대응정책은 국민의 저항을 불러일으키고 피로감을 가중시키며 한계가 있었다. 따라서 근본적이고 처방적인 대책 마련이 요구된다. 북한의 오도된 민족담론 전략에 밀려 우리 측에서 건전한 민족정기 계승을 위한 노력은 수세적이며 아예 금기시되고 있는 현실은 극복되어야 한다. 보다 큰 통일담론의 활성화를 통해 적극적인 대응으로 북한의 민족담론의 허구를 증명하고 바람직한 민족담론의 이해와 발전적 대안을 강구할 필요가 있다.

　　박근혜 대통령이 드레스덴 선언에서 천명한 남북 주민간 동질성 회복을 위해서는 건전한 통일담론이 요구된다. 정치·경제·사회·문화적으로 많은 논의가 요구되지만, 이와 더불어 인식론적·철학적 접근 또한 중요하다. 그 대표적인 것으로 북한의 주체사상을 초월하는 국가가치를 발굴하고 정립하는 것이 요구된다. 그리고 이를 바탕으로 국민의 건전한 전쟁안보철학 정립과 이의 실현을 위한 통일안보전략 마련이 요구된다.

조화통일담론의 핵심으로서 국가가치는 통일 한국이 지향해야 할 포괄적 미래지향적 가치로서 단군정신을 기반으로 하는 것이 바람직하다.

전쟁안보철학은 북한의 공산사회주의 혁명전쟁 이념을 극복할 수 있는 대책으로서, 첫째 전쟁과 평화에 대한 올바른 이해, 둘째 현실주의에 입각한 안보군사 전략의 철학 정립, 셋째 윤리 도덕적 차원의 현대 정의전쟁에 대한 이해가 요구된다.

1. 〈조화통일담론 Ⅰ〉
통일 한국을 지향한 국가가치체계 정립

남·북을 초월하는 민족담론으로서 단군정신을 국가가치로 정립하여 국민단결 및 구심력을 확보하고 오도된 북한의 주체사상에 의한 이념공세를 극복하는 선진일류국가 철학으로 승화

가. 국가가치 및 국가가치체계의 중요성

'국가가치'(national value)는 역사적 혹은 이념적 근원을 갖는 유산이나 규범으로서 국민 전체가 소중히 여기는 것이다. 일부 국가가치는 많은 국가들에 의해서 공유될 수 있으나 일반적으로 국가의 특성에 따라 독특한 국가가치의 집합(national-specific)을 상정한다. 국가가치체계란 국가가치로부터 국가이익이 식별되고 이로부터 국가목표-국가(대)전략-국가정책/전략 등으로

이루어지며 국가가치의 건전성과 그 진취성 여하에 따라 일국의 흥망성쇠가 좌우된다.

통일 과정에 있어서 남과 북의 국가정체성 회복을 위해서는 상호 공감할 수 있는 공동의 가치를 발굴해 내고 체계화하는 것이 필요하다. 국가정체성(sense of national identity)이란 한 개인이 국가에 대한 소속감·일체감·충성심 등을 총칭하는 말이다.[31] 따라서 이를 확립하기 위해서는 정신적 구심점 역할을 할 수 있는 가치체계를 정립하고, 이를 통해서 새로운 공동의 이익을 창출할 수 있는 사고의 틀을 갖추는 것이야말로 무엇보다도 중요하다 할 수 있다. 이를 통해 상호 다른 이념적·사상적 대립을 넘어선 서로 공감하고 향유하는 정신적 지주를 확립함으로써 통일의 기본 목표와 지향을 삼을 수 있을 것이다.

통일 한국의 국가정체성은 이념·사상·민족을 뛰어넘어 역사적 차원에서 모색되어야 한다. 통상 기존의 담론들은 현대사의 해석에 있어 국가건설에 대한 좌파적 우파적 해석에 머물러 있으며 현대사 교과서 집필 문제로 첨예하게 대립하고 있다. 필자의 입장은 중도적 입장으로서 양측의 논리를 뛰어넘는 국가가치에 대한 검토로 국가정체성에 대한 접근을 하고자 한다.[32]

---

31) 김충남, 「한국현대사 인식과 국가정체성 확립」, 『한국군사』 제32호, 2013년 봄호, 한국군사문제연구원. p. 38.
32) 건국과정에 대한 좌·우파 대립과 이에 대한 국가정체성에 대한 논의 (김충남, 위의 책 참조).

한국의 국가가치는 아직 정립된 것이 없다. 통상 반만년 역사에서 타국에 대한 침략사례가 거의 없었다는 사실이 보여주는 평화 애호주의와 대한민국 헌법 전문에 선언된 자주독립 정신과 민주주의 이념을 지고의 국가가치로 인정하는 견해 들이 있다. 그러나 이것은 매우 소극적인 견해로서 보다 적극적인 국가가치를 정립할 필요가 있다. 그것은 한국이 동북아를 넘어서 세계를 지향하는 도약의 새 역사 창조를 위해서 한국인의 정체성을 확립하는 작업이라 할 수 있다.[33)]

북한은 김일성 주체사상으로 무장되어 있다. 주체사상은 3가지로 구성되어 있다. 즉 인간중심 세계관, 마르크스주의적 계급주의, 수령주의로 구성됐다. 김일성 주체사상은 40여 년이 흐른 지금 빛이 많이 바랬고 강압정치로 체제의 실패와 모순을 은폐하고 있지만 아직도 선군정치와 함께 북한 통치이념으로서 핵심을 이루고 있다. 따라서 김정일·김정은까지 계승된 북한의 수령론 등 경전처럼 변질된 이데올로기를 넘어서고, 또 우리 측에서도 고귀한 가치로 인식되고 수용 가능한 가치체계의 정립은 조화통일을 위한 새로운 가치체계 정립의 좋은 시금석이 될 것이다.

---

33) 일부 학자들은 국가가치를 국가이익으로 대체하거나 인식론적 검토 없이 단정하기도 하는데 하정열은 대한민국의 기본 이념 및 가치로서 홍익인간, 인본주의, 자유민주주의, 시장경제, 열린 민족주의를 들고 있다(하정렬, 『국가전략론』, 박영사, 2009, pp. 247-252).

나. 통일 한국을 지향한 국가가치 정립 조건

통일 한국의 가치체계 정립을 위한 고려요소는 다음과 같다.

첫째, 사대주의와 식민사관을 극복한 미래지향적 역사관을 기반으로 하여야 할 것이다.

둘째, 통일 한국이 지향해야 할 목표와 비전 요소가 잘 조화 융합될 수 있는 것이어야 한다. 그러한 요소들은, ① 인류가 창안해 낸 최고의 제도로서 자유민주주의와 시장경제체제의 유지, ② 동북아 주변 강대국들의 화합과 평화를 유지발전시키는 중심국가로서 평화지킴이 국가(Peace Keeper) 철학, ③ 세계 최고의 과학기술과 경제발전을 이룩하는 선진일류국가 역량, ④ 높은 문화수준과 아름다운 나라를 건설하는 국가위신 제고 등이다.

셋째, 21세기를 지향하는 세계정신과 고도의 윤리·도덕관이라 할 수 있다.[34]

다. 통일 한국 국가가치 제안: 성통광명, 재세이화, 홍익인간

이러한 관점에서 통일 한국의 국가가치를 도출하면 성통광명, 제세이화, 홍익인간을 들 수 있다. 우리 민족의 정신적 중심, 민족정기의 핵심은 '한'철학과 '단군정신'·'홍익인간'의 이념이라 할 수 있고 많은 연구들이 축적되어 있다.[35]

우리나라의 국호는 대한민국(大韓民國)이다. 그것은 '대한제

34) 강진석, 앞의 책, 2013, p. 374.
35) 민병학 편저, 『한국정치사상사』, 대경, 2005, p. 70.

국(大韓帝國)'으로부터 연원하며 '대한제국'은 고종황제가 소멸하여가는 국운을 되살리고자 단군조선과 '큰 삼한'의 후예라는 뜻으로 변경한 국호이다.[36] 한(韓)의 개념은 크다, 높다, 하나, 하늘이라는 말이며 이 개념은 크고 무한대이며, 무궁무진하고 만물을 생성·잉태할 수 있는 본체라는 의미이다.[37]

따라서 대한민국이라는 의미는 보다 큰 차원의 중원을 호령한 역사의 주인이며 '무한하고 영원한 백성들의 나라'라는 뜻이다. 이러한 한민족(韓民族)의 '한'철학(韓哲學)은 천·지·인(天地人)의 3위일체(三位一體) 사상이다. 하늘과 땅과 사람이 일체를 이루어 하나가 됨을 의미한다. 한(韓)철학만큼 포괄적이고 종합적이고 전체를 하나로 보는 범세계적이고 우주적인 철학은 없다.[38]

단군왕검 무왕이 기자에게 통치를 물려준 조선(朝鮮)이란 말은 상고대 전 세계(지구)를 의미하는 것으로서 첫번째, 시작, 빛(光), 또는 해 뜨는 나라(東國, 東方의 빛)라는 뜻[39]을 가지고 있

---

36) 1897(고종 34)년에 정한 우리나라의 국호. 국왕을 황제라 칭하고 연호를 광무(光武)라 하여, 우리나라가 자주독립국임을 국내외에 선포하였다. 1910년 8월 29일 한일간 강제 합병으로 멸망하였다. 고종은 국호를 '대한제국'으로 바꾸고 13년간 국가가 유지되었는데 통상 '구한말'이라고 폄하되는 이 대한제국의 역사는 재조명되어야 한다. 여기서 대한(大韓)이란 반도 내에 있던 소한(小韓)에 상대되는 말로서 대륙 내에 광활히 걸쳐 있었던 단군조선의 북삼한(北三韓)을 말한다. 대한민국은 광복 후 정부를 수립하며 대한제국을 이어받아 택한 국호이다.

37) '한'은 순수 우리말이며 한문으로서 한(韓)은 음차(音借)한 것이다.

38) 민병학, 위의 책, 2005 참조.

39) 글자를 풀어 풀이하면 조선의 조(朝)자는 해와 달이 밝게 비치는 천상천하의 모든 시공영역(時空領域)을 말하며 선(鮮)자는 바다(漁)와 육지(羊=山)를 의미한다. 따라서 조선의 상고대의 의미는 전 세계가 조선이라는 뜻이

고 국화인 무궁화 꽃은 왕성한 생명력을 상징하고 예(禮)를 숭상하는 민족을 의미한다(공자(孔子)는 근화(槿花)지역을 군자국이라 칭함). 따라서 한국은 동방의 빛이고 한민족은 하늘의 백성(天民), 군자(君子), 홍익인간(弘益人間)으로 호칭되었다.

따라서 국조 단군의 건국이념인 '성통광명(性通光明), 재세이화(在世理化), 홍익인간(弘益人間)'은 오랜 역사를 통해서 현재까지 우리민족이 추구해온 보편적 가치라 할 수 있다.[40] 이러한 개념들은 민족의 3대경전이라 일컬어지는 천부경(天符經)과 삼일신고(三一神誥), 그리고 참전계경(參佺戒經)에서 유래되고 있다.[41]

성통광명(性通光明)이란 인간의 자기완성 즉 스스로에게서 일신을 찾는 과정을 말한다. 불교에서 말하는 깨달음이나 기독교에서 말하는 성령강림, 유학에서 말하는 극기복례(克己復禮)가 이와 크게 다르지 않다.

재세이화(在世理化)란 세상에서 이치로 교화하는 것을 말하는 것으로써 기(氣)로 가득한 세상을 이(理)로 다스리는 작업, 즉 혼돈의 세계를 질서의 세계로 만드는 것을 말한다. 천지인의 진리로 세상을 교화시켜 인물(人物) 즉 인간과 우주만물(自然)이 서로 더불어 크게 이롭게 하여 공존공영하는 홍익인물정치(弘益人物政治)를 통해서 밝고 믿음이 있는 광명세계 즉 지상낙원을 건설하고자 하는 의미이다.[42]

다(민병학, 위의 책, 2005, p. 249).
  40) 이규행, 국정브리핑, 2004.12.21.
  41) 민병학, 위의 책, 2005, p. 79.
  42) 민병학은 한국적 정치학의 명칭을 재세이화학(在世理化學)으로 하여야 한다고 주장한다. 왜냐하면 서양의 정치학 Politics는 정강, 정책, 정견, 경

홍익인간(弘益人間)은 모든 사람을 널리 이롭게 한다는 것으로써 특히 이러한 보편적 가치는 우리가 '홍익민족'이라 내세우지 않고 '홍익인간'이라고 했다는 점에서 개방적이고 우주적인 것이라고 일컬어진다.

홍익인간의 유래는 삼국유사에 의하면 "태고에 환웅이라는 한배검이 태백산하에서 분산된 여러 부족을 모아 배달국(倍達國)을 창건할 때, 환인이라는 환국(桓國)의 통치자가 천부인 3개를 주면서 네가 나라를 건국하면 크게 인간을 이롭게 하라"(홍익인간)고 당부한 데서 기인한다.

환웅의 건국이념은 그의 계승자 단군왕검(堯임금)이 통치하면서 이 홍익인간의 거룩한 뜻을 고조선 백성들의 얼로 수용하고 주변민족인 중국인 숙신(肅愼)인, 일본인들에게 크게 유익이 되게 통치하였던 것이다.

이 세 가지 가치를 현대적으로 해석하여 조화안보통일전략으로 확대해 보면 다음과 같다.

첫째, 성통광명은 자기완성을 의미하며 국가로 확대하면 국가의 완성을 말한다. 국가는 국가영토와 국민과 주권으로 구성되며 국가는 생존과 번영을 해야 하고 세계 속에서 완성이 되어야 한다. 밝은 세상에서 올바르게 스스로를 일으켜 세워야 한다.

이것은 현대적 의미의 국가안전보장을 의미하는 것으로서

영 특히 정략, 당략, 책략, 술책, 권모술수, 사리를 꾀하는 등의 의미를 내포하고 있어 재세이화학이 학문적 의미상 값어치가 더 크다고 말한다(민병학, 위의 책, p. 249 참조).

국가의 생존과 번영, 복지국가 건설 , 통일 및 국제평화에 기여, 국위선양 등이라고 할 수 있다.

둘째, 재세이화는 이치로서 세상을 교화하는 것이다. 교화란 교화해야 할 대상이 존재함으로써 성립한다. 세상은 혼탁하며 불확실한 상황과 우연적 요소로 이루어진다. 이치에 맞지 않는 일들이 일어나고 투쟁이 발생한다. 이러한 세상을 정리하고 질서를 세우며, 옳지 않은 것을 바로세우며 안전하게 하는 것이다. 즉 정의를 실현해야 한다. 이것을 현대적으로 확대하면 정치적으로 평화통일과 자유민주주의 확대 발전, 경제적으로 시장경제체제의 유지 발전, 문화적으로 새로운 문화의 창달과 문화 정체성 확립 및 국제문화 발전에의 기여 등을 들 수 있다.

셋째, 홍익인간은 모든 사람을 널리 이롭게 하는 것이다. 홍익인간의 이념을 현대적으로 해석해 보면, ① 정치적 측면에서 군왕이 민의에 의해서 추대되는 다수의 의사를 존중하는 민주주의의 구현 이념이며, ② 경제적 측면에서 이용후생(利用厚生)면으로 국민을 본위로 하며, ③ 철학적 측면에서 경천애인(敬天愛人), 인간지존주의(人間至尊主義)를 추구하고, ④ 사회면에서 행복 화평, 복지지상주의를 지향하며, ⑤ 국제적 측면에서 국가간의 우호, 평화주의를 추구한다고 볼 수 있다.

단군조선의 민본사상은 기자조선, 부여, 삼한 등 후대에 전승되어 겨레의 정치적 기복의 와중에서도 홍익인간을 기치로 이상적 정치상을 구현해 왔다.[43]

---

43) 민병학, 위의 책, pp. 37-38.

이러한 홍익인간 이념은 국민들의 평화와 복지 그리고 번영을 보장하는 것이다. 인간들이 인간답게 살 수 있도록 안전과 평화가 보장되는 것, 공포로부터, 굶주림으로부터, 위해(危害)한 환경으로부터, 독재정치로부터 전쟁과 테러로부터 안전하게 보호되는 것, 즉 인간안보를 의미한다 할 수 있다. 이의 근원은 평화다.[44]

이러한 조화통일 한국의 국가가치관 정립은 새로운 차원의 국가이익을 창출하고 이로부터 통일 한국의 국가목표와 국가(대)전략, 국가정책으로 구성되는 일련의 통일 한국의 "국가가치체계"를 완성할 수 있게 될 것이다.

이러한 국가가치를 기반으로 국민들은 어떠한 전쟁·안보철학을 견지해야 할 것인가? 오도된 민족담론을 극복하고 현실적인 국가안보철학정립을 통한 올바른, 세계와 공존하며 한민족의 정체성을 구현하기 위한 통일담론을 발전시키기 위해서는 건전한 국민 안보철학이 요구된다.

---

44) 성통광명, 재세이화 홍익인간의 세 가지 핵심가치는 우리 현실에 가장 부합한 가치이며 온 국민이 공유할 수 있는 가치이다. 이것은 서독에서 추구했던 세 가지 가치, 즉 "자유와 평화와 통일"의 이념과도 일맥상통한다. 독일은 현실적으로 세 개의 가치와 목표가 동시에 충족될 수 있는 정책을 마련하고 추진하기가 어렵기 때문에 서독의 역대 정부는 각자가 처한 국내외적 환경 속에서 세 가지 목표와 우선순위를 조정하여 정책을 추진하였다(본서 제4장 문성묵, 「일관성 있는 통일정책」 참조).

2. 〈조화통일담론 Ⅱ〉
국민 안보·전쟁철학[45] 재정립

가. 현실주의적 평화관 정립

무조건적 전쟁 반대, 무조건적인 이상적 평화추구가 아닌 현실
주의적 전쟁관과 평화관으로 북한의 혁명전쟁관과 이념적 평화
공세 극복 및 차단

가장 우선적인 것이 전쟁과 평화에 대한 인식이다. 국민들
이 이것에 대하여 어떻게 인식하고 있느냐 하는 것이다. 우리
한반도 5천년 역사에서 우리 민족이 얼마만큼 평화롭게 살 수
있었고 그러한 평화의 조건은 무엇이며, 번영의 제한이 무엇이
었는지 알아야 한다. 또한 이와 반대로 전쟁은 왜 일어났으며
전쟁의 회피를 위한 노력은 어떤 것들이 있어 왔는지 알아야
할 것이다.

적극적(포괄적) 평화는 소극적(정치·군사적) 평화를 전제로
하고 있고 현실주의적 평화관은 이상주의적 평화나 무조건적
평화의 허구성을 보완하여 실질적 평화를 보장해 준다. 제주
해군기지 건설과정에서 있었던 천주교정의실현사제단의 종교

---

45) 이 부분은 필자의 저술 『현대전쟁의 논리와 철학』(동인, 2012)의 주
제를 요약 서술한 것이다. 필자는 이 책에서 현대전쟁의 논리를 전쟁과 평화,
전략의 철학, 전쟁과 윤리의 3가지로 들고 이것에 대한 철학적 분석을 하였다.
또한 이 책은 필자의 또 다른 저서 『클라우제비츠와 한반도 전쟁과 평화』(동인,
2013), 『리더십 철학』(동인, 2014)들과 연계되어 짝을 이룬다. 그 논리적 흐름
은 클라우제비츠의 현대적 해석을 통해 현대적 국가안보 개념과 전쟁철학을 도
출해 내고 통일의 과정에서 이러한 막중한 과업을 수행해 낼 지도자 상
(Statecraft, 클라우제비츠는 천재로 묘사)을 찾아나가는 것이다.

적 신념에 의한 무조건적 기지건설 반대 투쟁 등 절대적 평화주의 사상에 의한 안보문제의 접근은 위험하고 무책임하다. 현실주의적 평화접근법이 바람직하다.

현대에 이르러 전쟁은 제한전쟁으로 이루어지며 총력적 전면전은 불가능한 시대가 되었다. 국제사회는 협력적·포괄적 안보를 추구하며 유엔과 국제레짐을 통한 강대국 협조 및 집단안보를 추구한다.

클라우제비츠가 설파했듯이 전쟁의 본질은 타 수단에 의한 정치의 계속이다. 정치의 본질은 평화의 추구에 있으며 따라서 전쟁의 본질도 궁극적으로 평화의 추구에 있다. 그 이유는 클라우제비츠가 언급한 바와 같이 전쟁은 절대전으로 추구되지 않으며 마찰(우연의 요소, 인적요소, 지적요소)이 존재하고 이에 의해 절대전은 현실전으로 전환하게 된다.[46]

현대에 이르러 전쟁은 제한전쟁과 억제 그리고 군비통제를 통하여 절대전과 절대전적 사고를 넘어서 협력과 상생을 위한 국제사회의 노력이 진행되고 있다. 따라서 현실주의적 접근에 의한 전쟁과 평화철학 정립이 요구된다.

나. 튼튼한 자주적 안보·국방철학 정립

2015년 전시작전통제권이 전환(2020년 연장 추진)되고 나면 우리는 어떤 전쟁계획(작전계획)을 수립해야 하는가? 핵 및 재래식무기 억제를 기초로 한 제한전쟁 능력 구비와 군비통제

---

46) 강진석, 『전쟁과 정치: 전략의 철학』, 평단, 1996, pp. 236-297 참조.

자주적 국방 안보철학은 전략의 철학으로서 우리 스스로의 건전한 국가 전쟁계획 및 군사전략의 수립·실천을 말한다.

국제적으로 국제정의 실현을 위한 협력안보와 포괄적 안보체제에 동참하며 핵무기 없는 세계의 국제 이상과 대량살상무기 및 비인도적 무기 제거에 협력하며 실제로 이와 같은 무기를 제외한 국방 군사전략의 실천이 요구된다.

현대전쟁의 수행은 군사혁명과 군사변혁에 따라 정밀, 비살상, 신속기동, 제한전으로 이루어지고 있다. 유엔 및 다자간 협력을 통한 군사개입을 통하여 국제평화 유지활동을 전개하고 있다. 이러한 변화는 전쟁에 있어 전쟁의 참화를 줄이고 이성적 전쟁을 수행하려는 노력의 결과이다.

그러나 이러한 노력에도 불구하고 현대의 국제안보 상황은 암울하기만 하다. 비국가폭력의 확산과 테러리즘 그리고 대량살상무기의 확산, 불량국가들의 도전, 그리고 동아시아지역에서의 신 냉전 기류의 부상은 인류에게 새로운 차원의 도전과 위협으로 부상하고 있다.

미국에 위양되었던 전시작전통제권이 전환되고 나면 이제는 한국의 독자적인 전쟁수행이 이루어져야 한다. 독자적인 전쟁철학과 전략의 철학에 의하여 국가방위를 위한 전쟁수행 계획과 승리를 위한 군사전략을 수립해야 한다. 한국적 군사교리(Military Doctrine) 및 전략의 발전방향은 무엇인가? 우선 당장 통일 이전 북한의 군사적 위협에 대응하여 어떤 군사력 건설과 국방태세를 유지해야 할 것인가? 통일 이후에는 동북아에서 어떤 역할을 해야 하며 이를 위한 군사력 구비와 어떠한 국방태세를 유지하여야 하는가?

여기서 요구되는 것은 국민들의 조화적 안보통일철학이다. 현실주의적 전쟁, 평화철학을 바탕으로 정당한 정의의 전쟁을 수행할 수 있는 실천적 접근전략이 요구된다.

현대적 정의전쟁 수행 개념은 진정한(Authentic) 제한전쟁의 추구이다. 전술핵과 재래식 무기를 사용한 제한전쟁과 군비통제 및 현대 국가이성의 구현 그리고 핵 안보의 실현 등이 세부 실천목표라 할 수 있다. 이러한 접근법은 고도의 분별지(分別智, prudence)를 요구한다.

현대국가는 전략의 철학 측면에서 합리적이고 도덕적인 국가이성과 분별지의 균형을 통한, 자위를 위한 제한전쟁을 추구하고 군비통제와 국제협력을 통한 국가/국제안보와 인간안보를 추구해 나가야만 한다.

다. 현대 정의전쟁에 대한 올바른 이해: 북한의 공산/사회주의 이념에 의한 정의전쟁론 극복

북한은 핵개발과 군사도발을 정의적이며 정당한 행동이라고 말하고 있다. 현대에 있어 정의의 전쟁, 정당한 전쟁의 기준은 무엇인가? 국제적으로 인정되고 있는 정의의 전쟁에 대한 이해가 필요하다. 유엔 및 국제사회의 '국민보호'(R2P) 활동 및 평화유지활동과, 북한의 이념적 정의전쟁 논리의 허구성, 6.25에 대한 올바른 인식, 북한 핵개발(무장)의 부정의성, 정당한 전쟁 수단으로서 제한전과 분별적 자위, 군비통제의 중요성에 대한 올바른 인식이 요구된다.

2012년 마이클 샌들(Michael J. Sandel)의 『정의란 무엇인

가』라는 책이 200만부가 넘게 팔렸다. 그만큼 한국인들에게 정의는 갈망되고 실현해야 할 과제이다. 북한은 핵개발과 군사적 도발에 관해 정의를 앞세워 합리화하고 있다. 그들이 말하는 정의는 국제사회와 우리가 알고 갈망하는 정의와 어떻게 틀린가?

정의전쟁론의 역사는 오래되었지만 현대정의전쟁론의 역사는 짧다. 20세기 이후 학문적으로 부흥되었다. 국가이익 또는 국가이성과 핵전략에 대한 정의성(正義性) 논란으로부터 현대 정의전쟁 논란은 시작되었다. 주제의 광범위성과 국제법적 행위의 규칙 미비로 정의전쟁 이론은 부침을 겪다가 한국전과 월남전을 계기로 회생하였으며, 최근 중동의 재스민 혁명과 이집트, 리비아 등에 대한 유엔 및 다자간 인도주의적 군사개입 문제로 또다시 논란이 되었다.

북한은 실패한 공산주의 역사의 정의전쟁 개념과 사회주의 탈을 쓴 독재 세습국가로서 오도된 파쇼정권의 합리화 및 정권유지의 수단으로서 정의를 외치고 있다. 또한 국내의 일부 종북좌파는 진보라는 미명과 정의라는 이름으로 국민들을 현혹하고 있다.

국민들이 이런 실상을 알고 구분할 줄 알아야 한다. 사상전(思想戰)에는 부모형제가 없다. 국민들에게 올바른 정의관(正義觀)이 요구되는 이유이다. 현대적 정의전쟁, 정당한 전쟁의 개념은 인도주의적 군사개입과 국민보호(R2P: Responsibility to Protect People), 분별적 자위가 현대적 정의전쟁이라 할 수 있다. 분별적 자위의 실천 수단은 제한전과 군비통제이다. 그러할 경우에

전쟁은 정당하며 정의로운 전쟁의 수행이 가능하다.[47] 절대적 무기인 핵무기를 개발하며 군비통제를 거부하고 선군정치에 의한 군사중심 국가체제를 운영하는 북한이 정의를 앞세우는 것은 모순이다.

---

47) 강진석, 앞의 책, 2013, p. 20 참조. 그 동안 학계에서 정당한 전쟁이 가능한가에 대한 논의는 많이 제기되었지만 문제제기에만 머물고, 그것이 구체적으로 어떤 조건 어떤 상태여야 하는가 등 구체적인 대안에 대한 논의는 없었다(철학연구회 편, 『정의로운 전쟁은 가능한가』, 철학과 현실사, 2006 참조).

제5절 소결론 및 정책제언

통일의 걸림돌 중 가장 첫 번째라 할 수 있는 것은 바로 북한의 변치 않는 적화통일 야욕과 이에 따른 이념 사상공세로서 통일전선전술과 이에 따른 우리 내부의 극심한 혼란이다. 단순한 공안대책 차원을 넘어선 국민과 정부의 국가관, 대북관, 그리고 안보 관련 영역에서 시작하여 국가안보시스템 전반에 걸친 법적 제도적 그리고 운영적 영역을 포괄하는 철학적 기초를 든든히 확립하고 대응책을 강구해 나가야 한다.

북한이 망하게 되면 문제는 간단하다. 준비된 위기관리 시스템을 가동하면 된다. 그러나 북한이 망하지 않고 핵을 포기하지 않는다면 냉철한 문제의식을 바탕으로 한 현실적인 안보통일 전략의 수립이 요구된다. 가장 큰 문제는 국민들과 국가안보시스템의 전문분야 종사자들조차 공안차원 이상의 안보철학이 결여되어 있다는 것이다. 산업화 과정에서 추구했던 단순한 이념논리만으로는 시대변화에 따른 대처가 어렵고 국민적 저항만 고조될 뿐이다.

독일의 동서 화해 시절의 경험 중에서 국가헌법을 존중하고 수호함을 학교교육의 가장 높은 덕목으로 삼았던 '시민사회교육' 모델을 귀감으로 삼고 위헌 사회단체를 관할 행정관청의 명령으로 해산시킬 수 있게 한 '위헌사회단체법' 및 '연방헌법보호법' 등의 한국적 적용 문제를 진지하게 검토해 볼 필요가

있다.[48)]

한반도의 상황을 제대로 인식해 북한에 효과적으로 대응하기 위해서는 다음과 같은 세 가지 가설을 전제로 현실적이고 실천적인 해법의 모색이 필요하다.[49)] 첫째 북한은 붕괴하지 않는다, 둘째 북한은 핵을 포기하지 않는다, 셋째 중국은 결코 북한을 버리지 않는다는 것이다.

이렇듯 비관적인 가설을 전제로 궁극적으로 북한이 핵을 포기하고 체제전환을 이룰 수 있게 하는 현실적인 외교정책과 실천적 대북정책을 모색할 필요가 있다. 북한에 대해 낙관적인 생각을 갖고 있는 사람들은 결국 절망으로 끝나게 되거나 환상에 빠지게 될 것이며, 비관적인 견해로 흡수통일을 강조하는 사람들은 한반도 상황을 더욱 어렵게 만든다. 이 두 견해를 넘어서는 현실적인 해법 모색이 필요한 시점이다.

따라서 우리 정부가 취해야 할 정책 대안은, 첫째 무력불사용, 둘째 북핵의 폐기, 셋째 국내문제 불간섭 등 '3불(不) 원칙'을 일관되게 유지하면서 결연한 자위권 행사, 핵 문제의 근본적 접근, 가치 공유와 공동체 실천의 3개 전략 추진이 요구된다.[50)]

이러한 대안을 바탕으로 북한의 통일전선전술을 극복하고 우리 내부의 혼란을 최소화하기 위한 대책이 강구되어야 한다. 이를 위해서는 무엇보다 국민들의 안보와 통일 문제에 대한 근

---

48) 김동성, 앞의 책 참조.
49) 이수혁, 『북한은 현실이다』, 21세기북스, 2011 참조.
50) 이수혁, 위의 책 참조.

본적인 철학 정립이 요구된다. 그것은 첫째 전쟁과 평화에 대한 건전한 인식으로 이상적 평화가 아닌 현실적 평화철학, 둘째 국가안전보장을 최우선으로 이를 바탕으로 국제 평화와 안보에 기여하는 성숙한 전략의 철학, 셋째 윤리 도덕적 측면의 정의전쟁에 대한 명확한 인식 제고로 혁명전쟁 논리의 극복을 위한 정의의 철학 등이 요구된다.

이의 실현을 위해서는 바람직한 안보통일 지도자가 절실하다. 분단 문제를 극복하고 통일을 이루기 위해서 이제 우리가 선택할 지도자는 이데올로기를 극복하면서 동시에 깊은 정치철학과 뚜렷한 역사인식으로 무장된 지도자이어야 한다.[51]

---

51) 이러한 지도자론에 대해서는 필자의 최근 저서 위의 책, 2014 참조. 필자는 여기에서 통일안보 지도자에게 요구되는 역량을 국가영도리더십 (statecraft)으로 개념화하고 일반 정치지도자나 CEO 역량과는 다른 안보·통일리더에게 요구되는 리더십 역량을 제시하였다.

제2장

평화통일 북한 저해요인 제거방안

하정열

평화통일의 걸림돌 역할을 하고 있는 북한의 평화통일 제약요소를 분석하고, 이를 개선하기 위한 방안과 전략을 구체적으로 모색한다. 독일의 통일 과정에서 동독정권과 체제의 변화를 위해 노력한 서독정부의 전략과 정책의 교훈을 도출하여, 북한에 적용 가능성을 살펴보고, 북한의 평화통일 저해요인 제거전략을 제시한다.

개   요

　　평화통일과 한반도의 평화정착을 위해서는 북한의 변화가 전제되어야 한다. 그러나 지금 북한은 노동당규약에 무력적화통일을 내세우고 있으며, 헌법에 핵보유국을 명시하고 있다. 그리고 유일영도체제를 주장하면서 무력적화통일을 주장하고 있는 김정은 정권과 북한체제의 변화가 없이는 평화통일이 어려운 실정이며, 이러한 요소는 바로 통일의 걸림돌이 되고 있다. 따라서 평화통일의 제약요소를 제거하거나 약화하려는 노력과 전략이 중요하다.

　　따라서 평화통일의 걸림돌 역할을 하고 있는 북한의 평화통일 제약요소를 분석하고, 이를 개선하기 위한 방안과 전략을 구체적으로 모색해 보아야 할 필요가 있다. 독일의 통일 과정에서 동독정권과 체제의 변화를 위해 노력한 서독정부의 전략과 정책의 교훈을 도출하여 북한에 적용 가능성을 살펴보고, 우리의 준비방향을 제시하고자 한다.

제1절 북한의 평화통일 저해요인

북한은 겉으로는 평화통일을 주장하고 있지만 평화통일을 저해하고 제약하는 여러 요인을 갖고 있다. 북한은 근본적으로 백두혈통을 이어온 현 김정은 체제를 유지하면서 변화를 최소화하려는 움직임을 보이고 있다. 왜냐하면 북한은 1990년대 동구권의 변화과정에서 체제가 무너지고 정권이 붕괴되는 과정을 목격하였기 때문에 개방과 개혁을 통한 변화가 바로 체제와 정권유지에 나쁜 영향을 주리라고 판단하기 때문이다.[1]

평화통일을 저해하는 주요 요인으로는 북한의 사회주의 혁명을 명시하는 노동당규약과 핵 보유를 강조하는 북한헌법이 기저를 이루고 있다. 김일성-김정일-김정은으로 백두혈통을 이어온 북한의 세습왕조체제는 다른 체제로의 전환 혹은 변화를 두려워하고 있다. 북한정권은 개혁과 개방을 두려워하고 있으며, 북한의 권력집단은 남북한간의 교류협력과 관계개선이 흡수통일로 연결될 수 있음을 우려하고 있다.

북한군은 무력통일을 내세우면서 한반도 위기와 갈등을 고조시키고 있으며, 북한사회와 주민 등도 북한체재와 김정은 정권에 영향을 받아 큰 변화를 우려하고 있다. 이러한 요소들

---

1) 제2장의 내용은 이 장의 집필자인 하정열의 저서와 논문의 내용을 요약 정리한 것이다. 반드시 필요한 내용을 제외하고는 인용부호나 주석을 생략하였음을 밝혀둔다.

이 평화통일의 저해요인으로 작용하고 있다(표 2-1 참조).

<표 2-1> 북한의 평화통일 저해요인

- 주체사상과 사회주의혁명을 명시한 노동당규약
- 북한의 핵 보유를 명시한 북한헌법
- 백두혈통을 중시한 세습왕조체제
- 개혁과 개방을 두려워하는 북한정권
- 흡수통일을 우려하는 북한 권력집단
- 한반도 위기와 갈등을 고조시키는 북한군
- 전략적인 변화를 두려워하는 북한사회와 주민

1. 주체사상과 사회주의혁명을 명시한 노동당규약

북한은 통일의 과정에서 주체사상에 의한 사회주의혁명을 추진하고 있다. 2010년 9월 28일 개정된 노동당규약의 서문에는 "조선노동당의 당면 목적은 공화국 북반부에서 사회주의 강성대국을 건설하고, 전국적 범위에서 민족해방, 민주주의 혁명의 과업을 수행하는 데 있으며, 최종 목적은 온 사회를 주체사상화하여 인민대중의 자주성을 완전히 실현하는 데 있다"고 명시하고 있다. 그리고 "조선노동당은 남조선에서 미제 침략무력을 몰아내고 온갖 외세의 지배와 간섭을 끝장내며 일본 군국주의의 재침책동을 짓 부시며 사회의 민주화와 생존의 권리를 위한 남조선 인민들의 투쟁을 적극 지지 성원하며 우리 민족끼리 힘을 합쳐 자주, 평화통일, 민족대단결의 원칙에서 조국을 통일하고 나라와 민족의 통일적 발전을 이룩하기 위하여 투쟁한다"고 명시하여 사회주의 혁명을 강조하고 있다.

북한은 통일의 개념을 우리와 달리 통합의 개념으로 보는 것이 아니라 '하나의 조선'의 논리에 따라 해방과 혁명의 개념으로 보고 있다. 북한이 주장하는 사회주의 혁명에 의한 통일방안은 '1민족 1국가 2제도 2정부'에 기초한 '고려민주연방공화국'을 창설하여 통일을 이루자는 것이다.[2]

북한의 통일방안은 외형적으로는 통일원칙과 국가를 구성하는 형태에 있어서 우리와 유사한 것처럼 보이나, 실상은 주체사상에 의한 사회주의 혁명을 강조하고 있어 여러가지 문제점을 내포하고 있다. 북한이 주장하는 통일방안의 또 다른 모순은 남북이 통일되는 데 있어서 '4대 선결조건'을 내세우고 있다는 점이다. 또한 북한은 소위 3대 혁명역량 강화[3] 및 '통일 3대 원칙'[4]을 추구하고 있다. 북한은 이러한 조건들을 내세워 남조선혁명과 연결시키려 하고 있다. 즉 이러한 조건이 충족된다는 것은 곧 남한사회의 무장해제를 의미하며, 실제로는 북한이 평화적인 통일이 아니라 '남조선혁명'을 통한 연공정권을 남

---

2) 북한은 80년대까지 고려연방제를 주장하였으나, 90년대에 들어서면서 약간의 전술적 변화를 보이고 있는데, 이는 서독의 흡수통일에 충격을 받았고, 한국의 통일방식을 흡수통일로 인식하고 있는 것으로 판단된다(통일교육원, 『북한이해』, 1999, p. 101 참조).

3) 북한이 주장하고 있는 3대 혁명역량이란 ① 북한의 혁명역량(사회주의 건설, 유일체제 강화, 혁명기지 강화), ② 남한의 혁명역량(지하당 조직창건, 통일전선구축, 한·미 이간), ③ 국제혁명역량(공산국가와 유대, 비동맹권의 침투, 서방국가의 침투)을 의미한다.

4) 통일 3대원칙은 ① 자주의 원칙(김일성의 주체사상에 입각하여 미군을 철수시키고 외세의 간섭이 없는 상태), ② 평화의 원칙(남한주민이 자주의 원칙을 받아들이고 사회주의 국가를 건설하여 사는 상태), ③ 민족 대단결의 원칙(자주와 평화의 통일을 남북한 민족이 함께 단결하고 뭉치는 상태)을 말한다.

한에 수립한 후, 북한정권과 이 연공정권과의 형식적인 공산통일을 구상하고 있다고 할 수 있다.

2. 북한의 핵 보유를 명시한 북한헌법

김정은 체제의 북한은 2012년 4월 13일 최고인민회의를 개최하여 헌법을 개정했다. 개정된 헌법은 서문에서 김정일의 업적을 평가하면서 "우리 조국을 불패의 정치사상강국, 핵보유국, 무적의 군사강국으로 전변시켰다"고 밝혀 북한이 핵보유국임을 공식화했다. 북한은 지난 2010년 9월 개정한 당 규약에는 "제국주의에 맞서 핵 억지력을 갖추고 있다"고 핵무기 보유 사실을 간접적으로 표현했으나, 김정일 사후에 헌법 서문까지 개정해 더욱 분명하게 핵보유국임을 표현한 것이다.

따라서 북한은 3대 세습체제를 공식화한 다음 국제사회에 "핵은 절대 포기할 수 없다"는 엄포를 했던 것이다.[5] 북한은 자신들을 '책임 있는 핵무기 국가' 또는 '다른 핵보유국과 동등한 입장'이라고 강조하면서, 4차 핵실험을 위한 준비를 병행하고 있다. 따라서 우리가 남북관계개선의 선결요건으로 내세우는 북한의 핵문제가 해결될 징후가 쉽게 보이지 않으며, 앞으로 통일의 걸림돌로 작용할 가능성이 높아졌다.

---

5) 박길연 외무성부상은 유엔총회연설에서 "미국의 핵항공모함이 우리 바다 주변을 항해하는 한 우리의 핵억지력은 결코 포기할 수 없으며, 오히려 강화될 것"이라고 말했다.

3. 백두혈통을 중시한 세습왕조체제

　북한은 김정은 체제를 옹호하면서 주체사상인 혁명적 수령관을 잘 보위해 백두혈통일인 '김씨 세습왕조'의 대를 잘 잇는 것을 헌법과 노동당규약에 명시하고 있다. 김정은은 사상적 측면에서나 조직적 측면에서 관리를 소홀히 해 민중혁명이나 군부 쿠데타가 발생하여 그 자신은 물론 김씨 가문 전체가 몰락하는 비극을 맞이할 것을 우려하고 있다. 따라서 김정은은 강력한 사상 및 조직 통제를 실시하고 있는 것으로 알려지고 있다. 북한은 김정은 세습을 강화하기 위한 우상화조치를 취하고 있다.

　북한의 정치문화나 주민들의 정치의식 수준으로 볼 때 우리는 김정은으로의 세습구도가 안착될 가능성이 높다는 전제 하에 대북정책을 구사해야 할 것이다. 지나치게 김정은을 폄훼할 경우 그가 정치적 성공을 거두었을 때의 대안이 마땅치 않기 때문이다. 물론 우리는 김정은의 낙마와 그에 따른 다양한 비관적 시나리오에 대해서도 준비를 게을리하지 말아야 한다. '북핵문제'는 물론 '북한문제'에 우리의 관심을 집중시켜야 할 이유가 여기에 있다.

4. 개혁과 개방을 두려워하는 북한정권

　냉전해체 및 공산권 붕괴 이후, 북한의 전략중심은 적화통일보다는 체제생존에 두고 있다고 판단된다. 물론 북한이 적화통일노선을 포기한 것은 아니지만, 전략의 중심이 체제생존 쪽에 주어져 있다는 사실을 간과해서는 안 될 것이다. 북한의 전략 중심은 국제적 고립을 탈피하고 체제 및 경제적인 대남열세를 상쇄하기 위해 군사우위를 확보하고 대내적인 체제위기를 극복하는 데 있다고 평가된다.[6]

5. 흡수통일을 우려하는 북한 권력집단

남북한 모두 상대방을 보는 자세에서 공존과 신뢰보다는 갈등과 불신이 팽배하다. 그 근본적인 이유는 남북한이 큰 어려움 없이 합의할 수 있으며, 기능적으로 접근할 수 있는 통일의 최소 목표, 즉 서로간에 체제의 생존과 남북한의 공존공영 및 평화체제 구축을 보장하는 것보다는 현실성이 부족한 최대 목표, 즉 자국의 이념과 체제로 상대방을 흡수통일하는 것에 집착하기 때문이다.

체제경쟁에서 실패한 북한권력집단은 흡수통일을 두려워하고 있다. 북한의 권력집단들은 흡수통일이 될 경우 그들의 지배 권력이 상실되고, 동구권 국가의 붕괴과정과 독일의 통일과정에서 볼 수 있었던 지배층의 처벌 가능성을 염두에 두고 흡수통일을 반대하고 있다.

---

6) "전쟁은 정치의 연장"이라는 클라우제비츠의 사상을 믿는 사회주의적 사고방식에서 볼 때, 북한은 전쟁위협의 문제를 정치적으로 이용하려 할 것이며, 핵문제가 해결되더라도 다양한 위기조성을 할 것으로 전망된다.

북한의 최고 권력기구인 국방위원회는 2014년 4월 12일 대변인 담화를 통해, 박 대통령의 '드레스덴 통일구상'은 흡수통일론이자 궤변이라며 거부 입장을 밝혔다. 남북관계의 현 상황에 대한 아무런 해결방도도 없이 위선과 기만으로 여론만 흐렸다는 것이다. 제안 장소를 독일의 드레스덴으로 택한 것부터가 흡수통일의 불순한 속내를 드러낸 것이며, 3대 제안은 남북관계 개선과는 거리가 먼 부차적인 것이라고 폄하했다. 또한 북한의 노동신문은 2014년 5월 15일 "박근혜정부의 통일대박론은 흡수통일을 내세운 영원히 실현될 수 없는 탁상공론"이라고 맹비난했다.[7]

6, 한반도 위기와 갈등을 고조시키는 북한군

북한군은 핵과 장거리 미사일 등 비대칭전력을 보유하고 있으며, 전쟁까지를 불사한다는 강압적인 공갈과 협박을 일삼고 있다. 그리고 '천안함 격침사태'에 이은 '연평도 포격사태'

7) 노동신문은 이날 '체제통일 망상은 언젠가도 실현될 수 없다'라는 제목의 기사에서 "통일대박론은 외세를 등에 업고 체제통일의 흉심을 실현시키기 위한 용납 못 할 대결론"이라며 이같이 주장했다. 신문은 "박근혜가 '드레스덴선언'이라는 것을 굳이 흡수통일의 상징인 멀리 유럽의 독일에서 발표한 것을 놓고서도 무엇을 추구하고 있는지를 알 수 있다"며 "괴뢰패당의 망동이야말로 우리민족끼리 힘을 합쳐 이룩하려는 자주통일을 반대하면서 반민족적인 체제통일로 썩어빠진 미국식 자유민주주의체제, 식민지지배체제를 전 조선반도에 확장하려는 극악한 범죄행위"라고 했다. 노동신문은 "이런 형편에서 상대방의 사상과 제도를 부정하며 체제통일을 실현하려 한다면 대결과 전쟁을 피할 수 없다"고 강조했다.

를 일으켜 한반도의 평화를 근본적으로 위협하고 있다. 한국이 이러한 사태의 재발을 막고 평화통일의 여건을 조성해 나가기 위해서는 북한군을 효율적으로 관리하면서 변화시켜 평화체제로 전환할 수 있도록 능동적이고 적극적인 전략이 요구된다.

북한군의 군사정책은 주체사상의 이념성과 남북분단의 정치적인 현실을 반영하여 군의 혁명성을 유지하고 통일을 위한 혁명과업을 달성하는 데 그 초점이 맞추어져 있다.

북한의 군사전략은 현재 '先공세 後수세 병행전략', 즉 전략무기와 특수전력을 활용하여 공세전략을 구사하는 한편, 그로 인해서 반격을 초래하게 될 경우에 대비한 수세 전략을 동시에 구사하고 있다. 체제생존을 지상목표로 하고 있는 북한은 핵, 화학, 생물학, 미사일 등의 전략무기와 비정규 특수전력을 배경으로 선택적인 대남 군사협박을 강화하면서, 그 과정에서 미국 또는 한·미연합군의 강력한 반격 또는 응징을 초래하게 될 최악의 사태에 대비한 요새화된 방어태세를 동시에 준비하고 있다.[8]

북한의 군사전략을 '공세·수세 병행전략'으로 파악할 경우, 북한의 대남군사위협은 ① 비정규전 및 정규전 부대에 의한 국지도발, ② 대량살상무기 사용 위협, ③ 미국의 예방적 선

---

8) 이러한 북한의 '공세와 수세 병행전략'은 전략무기와 정규 전력에 의한 공세적 도발과 재래식 전력 및 요새화 진지에 의한 전면전 수행태세라는 양면구조를 배합하고 있다. 즉 대량살상무기와 정규 및 비정규 전력을 '창'으로 사용하고, 요새화된 방어태세를 '방패'로 사용하는 '공세와 수세 병행전략'을 유지하고 있는 것으로 평가할 수 있다.

제공격 채택에 대한 북한의 군사적 대응에 따른 위협, ④ 위기사태의 확전, 또는 기습적 남침전쟁 도발 등 전면전 도발위협 등 4가지 형태로 상정할 수 있을 것이다.

7. 전략적인 변화를 두려워하는 북한사회와 주민

　북한은 1948년 공산당정권 수립 이후 세계 전략환경의 변화에 따라 여러 차례에 걸쳐 변화를 시도하였다. 북한은 공산주의 종주국이었던 중·소 대결과정에서 공산주의체제에서 주체사상(김일성주의)체제로 체제전환을 하였으며, 고난의 행군과정에서는 노동당체제에서 국방위를 중심으로 하는 선군정치체제로 전환하였다. 북한정권은 김일성-김정일-김정은으로 이어오면서 통일정책도 무력통일-고려연방제통일방안-낮은 단계의 연방제통일방안으로 변화하였다.

　김정일의 뒤를 이은 김정은 세습정권은 선군정치체제에서 노동당 중심체제로 전환하면서, 경제우선 정책으로 방향을 선회하고 있는 것으로 관측된다. 어떻든 북한도 전략환경에 따라 변화를 보여주고 있다. 김정은 정권의 변화가 체제와 정권의 생존을 위한 전술적인 변화인지, 북한사회와 주민까지를 포함하는 근본적이고 전략적인 변화인지는 좀더 두고 관측할 필요가 있다.

제2절 동독의 평화통일 저해요인 개선을 위한 서독의 노력

　　남북한과 동서독은 역사적·사회적·국제적 맥락에서 상이성과 분단 상황에서의 유사성을 동시에 가지고 있다. 따라서 독일의 통일과 교류협력의 경험을 한반도에 적용할 경우에는 조심스러운 접근태도가 필요하다. 특히 교류협력과 관련해서 보면 양 지역의 상황 차이는 대단히 크기 때문에 독일의 경험을 그대로 받아들이기는 쉽지 않다. 그러나 우리의 대북정책이 남북한 화해협력을 목표로 하고 있으며, 사실상의 통일을 지향하고 있다는 점에서 시사점을 찾는 것은 의미가 있다.[9)]

1. 기민당 아데나워총리의 동독 봉쇄정책

　　서독의 초대총리였던 콘라드 아데나워총리는 국제정치의

---

　　9) 사실상의 통일 개념은 남북한간 평화적 교류협력의 방향타의 임무도 수행한다. 남북한간 인적·경제적·사회문화적 교류협력도 위의 개념을 실현하는 차원에서 추진되고 있으며, 군사적 긴장완화와 국제환경의 개선을 통한 한반도 및 동북아의 평화체제 구축도 동일 선상에서 볼 때 사실상의 통일 상황인 남북연합단계에 필수적이다. 다시 말해서 사실상의 통일 상황은 남북이 서로 오가고 돕고 나누는 것으로서 '보다 많은 접촉, 보다 많은 대화, 보다 많은 협력'이 요구된다. 이는 동서독간 교류협력 증진을 통해 분단 고통 감소와 더불어 체제우위 입증을 목적으로 하였던 서독의 대동독 정책과 일맥상통한다.

현실에 비추어 통일은 먼 미래의 목표일 뿐 당면한 정책목표가
될 수 없다고 생각하였다. 따라서 정책목표를 서독의 완전한
주권회복, 경제재건, 서방국가와의 결속강화에 두었다. 통일문
제에 대해서는 서독이 확고한 우위를 확보하면 동독의 붕괴와
소련의 점령지 포기를 유도하여 통일이 될 수 있을 것으로 판
단하였다.[10]

특히 아데나워정부는 통일방안으로 자유선거에 의한 통일
을 주장하였고, 힘의 우위를 확보하기 위해 동독의 고립화를 추
진하는 서독정부의 유일 대표성[11]과 '할슈타인원칙'[12]을 고수하
며 '오더-나이세' 국경선 인정을 거부하였다.

아데나워정부의 대동독 강경정책은 1961년 8월 동독의
베를린장벽 구축으로 인한 제2차 베를린 위기로 이어졌으며,
서독 국민들의 우려와 비판이 높아졌다. 특히 미국과 소련간에
데탕트분위기가 조성되면서 사회당 빌리 브란트의 '작은 걸음
정책'(Politik der kleine Schritte)이 인기를 얻게 됨에 따라 아데
나워총리는 퇴진하고 그의 대동독 강경정책도 변화를 겪게 되
었다.

아데나워의 뒤를 이은 기민당의 에르하르트총리와 키징거
총리는 '할슈타인 원칙'의 포기와 동독의 승인 등 일부 정책의

---

10) 기민당의 통일정책은 힘의 우위를 통해 동독의 붕괴와 소련의 점령지
포기를 유도하여 통일을 달성한다는 '자석이론'(Magnet Theory)으로 불린다.
11) 서독정부의 유일대표성이란 서독정부만이 자유선거에 의해 수립된
유일한 합법정부로서 독일을 대표할 수 있다는 의미를 지닌다.
12) 할슈타인원칙은 제2차 세계대전의 전승국인 소련 외에 동독과 수교
하는 나라와는 국교를 갖지 않는다는 서독정부의 원칙을 말한다.

노선을 수정하였으나, 젊은 세대의 대폭적인 변화요구를 외면한 채 서독의 유일대표성과 동독의 봉쇄정책을 유지하여 국민의 외면을 받았다.[13] 이러한 강경정책으로 동서독간에는 대립이 격화되었으며, 교류와 협력은 제한되었다.

2. 사민당 브란트총리와 슈미트총리의 '신동방정책'

브란트총리는 1968년 총리에 선출되면서 동서독간의 교류협력을 강화하고 평화통일의 기반을 조성하기 위한 '신동방정책'(Neue Ostpolitik)을 추진하였다. 그가 추진한 신동방정책하에서 동독의 변화를 위해 추진한 전략과 정책에 대해 구체적인 시사점을 정리해 보면 다음과 같다.

첫째, 서독은 동독과 교류협력을 추진하면서 동독이 교류협력에 소극적이라는 측면을 고려하여 비탄력적 상호주의 원칙에만 집착하지 않았다. 예를 들면 교류협력에 소요되는 비용의 경우에도 동독의 경제적인 어려움을 고려하여 서독이 좀더 많은 부담을 안을 수 있다는 자세를 보여주었다. 그리고 교류협력의 지속적인 유지를 고려하여 가능한 한 일방통행식의 교류를 자제하였다. 교류의 내용과 폭은 다양한 내용을 가지되, 이해관계가 호혜적 차원에서 관철될 수 있는 자세를 견지하였다. 즉 신축적인 상호주의를 적용하여 동독의 변화를 촉진시켰다.

---

13) 염돈재, 『독일통일의 과정과 교훈』, 평화문제연구소, 2010, pp. 57-59.

둘째, 서독은 교류협력분야를 선정할 경우에는 가능한 동서독이 공동으로 관심을 가지는 분야 중 동독이 상대적인 우월성을 가지고 있다고 판단하여 좀더 쉽게 응할 것이라고 여겨지는 부문과 교류협력을 통해 동독이 경제적으로 이익을 취할 수 있는 분야 등을 우선적으로 고려하였다.[14]

셋째, 서독은 정부와 병행하여 민간차원에서 교류협력이 활성화될 수 있도록 인도적·행정적인 지원과 함께 재정적으로 지원하였다. 특히 서독은 민족적 동질감을 증진시키기 위해 청소년 교류를 재정적·정책적으로 지원하였다. 중요한 사실은 동서독 청소년들간의 만남이 상호 현실 및 상대방에 대한 이해의 무대가 되었다는 사실이다.[15] 즉 아래로부터의 변화를 자연스럽게 추진하였다.

넷째, 동서독 교류협력에서 주목해야 할 중요한 사실은 서독이 동독과의 교류협력을 활성화시키기 위해 '청산결재방식'[16]을 활용하였으며, 현금지불을 가능한 억제하는 대신 물품지원을 선호하였다는 사실이다. 이는 북한이 남북 교류협력을 통해 획득할 수 있는 외환을 핵개발 등 군사분야에 투입할 가능성이 높다는 우리의 우려를 감소시킬 수 있다는 점에서 많은

---

14) 이우영, 손기웅, 임순희 공저, 『남북한 평화공존을 위한 사회문화 교류협력의 활성화방안』, 통일연구원, 2001, p. 48.
15) 이우영 공저, 위의 책, p. 49.
16) 내독교역은 VE(換算單位, Verrechnungseinheit)라는 청산단위에 기초하여 행하여졌다. VE청산단위는 양독의 통화권이 이분화되고 구매력 역시 서독마르크貨와 동독마르크貨 사이에 현저하게 격차가 발생함에 따라 양독일간에 도입된 결재수단이었다.

시사점을 제시한다.[17]

다섯째, 서독은 '접촉을 통한 변화'라는 통일정책 아래에서 인적교류를 물적교류에 연계시켜 교류의 폭을 확대시키는 데 최대의 초점을 두었다. 그래서 인적교류의 확대를 위한 양보를 동독으로부터 받아내기 위하여 동독이 양보할 때마다 포괄적·신축적 상호주의 전략에 따라 적정한 대가를 지불했다. 양독간의 교류협력 관계는 서독의 적극성과 동독의 소극성이 맞물려 처음에는 극도로 제한된 교류에 한정되었다. 양독간의 특수한 관계를 정립한 기본조약 이후 호혜주의에 바탕을 둔 상호주의 정신에 따라 교류와 협력을 통해 신뢰를 회복하고 나아가 민족적 동질성 회복을 추구했다.

서독정부가 동독의 변화를 추구했던 신동방정책은 1969년부터 1974년까지는 사민당의 브란트총리에 의해서 추진되었지만, 이어 1982년까지는 슈미트총리에 의해 집행되었다.

3. 기민당 콜총리의 통합정책

헬무트 콜 정부는 대다수 국민들이 동독과의 교류협력 관계가 그대로 지속되기를 희망하였기 때문에 사민당 정부가 이

---

17) 동독의 경우 서독과의 교류협력을 통해 획득한 외환의 일부를 군사 분야에 투입하였으나, 상당부분은 체제유지를 위한 우선순위에 따라 다른 분야에 투입하였다는 사실이 통일 이후 확인되었다. 북한 역시 가장 긴급하다고 판단되는 분야에 남북교류협력의 획득물을 사용할 가능성이 크지만, 군사 분야에 투입할 가능성은 상존하므로 남북협력시에는 서독의 사례를 참고해야 할 것이다.

룩한 신동방정책의 업적을 그대로 계승하였다. 즉 1982년부터 통일이 된 1990년까지는 보수당인 기민연 출신의 콜총리에 의한 기민·기사연과 자민연의 연정에 의해 신동방정책은 추진되었다. 따라서 소련 및 동독과의 협력을 계속 확대해 나가면서, 서방과의 협력에 바탕을 둔 동방과의 협력정책을 표방하였다. 콜정부는 1983년과 1984년 두 차례에 걸쳐 동독에 19억 5천만 마르크의 현금차관을 제공하였다.

1985년 집권한 소련의 고르바초프서기장이 적극적인 개혁과 개방정책을 추진하여 데탕트분위기가 확산되었고, 1987년 동독의 호네커서기장의 서독 방문으로 동서독간의 화해분위기가 더욱 고조되었다. 1989년 11월 베를린장벽이 붕괴되자 콜총리는 이를 적극적으로 활용하여 '통일10개 조항'을 선포하고 동독혁명을 통일로 연결시키는 데 성공하였다. 실제로는 이 시기가 신동방정책이 가장 많은 성과를 보여주던 시기였다고 할 수 있다.

즉 아데나워총리는 엄격한 상호주의를 적용하여 동독과의 대립과 강경한 정책을 통한 변화를 시도하였으나 큰 성과가 없었다. 그러나 브란트총리의 신동방정책 이후에 서독정부는 포괄적이고 신축적인 상호주의를 적용하여 동독의 변화를 간접적으로 추진하면서 양 독일간의 교류협력을 통한 통일기반 조성에 기여하였다. 동독의 주민들이 서독의 실상을 파악하고 서독의 체제를 동경하였으며, 결정적인 순간에 서독과의 통합을 희망하게 하는 촉매제 역할을 하였다.

<표 2-2> 동독의 변화를 위한 상호주의 적용

서독조치	동독대응	상호주의 적용
정부부문		
차관지원	• 정치범 석방 • 3통 문제 해결 협조 • 국경 수속절차 완화	비탄력적 상호주의
정부차원 경제협력	• 양 독일간 협정체결 • 인권 개선,	신축적 상호주의
물자 위주 지원	• 삶의 질 향상 • 전용 제한	신축적 상호주의
민간부문		
정경분리원칙 준수	• 경제교류협력 강화조치	포괄적 상호주의
인도적 지원 강화	• 청소년 교류 활성화 • 민족 동질성 유지	포괄적 상호주의
사회 문화적 교류 강화 (동독 우월분야 선정, 서독 부담)	• 소극적 수용 • 점진적 협력 • 단계적 확대조치	포괄적·신축적 상호주의

　　또한 이를 법과 제도적으로 뒷받침하여 동서독의 정권교체의 과정에서도 불필요한 분쟁과 이의 해결을 위한 시간 및 경제적 손실을 최소화할 수 있었다. 서독정권이 동독의 변화를 추구하면서 적용한 상호주의 사례는 〈표 2-2〉에서 보는 바와 같다.

　　독일의 평화통일 사례분석이 한반도에 주는 시사점을 종합하면, ① 통일촉진의 환경을 최대로 조성해 가면서 전략환경을 적시적으로 활용해야 하며, ② 남북한이 통일을 지향하는 과정에서 평화통일에 대한 준비를 종합적이고, 체계적으로 추진하고, ③ 먼저 남북한간에 신뢰를 쌓고 통일 후에 나타날 문제점을 하나하나 제거해 나가야 한다. 특히 북한의 평화통일의 저해요인을 제거 및 약화시키는 작업을 해야 한다.[18] ④ 통일의 후유증을 최소화하기 위해서는 서독의 신동방정책처럼 우리도 점진적으로 북한을 변화시켜, 평화통일의 제약요소를 최소화하면서 평화통일 여건을 조성하는 노력을 기울여야 할 것이다.

---

18) 정용길, 『독일 1990년 10월 3일-통일을 생각하며 독일을 바라본다』, 동국대학교출판부, 2009, p. 243.

제3절 평화통일 저해요인 제거 전략 및 정책

1. 북한체제의 변화전략

한반도의 냉전과 분단을 극복하기 위한 결정적 변수는 북한체제의 변화 그 자체이다. 북한의 '김정은체제'가 스스로 기본적인 입장을 바꾸거나, 새로운 세력으로 권력교체가 이루어지거나, 어떤 형태로든 체제변화가 되어야만 비로소 한반도의 냉전종식과 평화정착이 현실화될 수 있을 것이다. 여기서 북한체제를 어떻게 변화시킬 것인가 하는 것이 근본적인 문제인데, 신축적인 상호주의정책을 추진해 나가는 것이 북한을 변화시키는 관건이라 할 수 있을 것이다.

사회주의 국가의 체제변화는 두 가지 유형으로 나누어 볼 수 있다. 하나는 동구나 러시아처럼 사회주의 체제의 본질적 특성을 포기하는 유형이고, 다른 하나는 중국처럼 사회주의체제의 본질적 특성을 유지한 가운데 개혁을 추진하는 형태이다. 북한의 경우는 두 가지 유형 중의 하나보다는 오히려 단기적인 측면에서 현재의 불완전한 체제를 그대로 유지해 가면서 장기적인 측면에서 점진적인 개혁과 개방을 통한 실용주의 노선을 채택할 것으로 판단된다. 가능한 시나리오는 다음과 같다.

첫째, 자율 통제된 개방과 개혁의 추진 유형은, 북한 김정은이 당면한 체제위기를 타개하기 위해서 선택할 수 있는 최선의 현실적 대안이 될 것이다.

둘째, 통제 장악된 내부 권력교체 유형은 북한체제가 큰 혼란 없이 통제 장악된 상태에서 김정은을 축출하고 새로운 지도층으로 대체권력을 확립하는 내부변혁의 경우를 의미한다. 즉 북한체제 내부에서 김정은을 축출하고 새로운 지도층이 대두되어 고르바초프식의 개방과 개혁을 추진하는 사태 변화를 상정해 볼 수 있다. 이 경우, 우리는 지도층과 긴밀히 협조하면서 북한체제의 안정과 적극적인 개방과 개혁을 과감히 지원하는 정책을 통해서 남북한간의 협의와 합의를 바탕으로 안정적인 평화통일을 추진해 나갈 수 있을 것이다.

셋째, 김정은 체제가 지속되고 있는 상황에서, 통제 불능의 위기사태가 발생할 수도 있을 것이다. 여기에는 루마니아식의 내란 발생으로 인해 국가체제가 붕괴하는 경우로부터, 중국식으로 민중봉기를 유혈 진압하는 경우, 그리고 동독식으로 민중의 궐기에 지배층이 타협하는 경우가 포함될 수 있다. 따라서 예상되는 사태에 대한 적합한 위기관리 태세를 발전시키기 위한 실천적인 노력이 중요하다. 왜냐하면 준비되지 않은 북한의 급변사태는 오히려 우리에게 재앙이자 한반도의 안정과 평화를 위협할 수 있기 때문이다.

북한체제의 변화를 위한 전략선택은 상호주의전략에 의한 화해적 포용과 대결적 압박의 이중 접근이 불가피할 것으로 판단된다. 문제는 북한 김정은체제가 우리의 화해적 포용정책의 열매를 즐기면서 동시에 우리에 대한 냉전적 대결과 군사 제일주의 노선을 지속시킴으로써 현재의 체제적 난관을 극복하는 것은 물론 대남 주도권을 동시에 추구해 나가는 그들의 이중전략에 어떻게 대처하느냐 하는 우리의 대응전략이다. 즉 한반도의 불안정성을 해소하고, 향후 김정은의 바람직한 정책선택을 유도해야 한다.

따라서 포용과 압박의 이중 접근전략은 불가피하며, 어느 쪽에 전략의 중심을 두느냐 하는 문제가 중요하다. 먼저 북한체제의 변화를 위해 전략의 중심을 화해적 포용에 두고, 동시에 북한의 군사 제일주의 노선에 대처해 나가기 위한 대결적 압박을 병행하는 이중접근전략을 고려할 수 있다. 이와 반대로 북한의 군사 제일주의 노선에 대한 대결적 압박을 전략의 중심으로 삼고, 화해적 포용을 부가적으로 고려하는 이중접근전략을 생각할 수도 있을 것이다. 이 두 가지의 대안 중 우리의 전략선택은 북한체제의 변화를 목표로 하는 화해적 포용전략에 중심을 두고, 북한의 군사 제일주의 노선에 대처해 나가는 대결적 압박전략을 보조로 하는 이중 접근이 타당하다고 판단한다.[19)]

그 이유는 우리에게 북한의 핵 및 미사일 개발 등 군사 제일주의 노선 등을 실질적으로 견제 및 해소할 수 있는 대응 전략수단이 극히 제한되어 있고, 북한체제의 변화야말로 그들의

---

19) 중앙일보가 2002년 1월에 실시한 여론조사 결과 우리 정부가 대북정책 시 지켜야 할 원칙으로 포괄적 상호주의 39.3%, 철저한 상호주의 34%, 신축적 상호주의 23.7%로 나타났다(세종연구소, 『국제질서 전환기의 국가전략』, 세종국가포럼, 2002, p. 146 참조).

군사 제일주의 정책의 포기는 물론 평화통일의 결정적 변수로 작용할 것이기 때문이다.

2. 북한정권과 권력집단의 변화전략

북한 노동당이 김정은세습의 승계작업을 계기로 명실상부한 북한의 권력 중심부로 부활하고 있다. 북한은 3대 세습과정에서는 노동당규약을 개정하는 등의 재정비를 통해 김정은체제를 강화하겠다는 복안이 엿보인다.

북한의 정권과 권력집단은 대한민국 주도의 흡수통일을 두려워하고 있다. 흡수통일이 되면 권력을 상실할 뿐만 아니라 생존까지도 위협받을 수 있다고 느끼기 때문이다.

따라서 우리는 통일 과정에서 남북은 같이 승리하며 민족 공동번영의 보람을 누릴 수 있음을 인식시켜야 한다. 김정은을 포함한 핵심지도층을 제외하고는 모두가 상생공영(相生共榮)할 수 있음을 느끼도록 해야 한다. 그래야 북한의 권력집단이 우리에 동참하는 평화가 보장된 통일이 가능해진다. 통일 이전부터 평화와 번영을 실현하는 민족공동체를 구현하기 위해서는 남북으로 분단되어 있어도 민족의 동질성과 통일성의 범위를 확대시켜 나가는 조치가 필요하다.

이를 위해 남북한 사이에 평화를 정착시키고 교류와 협력을 적극적으로 증대시켜 민족공동체를 복원하면서 남북한 사이의 연계를 증대시키는 것이 중요하다. 이를 위해서는 김정은

체제가 한반도의 안정과 평화, 북핵문제의 평화적인 해결, 개
혁과 개방을 할 수 있도록 우리의 개입능력과 영향력 확대를
추구해야 한다. 즉 북한정권과 권력집단이 우리를 바라보도록
해야 한다.

남북한 정상회담과 장관급회담을 실시하여 평화통일에 대
한 공감대를 확산하고, 개성공단과 같은 공동개발사업을 확대
해 나가야 한다. 주기적인 실무자회담을 실시하여 교류협력을
확대해 나가야 한다. 즉 우리의 합리적인 전략과 대응으로 북
한정권의 올바른 정책선택을 유도할 수 있도록 노력해야 한다.

3. 북한군의 변화전략

북한 군부는 김정은체제에서도 '선군정치'의 주역으로서 충
성을 다하며, 지도부의 보위역할을 수행할 것으로 판단된다. 이
과정에서 권력의 중추는 '국방위원회'에서 '당중앙군사위원회'로
이동 할 것이다. 즉 북한은 당-국가체제 복원을 통해 당의 권
위를 회복하면서 군에 대한 당적지도 강화를 시도할 것이다.
앞으로도 북한정권은 핵 등 비대칭전력을 앞세워 우리 내부
를 교란하고, 비대칭적인 도발을 계속할 것이다. 북한의 체제
불안정 요인이 지속되는 한 한반도에서 군사적 긴장은 불가피
하다.

김정은체제가 정착됨에 따라 북한군의 정책방향을 예의
주시해야 하는 이유이다. 북한군을 변화시켜 김정은체제를 무

너뜨리는 역할을 하게 하든지 혹은 개방과 개혁 및 남북한 교류협력에 협조적인 세력으로 만들어 나가야 한다.

그러나 '김정은체제'의 북한에서 우리가 어떠한 노력을 한다하더라도 군부에 의한 쿠데타의 가능성은 부정적이다. 현 상태에서 쿠데타의 가능성은 없지만, '김정은체제'가 정착되는 과정에서 군부를 무시한 정책을 추진하다거나, 군부세력간의 권력투쟁을 관리할 능력을 상실할 경우에는 일부 조직이나 부대에 의한 제한된 반기의 가능성은 높아진다고 볼 수 있을 것이다.

그렇다면 북한군의 호전성을 약화시키면서 개방 및 개혁과 남북한 교류와 협력에 동참하는 세력으로 변화시켜 나가는 전략이 필요하다. 여기서 우리는 북한의 호전적인 군사행동은 군사위협의 실체[20]보다는 도리어 군사적으로 자기들이 절대 우위에 있다는 식의 모종의 허상, 즉 군사우위 신화에 근거한 행동의 자유와 선택적 도발이라는 모험주의에 기초하고 있다는 점을 이해해야 할 것이다. 따라서 한국은 직접적인 군사대응과 함께 간접적인 정치적이고 심리적 대응을 병행해야 할 것이다.[21] 무엇보다 중요한 것은 북한이 핵무기 개발을 동결시키

---

20) 북한군의 취약점은 일부 특정무기를 제외하고는 성능이 비교적 낮은 무기들로 편재되어 있으며, 군수지원능력이 비교적 제한되어 사기가 높지 않고, 지휘구조상의 경직성으로 횡적인 협조가 제한되며, 사회간접시설이 낙후되고 통신시설이 덜 발달되어 대 이라크전 형태의 마비전(痲痺戰)에 취약할 수밖에 없을 것이란 점이다.

21) 위협을 상대방의 의도와 능력간의 함수관계로 이해할 때 의도는 상황에 따라 가변적이지만 능력은 축적된 힘의 결정이라는 점에서 비교적 장기간 존속되는 성향을 갖는다. 이러한 견지에서 향후 남북관계 개선이 급속도로 이루어진다 하더라도 북한이 다량의 군사력을 보유하는 한 그 원천적인 위협은 사라지는 것이 아니다.

는 조치를 투명하게 실시하고, 미사일 및 화생무기에 대한 적절한 대응조치를 실질적으로 강구하는 문제라고 생각한다.[22)

대한민국의 군사력은 북한의 무력적화통일 야욕을 억지하고 한반도의 평화를 수호할 수 있는 기반적인 수단이다. 한국 정부가 평화와 안정을 보장하고 나아가 화해와 협력의 장을 열어 평화통일을 달성하기 위해서는 북한으로 하여금 대남적화전략을 포기토록 해야 한다. 즉 군사적인 위협으로는 아무것도 이룰 수 없다는 것을 인식시켜야 한다. 이를 위해 우리는 확고한 전쟁억지력을 갖추어야 한다. 한국군의 강력한 억지력은 한반도의 냉전구조의 해체와 자신감 있고 유연한 대북정책의 추진을 위한 전제조건이다.

북한군을 변화시키기 위해서는 전쟁에 대비하는 것 이상으로 냉전극복을 위한 평화 이니셔티브가 중요하다. 한반도의 평화체제를 구축하기 위해서는 국제공조와, 긴장완화 및 신뢰구축을 위한 군사당국간의 대화를 병행하는 이중접근이 필요하다. 즉 평화지키기(Peace-Keeping)와 평화만들기(Peace-Making)를 병행하면서 전쟁억제와 평화관리를 수행해 나가야 한다. 최상의 전략은 역시 전쟁을 억제하는 '부전승(不戰勝) 전략'이다. 이를 위해 남북한 군사당국간 직접적 대화통로를 개설하기 위한 끈질긴 노력이 긴요하다. 기존 합의된 제도를 현실화하기 위해서 남북간 대화통로를 모색하기 위한 적극적인 평화 이니셔티브가 요구된다. 우리 측의 제안에 대해서 북측의 반응이 없

22) 북한이 핵개발을 포기하도록 하는 시점까지 가기 위해서는 한·미간에 협력하고 조정된 접근방식이 필요하다.

다고 할지라도, 끊임없이 반복되는 제안을 통해서 최소한 심리적 공세의 효과를 거둘 수 있다는 확신을 가질 필요가 있다. 정치심리전의 핵심은 우리의 강점을 가지고 상대의 약점을 파고드는 것이다.

4. 북한사회와 주민의 변화전략

북한사회와 주민들이 변화하면 북한정권도 변화할 수밖에 없을 것이다. 즉 위로부터의 변화가 어려우면 아래로부터의 변화를 추진해야 한다. 북한사회와 주민들이 남쪽을 바라보도록 하기 위해서는 필요한 분야에서 지원과 접촉을 통해 북한의 변화를 모색해야 한다.

북한의 사회와 주민을 아래로부터 변화시킬 수 있는 가장 효율적이고 간접적인 수단은 사회·심리적인 수단이다. 남북한에서 사회와 문화 등 모든 영역에서 상당한 이질화가 진행되어 왔다. 이러한 이질화 현상은 세계관, 사회관, 인간관, 역사관 등에 큰 차이를 형성하고 있다.

남북한의 사회 문화적 공동체 형성을 위해서는 남북한이 조화와 균형을 모색하는 가운데 상호 보완적 체제 수렴을 통해 이질성을 해소하고 동질성을 극대화시키는 방안의 모색이 필요하다. 이는 공존을 바탕으로 한 상호간의 교류를 통해 이루어질 수 있을 것이다. 남과 북이 서로를 알고 이해할 수 있는 기회가 확충되어야 한다. 우리의 강점인 자유민주의의 이념,

세계화된 문화 등을 북한주민들에게 전해야 한다.

북한의 변화를 촉진하면서 북한정권과 주민의 심리를 자극하기 위해서는 '통일세'를 신설하고, 통일기금을 모으는 것이 바람직할 것이다. 통일세는 다음과 같은 여섯 가지의 큰 장점이 있다. 첫째 정부에게는 통일에 대한 자신감을 준다. 둘째 국민들에게는 직접 통일준비에 참여하고 있다는 긍지와 자부심을 준다. 셋째 북한 김정은과 그 체제에는 두려움의 대상이 된다. 넷째 북한주민에게는 동경과 안도의 대상이 된다. 다섯째 세계를 향해서는 통일을 준비하는 한국인의 의지를 알릴 수 있다. 여섯째 통일이 미래의 과제가 아닌 현재 진행형의 과제라는 인식을 줄 수 있다. 특히 '통일기금법'을 제정하면, 통일을 위한 경제적인 준비를 점진적으로 해나갈 수 있을 뿐만 아니라, 북한정권과 북한주민을 자극하여 북한의 변화를 촉진할 수 있는 요소로 작용할 것이다.

이러한 사회·심리적인 수단의 효율적인 활용을 통해 북한사회와 주민의 아래로부터의 변화를 촉진시킬 수 있다.

5. 변화를 촉진하는 전략과 정책의 활용

북한의 변화를 우리가 주도해 나가려면 북한변화전략 및 정책의 목표를 명확히 설정해야 한다. 이러한 목표는 '한반도 평화체제 정착과 평화통일'이 될 것이다. 이러한 목표를 추진하는 과정인 남북한간의 교류협력과 평화통일의 여정에서 북한을 관리하면서 변화시킬 수 있는 전략과 정책수단의 활용이 필요하다. 한국정부가 북한변화를 촉진하는 통일 및 대북정책을 추진할 때에는 상호주의전략을 포함해야 한다. 이의 성공을 위해서는 다음과 같은 전략이 필요하다.

첫째, 핵문제와 안보문제 등의 해결과정에서 상호주의를 적용할 때에는 남북한 및 주변국이 호혜적 차원에서 서로 이익을 주고받을 수 있도록 좀더 정교한 내용으로 구성해야 한다. 핵과 안보문제 해결과정에서 통상 비탄력적 상호주의를 적용해야 하는데, 이 경우에는 남북교류협력이 지속될 수 있는 대책과 함께 수립해야 한다. 상호주의가 비핵화 과정에 효율적으로 적용될 수 있도록 비핵화 과정을 여러 단계로 구분하고, 각 단계를 남북간의 교류협력과 연계해서 추진해야 한다. 핵불능화 조치와 신고, 핵 폐기 과정의 초·중·후기 등의 비핵화의 단계에 맞추어 신축적 상호주의 전략을 활용하여 인도적 지원과 경제교류협력을 적절하게 연계해야 한다.

둘째, 남북한 교류협력의 과정에서 상호주의를 적용시는 북한에 요구하는 개혁과 개방에 대한 개념과 범위, 내용과 수준 등을 더욱 명확히 제시하고, 이에 대한 반대급부 차원의 대가를 제시할 필요가 있다. 한국정부가 북한의 고삐를 틀어잡고, 원하는 방향으로 선회할 수 있도록 관리능력을 강화해야 한다. 이를 위한 최선의 방법은 한국의 강점을 최대한 활용하여 상호주의전략을 올바르게 구사하는 것이다. 대북전략의 핵심인 상호주의전략은 엄격성만을 강조하는 차원에서 벗어나 사안별로 대응해야 한다. 즉 안보분야에는 엄격성, 경제분야에서는 신축성, 인도적 지원이나 사회문화교류에서는 포괄성 등을 적용하는 방안으로 변화를 추구해야 한다.

북한의 변화를 촉진하는 가장 좋은 방법은 위로부터의 변화와 아래로부터의 변화를 적절히 혼합하여 추진하는 양 방향 접근전략이다. 이를 구체적으로 기술하면 다음과 같다.

첫째, 김정은정권은 주체사상인 혁명적 수령관을 잘 보위해 '김씨 왕조'의 대를 잇는 과정에서 사상적 측면에서나 조직적 측면에서 관리를 소홀히해 민중혁명이나 군부 쿠데타가 발생한다면 그 자신은 물론 가문 전체가 몰락하는 비극을 맞이할 것이다. 따라서 김정은은 강력한 사상 및 조직 통제를 실시할 가능성이 있다. 이는 변화의 저해요소로 작용할 것이다.

둘째, 북한은 미국으로부터의 안전보장 획득을 최고의 국가목표로 설정하고 있다. 이를 위해 핵무기를 개발하고 있다고 추정된다. 미국은 북한 핵의 폐기를 위해 한편으로는 북한과 대화하면서도 다른 한편에서는 강한 정치·군사적 대북 압박을 구사하고 있다. 김정은은 모든 수단을 동원해 미국과의 관계를 개선해 주민들의 안보불안을 제거해야 하는 숙제를 안고 있다. 이것은 위로부터의 변화를 요구하고 있다.

셋째, 통일은 김일성의 유훈이고 주민들의 꿈이다. 김일성의 혁명전통을 계승해야 하는 김정은은 통일달성을 위한 의미 있는 치적을 남겨야 한다. 그러나 현재 한반도 상황은 좋지 않다. 유일한 북한의 우방인 중국은 외교적으로는 지지를 하지만, 경제적으로는 북한의 기대수준에 못 미치고 있는 것으로 판단된다. 경제적 측면에서 실제적인 지원을 받을 수 있는 국가는 남한밖에 없다. 김정은은 긴장된 한반도 정세를 타파하고 남북대화를 이끌어 내야 하는 책무를 지고 있다. 이것은 김정은 정권의 전략과 정책의 변화 즉 위로부터의 변화를 요구하고 있다.

넷째, 경제난을 해결하여 북한주민의 불만을 해소하는 일이다. 북한주민들의 원성은 커져 가고 있고 암시장 확대, 뇌물수수, 부익부 빈익빈 현상 등 각종 경제적 일탈현상이 만연하고 있다. 식량은 여전히 부족하고 전기, 석탄, 철강 등도 목표에 훨씬 미달하고 있는 실정이다. 경제문제를 풀지 못한다면 주민들의 생활은 더욱 어려워질 것이고, 김정은에 대한 지지도도 기대에 훨씬 못 미칠 것이다. 이것은 아래로부터의 변화를 요구할 것이다.

한국정부가 양방향의 변화전략을 추진하기 위해서는 두 가지 관점에 유의해야 한다. 첫째 '북한주민'과 '북한정권'을 구분하여 대처하는 것이다. 둘째 '통일전략적인 사안'과 '대북정책적인 문제'를 혼동하지 않는 것이다. 국민적 합의에 따라 공식적으로 수립된 통일전략은 정권교체와 관계없이 투명하고 일관되게 추진해야 한다. 반면 국가의 생존에 직결되지 않는 정책적 수준의 사항들은 정부가 시의 적절하게 조절해 가면서 유연하게 추진할 수 있어야 한다.

우리가 북한 변화를 주도하기 위해서는 다음과 같은 수단을 통합해서 활용해야 한다.

첫째, 북한을 위로부터 변화시키는 데 중요한 수단은 정치적인 수단이다. 이는 북한정권에 직접적인 영향을 줄 수 있는 수단이다. 남북정상회담 개최, 장관급회담의 추진, 각종 대북정책은 북한의 변화를 촉진하거나 유발시킬 수 있는 수단이다. 우리가 그러한 노력을 가시화하였을 때 북한정권은 변화될 수 있으며 북한주민의 인권은 개선될 수 있다. 우리는 통일 한국을 전제로 한 민족공동체의 이상을 실현시켜 가는 과정에서 자유로운 삶, 모두가 함께 하는 인간다운 삶을 달성하여 북한정권과 주민의 동경의 대상이 되어야 한다. 만약 북한정권이 역방향으로 나간다면 정권과 주민을 분리 대응해야 할 것이다. 바로 여기에 정치·심리전의 목표를 두어야 한다.

둘째, 한반도 문제는 남북한간의 문제이자 주변 4국과의 문제이다. 따라서 주변국을 활용하기 위한 동맹외교와 균형외교의 수단이 필요하다. 균형외교란 상호주의 원칙과 전략적 협조의 외교관계를 기본으로 하여 명분 있는 차별화된 정책을 추진하되, '불공평성'을 불식시킬 수 있는 대 주변국 외교활동을 의미한다.

한국정부는 평화통일을 지원하고 보장하기 위한 북한 변화 외교를 적극적으로 추진해야 한다. 주변국들이 한반도 평화체제 정착과 통일에 거부 및 방해세력이 되지 않도록 오해를 불식시키고, 협력을 증진하는 등 여건을 조성해야 한다. '통일 한국의 외교노선(外交路線)'을 조기에 표명하고, 지역안정과 협력사업 추진 등 주변국들을 통일지원세력으로 만드는 노력을 병행해야 한다.

셋째, 대한민국의 강점인 경제적인 수단을 최대한 활용해야 한다. 한국이 북한과의 경쟁에서 가장 앞서 있는 분야가 경제력이다. 안보 및 통일전략에서 국방과 경제는 수레의 양 바퀴다. 한 나라의 국방능력은 경제적인 능력으로부터 영향을 받는다. 북한정권을 변화시킬 수 있는 핵심적인 힘도 경제력에서 나온다. 경제력은 북한을 양방향에서 변화시킬 수 있는 수단이다. 이것은 동서독의 통일 과정에서 입증되었다. 경제교류협력의 활성화는 '남북한 경제공동체' 형성의 토대를 마련하는 데 주안점을 두어야 할 것이다. 북한의 개방을 유도할 수 있는 유인동기를 제공하면서, 북한 경제체제의 변화를 유도해야 한다. 우리는 남북한간의 공동이익을 증진해가면서 경제적 상호 의존관계를 심화시켜 나가야 한다. 남북 경제체제간의 이질성을 해소하고, 상호 보완적으로 성장을 도모해야 한다. 이를 추진하는 원칙은 상호 연계성, 보완성과 실현 가능성 등을 고려하여 우선순위를 정하고, 체계적이고 일관성 있게 추진해야 한다.

서로 만나서 이야기를 해야만 상호주의가 작동할 수 있는 기반인 이해와 신뢰를 구축할 수 있다. 즉 상호주의 적용의 핵심요소인 '미래의 잔영'을 길게 가져갈 수 있는 것이다. 미래의 그림자가 미약하다면, 신사적인 전략은 세력권의 도움을 받는다 하더라도 스스로를 지켜내지 못한다.[23)]

상호주의가 성공하기 위해서는 상호관계가 앞으로도 지속되리라는 믿음이 전제되어야 한다. 따라서 한국정부가 상호주의 원칙을 실천하는데도 한 가지의 정해진 시나리오대로만 하는 것보다 북한의 대응에 따라 상황에 맞게 탄력성 있게 다양한 시나리오를 구사하는 것이 좋을 것이다. 즉 비탄력적 상호주의와 포괄적인 상호주의 및 신축적인 상호주의가 잘 조화되어야 한다.

---

23) 로버트 엑셀로드 저, 이경식 옮김, 『협력의 진화(이기적 인간의 팃포탯 전략)』, 시스테마, 2009, p. 194.

제4절 소결론 및 정책제언

　대한민국 정부가 북한을 변화시켜 해결하고자 원하는 북한의 핵, 인권과 안보불안에 대한 문제는 단·중기적으로는 상호주의를 효율적으로 적용해야 모색될 수 있으며, 장기적으로는 평화통일이 되어야 완전히 해결될 수 있다. 바로 이 점이 대북전략과 평화통일전략의 핵심이며, 대북정책과 통일정책이 국가전략으로 통합되어야 할 이유다.

　남북한 관계개선과 평화체제 정착과정에서 기능주의적인 접근의 필요성은 남북한간의 현안문제에서 쉽고 의견접근이 가능한 주제를 먼저 다루어야 한다. 이것은 전체의 남북대화의 틀을 곤란에 빠뜨리지 않고 통일기반을 다지는 데 유리하다는 데 기반을 두고 있기 때문이다. 북한은 생존을 위해 어쩔 수 없이 남한과의 교류협력을 필요로 하고 있지만, 남북한간 안보문제에 대한 논의는 구조적인 접근이 쉽지 않다. 우선 쉬운 사안부터 처리해 나가는 지혜가 발휘되어야 한다. 쉽고 분쟁이 적은 것부터 접근하여 접촉을 증대해 나감으로써 부분별로 기능적인 협조체제를 구축해 나가는 것이 기능주의적 접근방법의 핵심이다.

　북한은 그들의 체제와 관련한 의제에 대한 협의를 완강하게 거부하는 입장이다. 따라서 기능주의 접근만으로는 평화체제의 구축과 평화통일에 많은 어려움이 예상된다. 즉 신기능주의 측면에서 정치적인 해결방안이 모색되어야 한다. 남북한간의 정치 및 안보영역은 구조적으로 접근이 쉽지 않는 분야이다. 이것은 한미동맹과 주한미군의 철수 등 남북한 양자의 문제가 아닌 남한과 북한 그리고 미국 3자간의 문제이다. 북한의 김정은정권과 군사적 위협, 인권문제 등 북한의 체제와 안보현안에 대하여 남북한간에 접점을 모색하는 일은 매우 어려운 일이다. 통일정책 추진을 둘러싼 남한에서의 남남갈등 문제도 쉽게 풀 수 있는 사안도 아니다. 기능주의만으로 문제를 해결할 수 없는 이유이다. 정부의 일정한 관여가 필요하다. 즉 신기능주의적인 접근이 요구된다.

　북한의 대량살상무기를 포함한 군사적인 위협은 상존하고 있다. 한반도의 위기는 하시라도 고조될 수 있는 상황으로 평시 위기관리의 중요성이 증대된다. 따라서 남북관계에서 군사력의 직접사용은 적대적 긴장과 대결의 역효과만을 초래하므로, 북한체제의 변화를 촉진 및 활용하기 위한 '간접접근전략' (間接接近戰略, Indirect Strategy)[24] 이 필요하다. 즉 대한민국의 강한 수단으로 북한의 약점을 쳐야 한다. 주변 강국의 힘을 활용하여 우리의 힘을 보완하고 절약해야 한다. 앙드레 보프르와 리델 하트의 간접접근전략이 필요한 이유이다.

　통일의 시점까지 상생의 '윈윈(win-win)원리'가 작동해야 하는 남북한 관계에서 전체적으로 좋은 성과를 올리기 위해서

---

24) 군사력과 국방자원을 최소한으로 사용하면서 정치적·경제적·사회적·심리적 수단 등을 사용하여 소망하는 효과를 달성하는 접근전략으로서 군사력은 보조적인 역할을 수행하게 된다.

는 항상 북한보다 잘 해야 할 필요는 없다. 특히 다양한 분야에서 수많은 상호작용을 해야 하는 경우라면 더욱 그렇다. 따라서 특별한 경우를 제외하고는 포괄적·신축적 상호주의를 적절하게 활용하여 우리가 원하는 방향으로 그들을 변화시켜야 한다.

제3장

일관성 있는 통일정책

문성묵

통일실현을 위해서는 일관성 있는 통일·대북정책 추진이 필요하다. 그러나 우리는 정부가 바뀔 때마다 통일정책과 대북정책이 오락가락한 전례를 갖고 있다. 이는 통일 성취과정에서 우리에게 또 다른 걸림돌이 될 수 있다. 1990년 평화적인 통일을 성취한 독일의 경우, 집권세력이 바뀌더라도 일관된 통일정책을 유지함으로써 정말 불가능해 보이던 역사적인 동서독 통일을 이루어냈다. 이 사례는 우리에게도 중요한 시사점을 주고 있다. 우리는 이제 새로운 시대상황에 부합된 통일·대북정책을 국민적 합의를 거쳐 정립해야 한다. 그리고 앞으로 어떠한 상황에서도 이 통일·대북정책을 일관되게 추진해 나가야 한다. 그래야만 우리가 꿈꾸는 통일 실현도 가능하다.

개 요

    통일실현을 위해서는 반드시 일관성 있는 통일정책을 추진해야 한다. 그러나 우리는 정부가 바뀔 때마다 통일정책과 대북정책이 오락가락한 전례를 갖고 있다. 이는 통일 성취과정에서 우리에게 또 다른 걸림돌이다. 1990년 평화적인 통일을 성취한 독일의 경우, 집권세력이 바뀌더라도 일관된 통일정책을 유지함으로써 정말 불가능해 보이던 역사적인 동서독 통일을 이루어내었다. 이 사례는 우리에게도 커다란 시사점을 주고 있다. 우리는 이제 새로운 시대상황에 부합된 통일정책을 국민적 합의를 거쳐 정립해야 한다. 그리고 앞으로 어떠한 상황에서도 이 통일정책을 일관되게 추진해 나가야 한다. 그래야만 우리가 꿈꾸는 통일 실현도 가능하다.

    통일정책과 대북정책은 별개로 생각하기 어렵다. 그래서 통일·대북정책이라는 용어를 사용하고자 한다. 통일정책과 대북정책은 어떠한 상관관계가 있는지, 통일·대북정책은 어떤 개념인지 살펴본다. 이러한 개념정의에 입각해서 이승만 정권 이후 박근혜정부에 이르기까지 역대 정부의 통일·대북정책이 어떻게 바뀌어 왔는지를 정리해 본다. 이처럼 정권이 바뀔 때마다 통일·대북정책이 변경될 수밖에 없었던 근본원인은 무엇인지 점검해 본다. 정책방향이 오락가락한 결과 어떠한 부작용이 발생했었는지에 대해서도 살펴본다. 이와 함께 평화통일의 모범적 사례를 보여준 독일의 경우, 어떻게 일관된 정책을 추진함으로써 통일성취를 이루었는지 역사적인 과정을 들여다 본다. 앞으로 우리 정부가 일관된 통일·대북정책 추진을 위해 필요한 조건은 무엇인지? 21세기 현 안보상황에 부합된 통일정책은 어떻게 정립하고 추진해 나아갈지 그 대안을 모색해 본다.

제1절 통일정책과 대북정책 [1]

1. 통일정책과 대북정책의 상관관계

우리 사회에서는 통일정책이라는 용어보다는 대북정책이라는 용어에 더 친숙함을 느끼는 것 같다.[2] 이는 그 동안 통일정책과 대북정책이라는 용어를 일반적으로 혼용해 왔기 때문이 아닌가 생각된다.[3]

그렇다면 통일정책과 대북정책의 개념과 구분을 명확하게 해야 할 필요가 있다. 사실 목표 자체가 다르기 때문에 두 용어의 개념을 구분하기란 그리 용이한 일은 아니다. 하지만 여기서는 필자의 관점에서 단순하게 정리해 보고자 한다.

우선, 통일정책이라 함은 남북통일을 성취하기 위해 수립되고 추진하는 정책이라 할 것이다. 통일성취를 위해서는 대내차원, 대북차원, 대외차원 등의 정책이 망라되어야 할 것이다.

---

1) 제3장의 내용들 중에서 필자가 정책추진과정에서 정리된 본인의 생각을 정리한 부분에 대해서는 각주를 생략하였다. 참고문헌을 인용한 경우에는 각주를 명기하였음을 밝혀둔다.

2) 이 장의 필자 본인도 대북문제를 다루는 부서에 오랫동안 근무하면서도 대북정책과 통일정책을 그다지 구분하지 않고 사용했던 것으로 회상된다. 본인은 1992년부터 2009년까지 국방부 정책실에서 대북관련 업무를 수행했다.

3) 조한범은 "대북정책과 통일정책은 상호 밀접하면서도 일정한 차이를 내포하고 있다. 하지만 두 개념의 규정과 차이에 대해 모두가 받아들일 수 있는 합의는 존재하지 않으며, 많은 경우 두 개념은 혼용되어 사용된다"고 주장한다(조한범 외, 『지속 가능한 통일론의 모색』, 한울, 2014, p. 13).

국민의 의견을 결집하고 내부적으로 조직이나 전략을 수립하는 모든 사안이 있고, 북한을 어떻게 다룰 것인가 하는 정책도 여기에 포함되어야 한다. 대외적으로 우리의 통일외교는 어떻게 추진해 나갈 것인가 하는 문제도 망라되어야 할 것이다. 즉, 통일을 향해 우리의 모든 역량을 결집하여 추진하는 정책을 이른바 통일정책이라 할 것이다.

대북정책은 북한을 향한 정책이다. 물론 대북정책 속에는 정치분야, 외교분야, 군사분야, 경제분야, 사회·문화 분야 등 제 분야의 정책들이 포함되어 수립되고 추진되어야 할 것이다. 대북정책에 대비되는 용어로는 대미정책, 대중정책, 대일정책 등 대상에 따라 그 용어가 구분될 수 있을 것이다.

이런 점에서 생각해 보면, 일단, 통일정책은 통일이라는 목표를 달성하기 위한 목표지향적인 정책이라 한다면, 대북정책은 북한이라는 대상을 향한 정책으로 구분하여 정리할 수 있을 것이다. 그 동안 대북정책과 통일정책에 대한 구분이 모호하고 거의 구분 없이 사용한 측면이 있는 것도 사실이다. 대북정책도 통일을 위한 정책의 일환으로 인식한 때문이 아닐까 생각된다.

하지만, 엄격히 말한다면 대북정책은 통일정책의 하위개념으로 구분하는 것이 적절할 것으로 본다. 통일을 목표로 추진되는 분야별정책 중에서 북한을 어떻게 다루어 나갈 것인가 하는 정책으로 집약된 것이 바로 대북정책으로 보아야 할 것이다.

<표 3-1> 통일정책과 대북정책의 관계도

통 일 정 책		
대내정책	**대북정책**	대외정책

위 〈표 3-1〉에서 보는 바와 같이 통일정책의 범주 속에는 대내정책, 대북정책, 대외정책을 모두 포함시키는 것이 타당할 것으로 보인다.

2. 통일·대북정책의 개념 정의

본 장은 역대정부의 통일정책이 과연 일관성 있게 추진되었는지, 일관되지 못한 점이 있다면 이것이 통일의 걸림돌이 되는 것은 아닌지를 점검하고, 앞으로 어떻게 일관된 통일정책을 추진할 것인가를 다루는 것이 목적이다. 물론 여기서는 통일정책 전반에 대해 다루는 것은 아니다. 통일정책 중에서 대내분야나 대외분야는 다른 장에서 다루게 될 것이다.

따라서 이 장에서는 통일·대북정책이라는 용어를 사용하고자 한다. 그 이유는 통일정책 중에서 대북정책분야를 중심으로 다루려고 하기 때문이다. 또한 역대 정부의 대북정책이 통일을 지향하기보다는 평화적인 분단관리를 염두에 둔 측면이 있었다고 보기 때문에 통일을 지향하는 대북정책이라는 점을 강조하여 통일을 앞세워 사용하였다.

그런 차원에서 이 장에서 사용하는 통일·대북정책이라는 용어의 개념을 정의하고 이를 바탕으로 논리를 전개하는 것이 순서라고 본다.

　첫째, 통일·대북정책은 통일을 지향하는 대북정책이다. 이전 정부들이 북한이 불편해 하는 입장을 고려하여 통일을 내세우지 않으려 했던 것을 시정하고, 이제는 본격적으로 우리가 추진하는 대북정책은 반드시 통일을 지향하는 대북정책임을 내외에 공언하고 추진하자는 것이다. 즉, 대북에 방점을 두는 것이 아니라 통일에 방점을 두는 정책이다.

　둘째, 통일·대북정책은 통일정책 분야들 중에서 대내정책과 대외정책보다는 북한에 대한 정책이라는 개념하에 정리하고자 한다.4) 통일은 단순히 남북관계만으로 달성될 수는 없는 것이다. 우리 사회 내부적으로 준비하고 추진해야 할 과제들이 있으며, 통일외교를 통해 주변국들로 하여금 통일을 지지하는 여건을 조성해야 하는 과제들도 있다. 물론, 이러한 과제들은 서로 연관성을 가지고 추진되어야 하며 서로 분리될 수 있는 성격은 아니지만, 일단 연구 전개의 편의상 여기서는 북한에 대한 정책을 중심으로 서술해 나가고자 하는 것이다.

　그렇게 하다보면 역대정부의 통일·대북정책은 이러한 개념과는 다를 수 있는데 어떻게 할 것인가? 이 장에서는 역대정부의 대북정책을 중심으로 다루되 통일에 대해 어떤 입장과 자세를 가지고 임했는지 살펴보려 한다.

---

　4) 그 동안 대북정책의 일관성이 주로 문제가 되었다는 점에서 이 장에서는 이 분야의 일관성 여부에 초점을 맞추려 하기 때문이다.

제2절 역대 정부의 통일·대북정책 평가

1. 통일·대북정책 변화과정

1945년 남북분단 이후 70년이 다 되어간다. 그 동안 북한의 6.25 기습남침이 있었고, 이후에도 북한은 대남적화전략을 유지하면서 끊임없는 도발을 이어갔다. 사실상 남과 북은 정전협정체제하 법적으로 전쟁은 끝나지 않은 상황이 이어지고 있다. 통일을 염원하고 통일을 향한 노력들이 이어졌지만, 통일의 희망은 오히려 점점 멀어져 가는 느낌이 드는 것이 사실이다.

무엇이 통일을 어렵게 만드는가? 걸림돌은 무엇인가? 물론, 근본적인 걸림돌은 북한이다. 북한은 분단을 고착시키고 대남적화전략 목표를 위해 핵과 미사일을 개발하고, 남북관계 개선에는 별다른 관심을 보이지 않고 있기 때문이다. 하지만, 우리 내부에 있는 걸림돌은 무엇인지? 문제점은 없는지, 개선해야 할 사항들은 무엇인지를 살펴볼 필요가 있다. 여기서는 우리 역대정부의 통일·대북정책의 일관성 결여에서 온 것은 없는지를 점검해 보려는 것이다.

통일을 이루어 나가기 위해서는 일관된 정책을 추진하는 것이 필요하다. 하지만 그 동안 우리 정부는 시대상황에 따라 정부의 입장에 따라 통일·대북정책에서 변화양상을 보이고 있다. 이 장에서는 역대 정부의 통일·대북정책이 어디에 방점을 두고 추진했는지, 통일에 방점을 두었는지, 아니면 대북정책(분단관리)에 방점을 두었는지를 살펴보려 하는 것이다.

첫째, 이승만/장면 정부 시기(1948~1960)를 살펴보면, 당시 이 대통령은 통일을 강조하고, 무력으로라도 북진 통일하겠다는 의지를 불태웠지만, 북한정권이 수립되고 국제적인 냉전상황의 영향을 받으면서 북한공산정권 타도라는 방향으로 정리되었다. 정전협정 체결 이후 이승만정부는 전후복구와 북한의 재침 방지가 통일보다 우선 추진해야 하는 과제였다. 장면정부 들어 무력북진통일론은 폐기했지만 통일에 대한 별다른 비전을 제시하지는 못했다. 통일논의보다는 선 건설, 후 통일의 논리를 주장했다.

둘째, 박정희정부 시기(1961~1979)는 북한의 재침위협과 끊임없는 도발, 그리고 주한미군의 부분 철수 등 한미동맹의 변화 상황에서, 자주국방이 최우선 과제로 대두되었다. 그러던 중 1970년대 초반 7.4공동성명, 남북조절위원회 등 남북대화를 통한 평화정착을 모색하면서 1973년에는 6.23선언을 발표하였다. 이 선언은 총 7개 항으로 구성되어 있다. 그 주요 내용을 살펴보면, 남북한은 서로 내정에 간섭하지 않으며, 남북한의 유엔동시가입 및 북한의 국제기구 참여에 반대하지 않고, 호혜평등(互惠平等)의 원칙 아래 모든 국가에 문호를 개방한다는 것이다. 이 선언은 기존의 '할슈타인원칙'에 따른 적대적이고 폐쇄적인 통일정책을 탈피한다는 정부의 적극적인 평화통일의지를 표방하였다는 점에서 긍정성을 가진다. 이 시기의 정책은 선 건설, 후 통일이라는 노선과 승공통일을 주장한 시기이다.

아울러 대화 있는 남북대결의 시기이다. 1970년대초 국제적 데탕트 분위기 속에서 대화가 재개되었지만, 별다른 교류협력이 성사되지 않았다. 결국 이 시기에는 통일보다는 분단관리와 평화유지에 방점이 찍힌 정책을 추진할 수밖에 없었다.

셋째, 전두환정부 시기(1980~1987)는 통일에 대한 본격적인 논의가 대두된 시기라 할 수 있다. 기존 통일방안을 집대성하고 체계화한 '민족화합민주통일방안'이 제시되었고 남북관계 역사상 최초로 이산가족 고향방문과 예술공연단의 서울과 평양 교환방문이 진행되었다. 이처럼 이 시기에는 통일정책을 공고화하고 상호방문을 하는 등 여러 측면에서 남북간 교류와 협력이 이루어졌다. 이 시기는 통일을 앞세운 노력이 엿보이지만, 남북관계의 실질적 진전은 없었다.

넷째, 노태우정부 시기(1988~1992)는 소위 '북방정책'을 추진하여 중국과 러시아, 동구권과 수교를 통한 이른바 접근을 통한 통일 여건을 조성하는 데 힘을 기울였다. 남북간에는 '한민족공동체 통일방안'을 정립하여 통일을 위한 구체적인 방안을 강구하기 시작하였다. 이 때 정리된 통일방안은 이홍구 통일원장관이 평민당, 민주당, 공화당 등 여야 총재의 의견을 충실히 반영하여 정리된 안이었다는 점에서 의미가 있다. 특히 1990년대초 남과 북의 총리를 수석대표로 하는 남북고위급회담을 추진하여 '남북기본합의서'와 한반도비핵화공동선언, 분야별 부속합의서와 이를 추진하기 위한 실천기구로서 분야별 공동위원회를 구성하기도 하였다. 사실상 당시는 동구권민주화, 구소련의 붕괴, 독일의 통일 등의 상황을 보면서 남북한도

머지않아 통일될 수도 있다는 희망을 가지기도 하였다.[5]

다섯째, 김영삼정부 시기(1993~1997)는 이른바 통일을 국시로 삼고, 이인모 노인의 북송, 한완상 통일부총리의 임명 등 통일에 대한 강한 열망을 나타냈다. 당시 지금까지 유지되고 있는 소위 '민족공동체통일방안'이 완성된다. 이른바 3단계 통일방안으로서 화해협력단계→남북연합단계→1민족 1체제 1정부의 통일국가 단계로 구성되어 있다.[6] 1993년부터 남북대화의 단절, 제1차 핵위기 등으로 남북경색국면이 이어지고, 이를 돌파하기 위해 김영삼 대통령과 클린턴 대통령이 공동으로 제의한 4자회담이 6차례 개최되었지만 가시적 성과를 내지 못하였다.

여섯째, 김대중정부 시기(1998~2002)는 소위 '햇볕정책'[7]을 통해 북한을 선의로 대하면 북한을 변화시킬 수 있다는 입장으로 정책을 추진하였다. 남북정상회담을 개최하고 '6.15공동선언'을 합의하고 이를 이행하는 틀로서 장관급회담을 비롯하여 각종 회담이 이어졌다. 기간중 남북국방장관회담도 열리고 군사실무회담도 이어졌다. 비무장지대 일부가 개방되어 철도와

---

5) 동서독이 1972년에 기본조약을 체결하고 18년 만에 통일을 이루었기에 우리도 1992년 남북기본합의서를 체결하였고 이를 이행하면 20년 안에 통일이 올 수도 있다는 기대가 높았던 것이 사실이다. 하지만 이러한 기대가 깨지는 데는 그리 많은 시간이 걸리지 않았다.

6) 전두환정부로부터 정리되어 조금씩 바뀌어온 우리의 통일방안은 우선 화해협력을 통해 상호신뢰를 쌓고 민족공동체를 건설해 나가면서 그것을 바탕으로 정치통합의 기반을 조성해 나가려는 방안으로 정리할 수 있을 것이다.

7) 햇볕정책이라는 용어를 사용하다가 북한의 반발로 화해협력정책이라는 용어로 바꾸어 사용하였다.

도로도 연결되고 개성공단과 금강산 육로관광도 이어졌다. 이처럼 남북간 교류협력이 외형적으로 발전하였지만, 통일문제는 북한의 반발을 고려하여 드러내지 않도록 요구되었다. 도리어 통일에 방해가 된다는 논리였다. 남북간 교류협력과 대북지원은 강조되었지만 통일에 대한 가시적 성과를 기대하기는 어려운 상황이 이어졌다. 기간중 1, 2차 연평해전이 있었고, 2차 핵위기가 대두되기도 하였다. 대북 퍼주기 논란은 정책추진에 상당한 어려움을 주는 요인이 되기도 하였다.

일곱째, 노무현정부 시기(2003~2007)는 김대중정부의 정책을 대부분 계승하였다. 평화번영정책이라는 용어로 사용되었다. 역시 대북정책에 방점을 두었다. 각종 회담과 교류협력이 이어지고, 2007년 10월에는 제2차 남북정상회담이 개최되었다. 하지만, 기간중 북한의 핵실험이 이어지고, 각종 미사일 발사실험 등 우여곡절도 많았다. 임기 말 추진한 정상회담과 10.4선언은 무리한 결정이라는 비판을 받기도 하였다. 서해충돌문제를 해결해 보려 시도한 소위 서해평화협력지대 협의과정에서 NLL문제가 정치쟁점화 되기도 하였다. 아울러 북한의 주장을 고려하여 남북문제를 자주적으로 풀어가야 한다는 관점에서 전시작전통제권 전환을 추진하였고, 북한의 급변사태에 대비한 개념계획 5029 작계화를 반대하여 한미간 마찰이 발생하기도 하였다.

여덟째, 이명박정부 시기(2008~2012)는 '비핵개방3000'이라는 용어를 기반으로 한 상생공영정책을 표방하였다. 북한이 핵을 포기하고 개방정책을 받아들인다면 북한주민의 개인당 국민소득을 3,000달러까지 될 수 있도록 획기적인 지원을 하겠다는 골자였다. 이는, 우리가 제시한 조건에 북한이 응하지 않으면 남북교류협력은 한발자국도 전진하기 어려운 상황을 초래했다. 김대중, 노무현정부의 대북정책은 잃어버린 10년으로 규정하고 이전 정부와 전혀 다른 방향으로 전환한 셈이다. 이로써 한때 남측정부를 쥐락펴락할 수 있다고 생각했던 북한은 매우 심기가 불편해졌고 급기야 천안함폭침과 연평도포격 도발로 불만을 표출하고 압박의 수위를 높여갔다. 결국 남북관계는 원점으로 돌아갔고 경색국면이 이어졌다. 통일재원준비를 강조하고 통일항아리 등 시범사업을 펼쳤지만 큰 호응을 얻지는 못한 것으로 보인다.

아홉째, 박근혜정부 시기(2013~2017)는 평화통일 여건을 조성한다는 국정기조하에 '한반도신뢰프로세스'와 동북아협력구상 등 통일을 지향하는 정책을 펼치고 있다. 특히 박근혜 대통령은 2014년초 기자회견에서 '통일대박론'을 언급하여 통일에 대한 국민의 의지에 불을 지폈다. 3월 독일 방문시 드레스덴선언을 발표하였고, 그 이후 통일준비위원회를 발족시켰다. 그러나 북한은 2014년 1월 그들의 소위 중대제안을 수용하지 않고, 3~4월 한미연합연습 시행, 북한이 요구하는 5.24조치 해제, 금강산관광 재개, 대규모 대북지원 등에 대해 남측이 성의를 보이지 않는 데 실망한 나머지 도발의 강도를 높이고 드레스덴선언에 대해서는 흡수통일의 음모 운운하면서 강한 반발을 보이기도 하였다.

<표 3-2> 역대정부의 통일·대북정책

정 부	시 기	주요 내용	주요 조치
이승만/ 장면	1948~1961	승공통일론, 선 건설, 후 통일	
박정희	1961~1979	승공통일, 선 건설, 후 통일, 대화있는 대결, 분단관리에 중점	7.4공동성명 남북조절위원회
전두환	1979~1986	통일방안 체계화, 남북교류의 성사	이산가족 상봉 민족화합민주통일방안
노태우	1987~1992	북방정책 추진, 통일여건 조성에 중점, 대화와 합의	남북고위급회담 남북기본합의서/비핵화 공동선언
김영삼	1993~1997	통일을 국시로 정하였으나, 잇단 도발로 별다른 진전이 없었음	4자회담 민족공동체통일방안
김대중	1998~2002	통일을 내세우지 않고, 교류협력 에 방점을 둔 정책 추진	정상회담, 6.15선언 철도도로연결, 개성공단 /금강산관광
노무현	2003~2007	김대중 정부 정책을 대부분 계승	정상회담, 10.4선언
이명박	2008~2012	비핵개방3000, 통일재원 준비 필요성 강조	통일항아리 운동
박근혜	2013~2017	한반도신뢰프로세스, 통일대박론	남북고위급접촉

* 본문의 내용을 표로 정리한 것임

2. 통일·대북정책의 변화요인

첫째, 대내적으로 갈등과 대립, 비타협적 문화에서 비롯된 측면이 있다. 배타적으로 양분된 한국의 정치구조는 민족문제의 정쟁화와 남남갈등의 주요 원인에 해당한다.[8] 분단국가인

---

8) 조한범 외, 위의 책, p. 20.

한국의 정치구조는 대화와 타협보다는 승자독식 및 배제와 강요의 정치문화를 형성했다. 이는 다양한 사회갈등의 대처에 한계로 작용했다.[9] 특히, 우리 옛말에 "배고픈 건 참아도 배아픈 건 못 참는다"는 말이 있듯이 우리 사회에서는 다른 사람이나 다른 정파가 잘 되는 것은 용납하지 못하는 문화가 존재하고 있다. 제로섬게임(zero sum game)만 존재하지 넌 제로섬게임(non zero sum game)은 없다. 즉 서로 윈윈(win-win)하는 문화가 정착되지 못한 것 같다. 특히 정치판에서는 더욱 그러하다. 오로지 정권을 장악하기 위해 늘 상대방에 무조건 반대해야 하는 문화가 존재하고 있는 것이다. 사실상 그 동안의 통일·대북정책은 특정정파의 정치적 이익의 수단으로 사용된 측면이 있다.[10] 정권이 바뀌면 앞의 정부에서 했던 정책들은 모두 잘못된 것으로 간주하고 대부분 그 반대로 하려는 경향을 부정할 수 없다. 인재를 사용하는 것도 마찬가지다. 보수와 진보진영으로 갈려 서로를 인정하지 않고 포용보다는 대립과 배제로 이

---

9) 한 정파가 승리하여 정권이 바뀔 경우, 전 정부에서 일했던 인재들을 완전히 배제하고 한 성을 장악하여 군림하듯 새로운 진용으로 갖추어 나가는 모습을 볼 수 있다.

10) 1992년 8월, 「남북기본합의서」의 부속합의서를 체결하는 과정에서 노태우정부는 기본합의서를 반드시 종결시키려는 열망이 있었다. 북측은 이를 간파하고 마지막 과정에서 불가침부속합의서 10조에 "해상불가침경계선 문제는 계속 협의한다"는 문장을 삽입시킬 것을 주장하면서 자기들 주장이 관철되지 않을 경우 합의해 줄 수 없다는 입장을 펼쳤고 결국 수용하였다. 이 조항은 지금까지 북한에게 악용되는 독소조항이 되고 있다. 노무현정부의 10.4선언에서도 「서해평화협력특별지대」는 그 개념대로 한다면 NLL이 무력화되는 결과를 가져오게 된다. 임기말 무엇인가 결과를 내려는 강력한 의지는 무리한 협상으로 이어지고 결국 부작용을 가져오게 되는 것이다.

어져 온 문화도 한몫을 하고 있다. 통일·대북정책에 있어서는 여와 야도, 보수나 진보도 모두 한 목소리를 내고 국가와 민족의, 궁극적으로 지향해 나가야 할 가치와 국익이라는 측면에서 타협하고 하나가 되어야 한다.

둘째, 안보환경의 변화에서 오는 요인이다. 1948년 대한민국정부수립 이후 안보환경은 급격한 변화를 가져왔다. 앞서 살펴본 바와 같이 각 정부에서 통일·대북정책이 달라지는 데 있어 중요한 요인이 안보환경이다. 이승만 대통령이 승공통일, 즉, 통일을 위해서는 무력의 사용도 불사하겠다고 하였지만, 6.25전쟁 이후 북한의 군사력이 증강하는 등 안보상황은 통일 우선 정책의 유지가 어려웠다 할 수 있다. 박정희정부 시기에서도 1960년대의 경우 강력한 반공을 국시로 출범한 정부로서 반공 일변도로 나갔지만, 1970년대 국제사회의 데탕트 분위기로 당시 정부로서는 남북관계와 통일을 모색하는 방향으로 입장 변화를 꾀하지 않을 수 없었다. 오늘날도 우리의 통일·대북정책에 직접적 영향을 주는 주요 요인은 남북 적대관계의 유지, 남북경색에 따른 긴장의 고조, 북한의 핵문제에서 비롯된 안보불안 등 제반 사안들이 정부의 통일·대북정책에 일관성을 유지하기 어렵게 만든 요인이 되고 있다. 이를테면, 북 핵문제 처리에 있어서도 김대중·노무현정부의 경우 북핵문제와 남북관계를 분리 대응한다는 기조로 임하였지만, 이명박정부에 들어와서는 비핵개방3000으로 직접 연계하는 정책을 취하는 등 중요한 변화요인으로 작용한 것이 사실이다.

셋째, 북한의 변화 거부에서 비롯된 측면도 있다. 정부의 통일·대북정책은 기본적으로 북한의 변화를 전제로 한다. 우리가 추구하는 통일은 자유민주주의 체제와 자본주의를 근간으로 하는 평화적 통일이다. 그렇다면 북한의 변화가 반드시 있어야 가능하다. 하지만 북한은 일부 자기들의 이익에 따라 전술적인 변화는 있었지만 근본적으로 남북관계 발전이나 평화정착에 대해서는 변화를 거부해 왔으며 지금도 마찬가지이다. 이를테면 김대중 정부에서 우리가 선대하면 북한은 변화할 것이라는 전제로 햇볕정책을 추진했지만 결과적으로 북한은 변화되지 않았고, 핵개발과 대남도발은 변화하지 않았다. 노무현 정부도 이전 정부를 계승하여 유사한 정책을 펼쳤지만 결과는 마찬가지였다. 이러한 결과 다음 정부는 이전 정부의 정책을 비판하면서 다시 강경한 방향으로 전환하였지만 역시 그 결과는 그리 달라지지 않았다.[11]

3. 남북관계발전과 통일에 미친 영향

첫째, 남북관계 진전에 장애요인으로 작용하였다. 남북관계가 발전되기 위해서 필요한 것은 상호간의 신뢰라 할 수 있다. 이러한 신뢰는 합의한 것을 일관되게 지켜나갈 때 생성될 수 있다. 우리 정부가 정권이 변화할 때마다 정책방향이 바뀐

---

11) 물론, 이명박정부의 원칙에 입각한 정책은 북한으로 하여금 남측정부를 자기들 마음대로 움직일 수는 없음을 인식시킨 계기는 되었지만, 그들의 변화를 유도하는 데는 큰 효과를 보지 못한 것이 현실이다.

다면 상대방의 신뢰를 얻기 어렵고 남북관계의 진전을 가로막는 결과를 가져오게 된다. 물론, 지금까지 누적된 남북불신의 근본 원인은 북한에 있음은 두말할 나위가 없다.[12] 그러나 우리 측의 문제를 찾아본다면, 우리의 일관성 부재가 그나마 어렵게 추진하려던 관계진전을 원위치로 가져오게 하는 요인이 될 수도 있었다는 것이다. 북한 입장에서는 앞선 정부와 합의를 하더라도 정부가 바뀌면 이행되지 못할 것이라는 인식을 가질 수도 있다. 실례를 들자면, 2007년 제2차 남북국방장관회담을 통해 6.25전쟁 유해공동발굴에 합의하였다.[13] 그러나 2008년 새로운 정부가 들어서고 기존의 합의에 대한 재검토에 들어가면서 사실상 이러한 합의는 이행되지 못하여 오늘에 이르고 있다.

둘째, 통일의 기대와 가능성을 후퇴시켰다. 남북간 교류협력이 확대되고 군사적인 긴장이 완화되며 관계가 발전할 때 통일의 기대가 높아지게 마련이다. 물론 통일의 가능성도 그만큼 높아진다 할 것이다. 하지만 지금의 상황은 그렇지 않다. 남북관계 발전을 위한 수많은 합의들이 있었고 그 동안의 정부가 남북간 화해와 협력을 추구해 왔지만 지금의 남북관계를 감안한다면 과연 평화적인 통일이 가능할까 하는 의구심이 있는 것이 사실이다. 통일에 대한 기대가 낮아진 것은 물론, 그 가능성

---

12) 북한은 분단 이후 대한민국정부가 수립되지 못하도록 각종 방해공작을 했을 뿐 아니라 6.25 남침, 이후 각종 도발, 그리고 남북간 수많은 합의가 있었지만 북한은 대부분 이행하지 않았다.

13) 2007년 12월 판문점 평화의집에서 열린 제7차 남북장성급군사회담에서 북측 대표는 유해발굴 준비가 다 되어 있으니 언제라도 연락해 달라는 언급을 한 바 있다. 하지만, 안타깝게도 이명박정부가 들어서면서 대북제의가 이루어지지 않았다.

에 대해서도 반신반의하는 상황이다. 그렇다면 이러한 현상은 어디에서 비롯된 것인가? 앞서 언급한 바와 같이 기본적으로 북한에 그 책임이 있지만, 우리로서도 일관된 정책을 펴지 못한 점 또한 현재의 상황을 초래하는 데 일조한 측면을 배제할 수는 없을 것이다. 만일 1972년에 합의한 '7,4공동성명'의 정신에 따라 남북관계가 발전되었다면 독일의 통일과 마찬가지로 한반도의 통일이 찾아왔을지 모르는 일이다. 아니 1992년의 '남북기본합의서'가 제대로 이행되었다면 우리도 통일의 기쁨을 맛보았을 수도 있다. 이후 정부들이 앞선 정부들이 추진했던 통일·대북정책을 승계하여 남북간에 합의한 사항들을 기초로 이를 실천하는 방안들을 지속적으로 강구했다면 어떠했겠는가 생각해 본다. 1992년 남북기본합의서 체결 당시 우리 사회 내부에서는 통일이 가시화될 것이라는 기대가 높았다. 역사에서 가정이란 없다고 하지만 만일, 기본합의서와 비핵화공동선언이 제대로 이행되었다면 통일의 가능성은 훨씬 높아졌을 것이다.

셋째, 국제사회의 지지를 확보하는 데도 부정적인 영향을 주었다. 남북분단이 우리의 뜻과 무관하게 이루어진 것이라면 통일 또한 남과 북이 당사자가 되어 노력한다 해도 국제사회의 지지가 있어야 가능하다. 특히 북한 핵문제는 우리에게 가장 큰 위협이지만, 일본이나 중국을 비롯하여 미국까지도 그 위협을 우려하고 있는 것이다. 남북관계가 진전된다면 북한이 핵능력을 강화하는 조치를 취하지 않고, 우리 정부의 일관된 정책이 추진되고 이에 북한이 호응한다면 남북간에 신뢰구축 조치와 군사적 긴장완화 조치들이 이행될 수 있었을 것이다. 이는 동북아 질서와 안정의 정착에도 기여했을 것이고 북핵문제 해결에도 일조했을 가능성이 있다. 따라서 앞으로 이 방향으로 해결해 나가야 할 것이다.

제3절 독일통일 사례 분석

1. 서독의 통일·내독정책[14]

20여 년 전 독일에서는 역사적 사건이 발생했다. 1989년 11월 9일 동독 시민들이 평화적인 혁명으로 베를린 장벽을 무너뜨렸다. 그리고 채 1년이 지나지 않은 1990년 10월 3일 서독과 동독이 하나의 국가로 통일되었다. 사실 독일이 통일되리라고 믿는 사람들은 거의 없었다. '우연한 사건'이 계기가 되어 통일을 이루게 된 것같이 보이지만,[15] 첨예한 외교적 현장에서 통일이라는 최고의 전리품을 획득한 서독 지도층과 정부를 믿고 지지한 서독 국민들에게 통일은 결코 우연이 아니었다.

그렇다면, 서독은 어떻게 했기에 통일을 성취할 수 있었던 것인가? 그들의 통일정책은 어떻게 추진되어 왔는가? 어떤 변화와 어떤 일관성을 유지할 수 있었던 것인가? 살펴보고자 한다. 분단 이후 통일에 이르는 전 시기 동안 서독정부는 '자유', '통일', 그리고 '평화'를 내독정책의 기본적 가치이자 목표로

---

14) 서독의 통일정책은 동방정책이라는 외교정책과 대동독정책인 내독정책으로 이루어져 있다. 여기서는 내독정책 중심으로 살펴보고자 한다. 통일외교의 틀에서 추진된 동방정책에 대해서는 다른 장에서 기술하기 때문에 여기서는 상세히 다루지 않고자 한다.

15) 동독정부가 개혁성을 부각시키느라 여행자유화 조치 발표를 서두른 것이 베를린 장벽의 붕괴로 이어지는 촉매가 되었다.

설정했다.[16] 문제는 현실적으로 세 개의 가치와 목표가 동시에 충족될 수 있는 정책을 마련하고 추진하기는 결코 쉽지 않았다는 것이다. 따라서 서독의 역대 정부는 각자가 처한 국내외적 환경 속에서 세 가지 목표와 우선순위를 상이하게 설정한 정책을 추진했다.[17]

서독 초대 총리인 아데나워(Konrad Adenauer)의 기민당(CDU/ CSU) 정부는 자유, 평화, 통일 순서로 목표를 정한 반면, 사민당(SPD)의 브란트(Willy Brandt) 정부는 평화, 자유, 통일의 순서로 목표를 정했다. 이러한 차이는 단순히 정당의 이념적 기반에 기인하는 것이라기보다는 국제 환경과 역학관계의 변화에 더 큰 영향을 받은 것이라 평가할 수 있다. 특히 1982년 기민당이 재집권했음에도, 기존 사민당의 통일·내독정책 기조를 이어받았다는 사실은 그러한 평가를 가능하게 하는 단적인 예이다.

서독의 통일·내독정책의 변화는 크게 4개의 시기로 구분한다. 제1기는 냉전적 대결정책으로 특징지을 수 있는 아데나워 집권시기(1949~1963), 제2기는 변화의 과도기로서 에르하르트(Ludwig Erhard) 정부와 대연정시기(1963~1969), 제3기는 동서독 관계 정상화를 위한 본격적 긴장완화 추진 시기인 브란트 집권시기(1969~1974), 제4기는 분단의 평화적 관리정책이 지속적

16) 자유란 동독주민의 자유를 말하는 것이고, 통일을 지향하되 평화적인 방법으로 추진한다는 의미로 이해할 수 있다. 이러한 세 가지 가치는 서독 역대정부가 교체되었지만 유지되었다. 이 점에서 독일의 통일정책은 일관성을 유지하고 있었다는 평가가 가능하다.

17) 이하의 내용은 조한범 외, 앞의 책, pp. 186-193의 내용을 중심으로 요약·정리했음을 밝혀둔다.

으로 추진된 슈미트(Helmut Schmidt)와 콜(Helmut Kohl) 정부시기(1974~1989) 이다.

　이를 간략히 살펴보면, 제1기의 경우, 분단 직후 아데나워의 일차적 관심은 서독의 민주화, 자유와 반공, 경제 회복, 소련의 팽창저지에 있었기 때문에 최우선적으로 추진한 것은 서독을 서방체제에 편입시키는 것이었다. 1955년 NATO에 가입하고 소련과 국교를 정상화한 이후 비로소 통일문제에 주목하고 본격적으로 통일정책을 추진하게 되었다. 당시 정책은 동독 불인정과 동독과 외교관계를 맺은 국가와는 외교관계를 맺지 않는다는 이른바 할슈타인 독트린(Hallstein Doctrine)의 고집, 소련을 압박해 통일을 실현하려는 강자의 정책으로 집약된다. 실제로 아데나워 자신도 조만간에 독일통일이 가능하리라고 생각하지 않았다. 아데나워의 정책은 국가재건을 이루는 데는 성공했지만 분단의 고착화를 가져왔다.

　제2기의 경우, 한층 변화된 통일·내독정책을 추진했으나, 여전히 동독을 국가로 인정하기를 거부했다. 당시 외무장관이었던 슈뢰더는 동유럽국가들과의 관계를 개선하고 확대함으로써 동독을 고립시켜 서독에 대한 동독의 양보를 이끌어내는 계기를 마련하고자 하였다. 당시 사민당은 1961년 베를린위기를 거치면서 아데나워 방식의 정책은 포기해야 한다고 판단한 것으로 보인다. 즉, 동독을 국가로 인정할 필요성을 제기했다. 슈뢰더의 동방정책은 서독이 서방으로부터 고립될 위험성을 감소시키고 동유럽관계를 개선시키는 효과는 가져왔지만 통일에 대한 기여는 한계를 노정했다.

제3기는 새로운 통일·내독정책을 추진하기 시작했다. 정책변화는 1969년 브란트 총리의 사민당 정부 출범과 소련의 대서방정책 변화가 맞물리면서 본격적으로 추진될 수 있었다. 정책구상의 핵심은 단기적으로 현상유지의 인정을 통한 긴장완화를 꾀하는 대신, 접근을 통한 변화를 목표로 장기적 안목에서는 동독의 변화를 유도하는 발판을 만들고, 궁극적으로는 분단의 현상 변화(통일)를 가능케 하는 국제적 여건을 조성하는 것이었다. 이러한 구상을 바탕으로 브란트는 유럽분단 극복을 통한 독일분단의 극복을 이룩할 수 있는 국제적 환경을 창출하고, 동시에 동서독 관계 차원에서는 내독교류를 증진시킴으로써 동·서독간에 존재하는 민족적 유대감을 유지하려 했다. 이것은 소련이 독일통일은 물론이고 동독의 체제급변을 허용하지 않을 것이기 때문에 접근을 통한 동독의 점진적 변화 유도 이외의 방도는 없다고 판단했기 때문이었다.[18]

제4기는 통일을 실질적으로 가져온 시기이다. 기본조약 체결 이후 동독정권은 분야별 교류협력 제도화와 증대를 위한 서독과의 대화는 응했지만, 동·서독 교류협력의 증가가 동독에 미칠 부정적 영향을 우려하여 대서독 차단정책을 추진했다. 동독정권의 차단정책에도 내독관계가 활성화될 수 있었던 것은

---

18) 브란트의 통일·내독정책으로 모스크바조약(1970), 바르샤바조약(1970), 4강의 베를린협정(1971), 동서독기본조약(1972) 등 일련의 조약들이 체결되었다. 이를 통해 동서독관계가 정상화됨으로써 유럽평화체제의 걸림돌이 해소되었고, 결국 1975년 유럽안보회의가 탄생할 수 있었다. 그러나 이 과정에서 국내적으로 보수정당의 엄청난 비판을 감수해야 했으며, 심지어 동서독기본조약은 헌법재판소에 위헌제소까지 당했다(조한범 외, 앞의 책, p. 191).

궁극적으로 서독정부의 현실주의적인 내독정책 덕분이라 할 수 있다. 특히 1974년 서독 총리가 된 슈미트의 현실주의적 접근태도는 주목할 만한 가치가 있었다. 그는 제반 조건이 충족되지 않은 상황에서 통일을 논의하는 것보다는 통일의 여건을 조성하는 것이 우선시되어야 한다고 판단하고, 양 독일의 관계 개선에 초점을 맞추었다. 이 과정에서 서독은 동독 정권에 내독교류협력의 확대를 통한 경제적 이익의 보장을 확실히 인식시킴으로써 차단정책의 벽을 조금씩 완화하는 성과를 거둘 수 있었던 것이다.

1982년 탄생한 기민당의 콜 정부도 브란트의 정책에 비판적이었던 과거의 태도에서 벗어나 결국은 브란트의 내독정책 기조를 승계했다. 냉전적 국제질서하에서 독일의 통일은 요원하다는 사실을 분명히 인식하고 있었기 때문이다. 그러므로 콜 정부는 유럽의 분단 극복을 통한 독일통일의 달성이라는 이전의 목표를 이어받고, 야당시절 무효를 외치며 헌법소원까지 제기했던 동방조약과 동·서독 기본조약을 인정하는 노선을 택했다. 심지어 브란트의 정책에 가장 비판적이었던 기사당의 당수 슈트라우스도 내독관계의 개선을 위해 1983년과 1984년 두 차례에 걸쳐 동독에 총 20억 마르크에 달하는 차관을 주선하기도 했다. 보수 정당들 역시 긴장완화와 내독관계의 발전 외에는 분단으로 인한 민족적 고통을 줄이고, 특히 동독 주민이 인간다운 삶을 영위할 수 있도록 하는 다른 방도가 없다는 사실을 공유했기 때문이었다. 그러나 콜정부의 내독정책은 먼 훗날에 있을 독일통일을 항상 염두에 둔 것이므로, 사민당에 비해 상호주의 원칙을 더욱 강조했다.[19] 이러한 태도는 야당이었던 사민당이 1980년대 중반 이후 독일통일은 불가능하다는 입장을 표명하고 동독의 집권당인 사통당과 당 차원의 교류를 추진했던 것과는 대비되었다.

2. 통일 과정에서 나타난 정책의 일관성 요인

지금까지 서독정부가 추진했던 통일·내독정책의 변화와 일관성에 대해 살펴보았다. 서독 내부 역시 정책추진과정에서 보수와 진보간의 갈등과 쟁점이 첨예화되었지만, 적어도 몇 가지 점에서 일관성을 보여주었던 요인을 도출해 볼 수 있을 것이다.

첫째, 여야를 막론하고 동일한 가치를 가지고 있었던 것 같다. 물론 정권 변화에 따라 그 우선순위는 달라졌지만, 자유, 평화, 통일이라는 세 가지를 동일한 가치로 여겼다는 점이다.

---

19) 콜 총리는 동독과의 협상과정에서 경제협력과 인권이라는 두 정책간의 무게를 저울질했는데 결국 동독 주민들의 인권이 증대되면 경제협력도 증대된다는 점을 인식시키면서 동독 주민들의 인권을 개선시켰다. 독일통일이 결국 동서독 주민간의 접촉기회의 확대에 의해 결정된다는 사실을 분명히 알고 있었기 때문에 동독에 대한 일방적인 경협 대신에 이산가족 방문 확대 등 동독측의 조치에 상응하는 반대급부를 제공하는 방식으로 교류협력을 확대시켜 나간 것이다. 그 결과 1982년 불과 4만 명에 지나지 않던 서독방문 동독인의 수가 불과 5년 후인 1987년에는 120만 명으로 급증, 직장인을 기준으로 볼 때 동독인 10명 중 1명꼴로 서독을 방문해 서독에 대한 직접적 판단을 할 수 있는 기회를 갖게 만들었다(평화문제연구소 간, 『독일통일 바로알기』, 평화문제연구소, 2010, pp. 76-77).

서독정부로서는 동독 주민의 자유와 인권을 중요한 가치로 여겼으며, 전쟁을 거쳤고 국제사회의 강압에 의해 분단된 서독으로서는 평화를 또 다른 중요한 가치로 간주하였다. 여기서 중요한 것은 통일 가능성을 염두에 두고 이를 중요한 가치와 목표로 설정하여 추구해 나갔다는 점이다.

둘째, 비록 정파간의 내부적인 갈등을 겪었다 하더라도 이전 정부의 정책 중에서 잘된 부분에 대해서는 수용하고 계승했다는 점이다. 이는 여야나 정파의 이익을 불문하고 추구하는 자유, 평화, 통일은 공통의 가치요 이익이기 때문이었다. 기민당이든, 사민당이든 공통으로 추구한 것은 독일민족의 자유와 독일의 평화, 통일에 있었다는 점이다.

셋째, 한때 자기들이 추구했던 노선이라 하더라도 세월이 흘러 잘못되었다는 생각이 들 경우 이를 수정하고 고치는 데 주저하지 않았다는 점이다. 사민당의 브란트가 접근을 통한 변화라는 기치로 내독정책을 획기적으로 추진하였다. 이전 기민당에서는 동독을 인정하려 하지 않았지만 과감히 인정하고 동서독 기본조약을 체결하였다. 당시 야당이었던 기민당은 이를 헌법재판소에 제소하는 조치를 취하기도 하였지만, 콜정부에서는 브란트의 정책방향을 계승하고 이전 정부에서 체결한 조약과 합의들을 존중하는 바탕 위에서 정책을 추진하였다. 물론, 접근보다는 변화에 더 방점을 두는 정책 추진으로 동독을 변화시키는 데 결정적인 효과를 보았다.

3. 우리에게 주는 교훈과 시사점

내독관계와 남북관계는 공통점도 있지만 차이점도 많이 존재한다.[20] 그렇기에 독일의 통일을 한반도에 그대로 가져와 적용하기 어려운 한계점도 존재하는 것이 사실이다. 하지만, 우리의 통일·대북정책 추진에 있어 어떤 교훈과 시사점을 주는 지 살펴보는 것이 필요하다. 여기서는 통일을 향한 의지, 통일을 성취할 수 있었던 힘, 그리고 접근을 통한 변화라는 원칙의 일관된 추진 등으로 정리할 수 있을 것이다.

첫째, 통일을 향한 강한 의지가 유지되었다는 점이다. 두 차례나 세계대전을 일으켰던 독일, 그리고 전범국가로서 강제분단되었던 독일, 그러한 상황에서 통일은 상상할 수도 없었을 것이었다. 하지만, 분단 이후 단 한 번도 통일을 향한 의지를 포기한 적은 없었던 것으로 보인다. 물론, 국제상황과 여건에 따라 그 우선순위가 앞서지 못한 적은 있었지만, 아데나워정부가 추구했던 세 가지 가치는 이후 정권이 바뀌어도 늘 중요한 가치로 존재하고 있었다는 점이다.

둘째, 통일의지를 실현할 힘을 보유하고 있었다는 점이다. 서독은 동독에 비해 토지와 인구, 경제력이 월등했다. 특히, 전후 라인강의 기적을 통해 경제적으로 엄청난 우위를 점하고 있었다. 뿐만 아니라 NATO를 기초로 한 강력한 안보역량 또한

---

20) 분단국가였다는 점이나 경제적 차이, 이념적 대립 등의 공통점이 있지만, 전쟁을 치렀는지 여부, 정치권에서 타협의 문화가 존재하느냐 여부 등을 들 수 있을 것이다.

뒷받침하고 있었다. 이른바 자석이론(Magnet Theory)의 성공은 서방권과의 결속 강화 등에 바탕을 둔 서독의 강력한 힘이 있었기에 동독을 서독이 원하는 방향으로 변화하고 이끌어 올 수 있었던 것이다.[21)]

　　셋째, '접근을 통한 변화' 원칙에 따라 꾸준히 교류와 협력을 강화해 나가는 것이 결국 합의에 의한 통일이라는 목표도 달성할 수 있는 여건이 조성될 수 있다는 점이다. 물론 정권에 따라 동독의 반발을 고려하여 변화보다는 접근을 더 강조하는 경우도 있었지만, 역시 접근이 있어야 변화도 가능하다는 단순한 진리를 일깨워주는 것이다. 동서독기본조약에 따라 동서독의 교류와 협력이 강화될 수밖에 없는 상황에서 동독은 체제와 정권유지 차원에서 협력차단정책을 추진했다. 그러나 그러한 상황에서도 서독은 포기하지 않고 월등한 경제력을 바탕으로 상대방을 변화시키는 데 결국 성공한 것이다.

---

21) 이는 사실상 서방권과의 결속을 강화하는 것이 독일통일에 별로 도움이 되지 않는다는 인식하에 현상유지에 주력했던 사민당의 정책노선과는 차이가 있어 보인다.

제4절   일관된 통일·대북정책 추진방안

1. 대내 차원

첫째, 통일·대북정책에 대한 국민적 공감대 형성이 필요하다. 즉, 통일을 향한 의지를 제고하고 역량을 갖추어야 할 필요성에 대해 국민이 공감토록 하는 것이 중요하다.[22] 자유민주주의 국가에서 국민은 힘이다. 정권도 국민의 투표에 의해 결정되기 때문이다. 따라서 어떠한 정책도 국민의 지지와 공감이 없으면 성공하기 어렵다. 그런 차원에서 우리의 통일·대북정책도 국민적 공감대를 형성하는 것이 선행될 필요가 있다. 앞에서 살펴본 바와 같이 역대 정부들이 통일·대북정책을 추진해 왔지만 국민들의 압도적인 지지를 받아가면서 추진되어온 경우는 찾아보기 어렵다. 이는 남북 분단과 좌우대립이라는 태생적인 문제점이 존재하기 때문이지만, 분단 이후 지금까지도 이러한 현상은 사라지지 않고 있다. 우리 국민들은 국가의 명예와 국익이 걸린 사안에 대해 공감대가 형성되면 놀라운 저력을 발휘한 사례들이 많다. 역사적으로도 우리 민족은 수많은 국난을 겪어왔다. 하지만 지금까지 잘 극복하였다. 특히, 1950년 6월 25일 김일성의 기습남침이 우리에게는 엄청난 비극이었지

---

22) 그런 점에서 2014년초 박근혜대통령이 통일대박론을 언급했고, 통일을 위한 구체적인 준비를 추진해 나가는 일은 바람직하다 할 것이다.

만, 온 국민이 하나되어 나라를 지켰고 오늘의 대한민국을 만들었다. 90년대말 IMF위기 때는 금모으기 등을 통해 빠른 시간에 어려움을 극복한 전례도 있다. 월드컵 축구 때는 온 국민이 하나되어 우리 팀의 승리를 기원한다. 이러한 저력을 통일에 접목시킨다면 어떤 결과를 가져올 수 있을까? 김영삼정부 당시 정립된 민족공동체 통일방안은 매우 정교하게 정리된 것이다. 이 방안의 기초가 된 한민족공동체통일방안은 여야 합의로 만들어진 것이기에 국민적 공감대가 뒷받침된 것이다. 이를 지금의 현실과 미래상황에 부합되게 발전 보완시켜 나가야 한다.

둘째, 통일이라는 가치를 중심으로 여야가 하나되어 협의하고 협력해야 한다. 통일은 헌법에 명시된 국가적 책무이자 대통령의 책무이다. 통일은 우리 헌법 제4조에 "자유민주적 기본질서에 입각한 평화적 통일정책을 수립하고 이를 추진한다"고 명시되어 있다. 통일은 헌법적 가치이다. 이는 여야는 물론 우리 국민 남녀노소 모두가 추구해야 할 법과 가치이다. 통일은 어느 특정정파의 전유물이 아니다. 우리 민족의 지상과제임이 헌법정신에 담겨져 있다. 이런 정신에서 출발하자. 오늘의 대한민국이 세계 속에 우뚝 섰지만 21세기 새로운 도약을 위해 반드시 달성해야 할 목표는 통일이다. 그렇다고 통일만이 최고의 가치라 할 수는 없다. 어떤 방식의 통일이냐, 어떻게 이루어가는 통일이냐는 더욱 중요하기 때문이다.[23] 이를 위해 통

---

23) 통일만 되면 좋다는 생각은 위험하다. 우리가 추구하는 통일, 헌법에 명시된 통일은 반드시 자유민주주의를 기초로, 평화적 방식으로 통일이어야 하는 것이다.

일과 관련된 모든 문제에 있어서는 여야가 하나되어 정권이 교체되더라도 이를 승계하는 제도적 장치를 마련해야 한다. 특정 정파의 이익을 위해 남북문제를 이용하는 일도 없어져야 한다. 성과위주의 정책추진도 경계해야 할 대상이다. 과거 이러한 우리 정부의 입장은 북한에 역이용당한 측면이 있다.

셋째, 우리의 정책을 추진해 나가는 데 있어 서독에서 추구했던 세 가지 가치, 즉 자유와 평화와 통일을 도입하는 것이 좋겠다. 우리 현실에도 부합한 가치이며 온 국민이 공유할 수 있는 가치이다. 북한주민은 우리의 동족이다. 그들에게도 우리와 마찬가지로 자유와 행복을 누려야 할 권리가 있다. 하지만 김씨 왕조하에서 인권이 유린당한 채 70년을 살아오고 있다. 더 이상 이러한 현상을 그대로 놓아두어서는 안 되는 것이다. 보수이든 진보이든 통일을 반대하는 국민은 아무도 없을 것이다. 아울러 자유와 평화를 추구하는 것을 반대할 이도 없을 것이다. 이 세 가지 가치에 국민이 공감하고 이를 추진하기 위한 방법을 또 합의해야 한다. 이제 앞서 제시한 세 가지의 가치와 접근을 통한 변화 추구 등을 골자로 하는 우리의 통일·대북정책을 국민적 공감대를 바탕으로 추진하려면 일정한 절차가 필요할 것이다. 박근혜정부는 통일준비위원회를 여야나 보수와 진보가 아우르는 통합체로 구성하여 운영을 개시하였다. 바람직한 조치라 할 수 있다. 위원회에서 수립된 안들은 국회에서 추인절차를 받아 21세기 우리의 통일·대북정책으로 수립하고 정권이 바뀌더라도 수정할 수 없도록 제도적 장치를 마련할 필요가 있다. 일단 국민의 공감과 지지로 정립된 정책은 일관성 있게 추진되어야 한다. 여론의 추이에 따라 이렇게 저렇게 변경되어서는 아니 될 것이다.

2. 대북 차원

첫째, '접근을 통한 변화'라는 원칙에 입각하여 통일·대북정책을 추진해야 한다. 접근이 없이 변화는 이루어질 수 없다는 점을 감안해야 한다. 그런데 접근만 강조한다든지, 변화를 전제로 한다든지 하는 것은 적절치 않다. 접근을 하되 반드시 변화를 염두에 둔 조치들이 이루어져야 하는 것이다. 이 과정에서 필요한 것이 바로 상호주의 원칙의 적용이다. 우리가 원하는 것을 북한이 들어주면 이익이 크다는 인식을 심어주는 노력이 필요하다. 그런데 변화의 출발은 대화와 교류협력이다. 대화를 위한 대화는 하지 말아야 한다는 시각도 있다. 그렇다면 대화도 없이 어떻게 신뢰를 쌓아나가며 어떻게 상대방의 변화를 기대할 수 있겠는가? 어떻든 대화는 이어져야 한다. 서로의 생각을 교환하고 상대방의 입장을 명확히 아는 것이 신뢰의 기반이 된다. 대화를 이어나갈 수 있는 의사소통의 채널은 열어놓아야 한다. 가급적 최고위급의 대화채널이 확보될 수 있도록 노력해야 한다. 대화를 출발함에 있어 우리는 북한의 진정성을 요구하고 있다. 당연히 진정성이 있어야 신뢰가 쌓일 수 있고 관계 진전도 가능하다. 그러나 근본적으로 진정성이 없는 집단을 향해 진정성을 전제로 요구하는 자체가 무리는 아닌지 생각해 볼 필요가 있다. 따라서 진정성이 전제가 되기보다는 대화와 교류협력을 이어가면서 진정성이 생기도록 하는 방안도 함께 강구하는 것이 필요할 것이다.

둘째, 북한의 호응을 유도하는 조치들이 필요하다. 우리의 통일·대북정책이 아무리 좋더라도 북한의 호응을 유도하지 못한다면 일방적인 것으로 그칠 수밖에 없다. 또한 북한의 변화가 없다면 우리가 추구하는 평화는 물론이고 통일도 이루기 어려울 것이다. 북한 호응 유도차원에서 그들이 선호하는 이익과 연관된 의제를 적극 개발해 나가야 한다. 우리의 강점인 경제력을 최대한 활용할 필요가 있다. 서로간의 의견 차이가 심한 사안이나 북한이 매우 꺼리는 의제들은 장기적 관점에서 관계 진전을 보아가며 추진토록 하는 것이 바람직할 것이다. 우리의 전략은 북한의 입장도 감안한 방향이 바람직하다. 원칙에 입각하여 추진하되 때로는 신축성과 유연성도 요구된다는 점이다.[24] 이 과정에서 중요한 것은 북한이 우리가 제의하는 사안에 대해 호응할 경우 큰 이익이 된다는 점을 인식시킬 필요가 있다, 하지만 호응하지 않을 경우 좋은 기회를 놓치게 된다는 점도 주지시켜야 한다. 이처럼 북한이 스스로 호응해 나올 수 있도록 인센티브를 제공하는 방안 이른바 당근을 이용하는 방법이 있다. 또한 다른 접근으로 북한이 호응해 나오지 않을 수 없는 여건을 만들어 나가는 조치도 요구된다.[25] 상호간의 협의

---

24) 물론, 원칙이 중요하다. 하지만 상대방의 입장을 고려하는 일종의 맞춤형 정책을 추진하는 방안을 고려해 보자는 것이다.

25) 이 문제는 대외차원의 조치에서 다루고자 한다.

를 통해 일단 합의점을 이루면 이러한 합의와 약속은 반드시 지켜야 하며 지키면 이익이고 안 지키면 손해가 된다는 점을 보여주는 것이 필요하다.

셋째, 북한주민들의 변화를 유도하기 위한 노력도 병행되어야 한다는 점이다. 그렇다면 이중적인 접근이 필요하다. 북한 당국과 주민을 분리하여 추진하되 당국에 대해서는 공개적으로, 주민에 대해서는 조용히 접근해야 할 것이다. 북한주민들에게 정확한 정보를 제공해서 판단할 수 있도록 해야 한다. 탈북민을 적극 활용하는 방안도 필요하다. 그들과 연관된 재북 가족이나 친지들에게 외부의 소식들이 적절히 전달되도록 하는 조치가 요구된다. 북한주민들로 하여금 남측에 대한 긍정적 인식을 갖도록 우리의 인도적 대북지원은 가급적 조건 없이 추진하는 것이 바람직하다. 북한주민의 인권증진을 위한 노력도 강구되어야 한다. 이 과정에서 북한의 급격한 변화를 강요하기보다는 점진적·장기적 관점에서 추진해야 한다. 박근혜정부가 추진하는 한반도 신뢰프로세스는 하루아침에 이루어질 수 있는 사안이 아니다. 분단 70년 이래 전쟁도 치렀고 수많은 군사적 충돌도 있었다. 누적된 불신이 단기간에 해소되는 것은 어려운 일이다. 하지만 앞으로 시간은 우리 편이라는 생각으로 차분하게 추진해 나가야 한다. 우리가 지향하는 통일은 점진적·단계적 추진이다. 물론, 북한의 급변을 염두에 둔 정책도 다양한 대비차원에서 준비되어야 할 것이다. 그러나 북한의 급변을 기정사실화한다면 남북간의 대화나 교류는 사실상 불필요한 것이 된다. 오로지 압박 일변도로 급변의 유도나 급변대비 위주의 정책추진이 될 것이고 지속 가능한 평화정착은 기대하기 어려울 것이다. 결과적으로 한반도 신뢰프로세스와는 상반된 모순을 가져오게 되는 것이다.

3. 대외 차원

첫째, 견고한 한미동맹을 바탕으로 추진해야 한다. 우리의 통일·대북정책은 튼튼한 안보를 기반으로 하는 것이다. 따라서 확고한 한미연합방위체제를 통한 대북억제력은 우리 정책의 기초와 같다. 북한은 한미동맹의 균열을 노린다. 그래서 정전협정체제를 무력화하고 북·미간의 평화협정 체결을 집요하게 주장하고 있다. 아울러 주한미군의 철수와 한미연합연습의 영구 중단도 요구하고 있다. 마치 한미간의 공조는 남북관계의 장애물인 양 왜곡 선전하고 이를 전제조건화하고 있다. 한미동맹은 군사적 차원에서뿐 아니라, 정치외교적 차원에서 동맹국인 미국이 우리의 통일·대북정책을 지지하고 지원하도록 해야 한다. 미국의 지원 없이 우리의 통일목표를 달성하기란 불가능하기 때문이다. 한미간에는 대북억제문제뿐 아니라 이제부터는 통일을 염두에 둔 여러가지 협력방안들을 긴밀하게 협의하고 대비해 나가야 한다. 독일의 통일도 미국의 선도적인 역할이 있었기에 가능한 것이었다.[26]

---

26) 한미동맹은 한중관계와 서로 배치되는 것이 아니냐 하는 지적이 있을 수 있다. 사실 한미동맹과 주한미군, 한미연합연습에 대해 중국이 민감한

둘째, 대한민국 중심으로 통일하는 것이 주변국의 국익에 부합되는 것임을 인식시키도록 해야 한다. 역시 그 중심에는 중국이 있다. 중국은 6.25전쟁의 당사자이며 정전협정의 당사자이다. 북한과는 그 어느 국가보다 밀접한 관계를 유지하고 있다. 중국은 한국의 통일에는 반대하지 않는다는 공식적인 입장을 밝혀 왔지만, 정작 대한민국을 중심으로 하는 통일에 대해 내심 지지하고 있는지는 아직 알 수 없다. 한중관계도 그 어느 때보다 발전하고 있다. 그만큼 중국에게 우리 대한민국은 반드시 필요한 존재가 되었다는 것을 의미하는 것이기도 하다.[27] 하지만 중국의 우려사항을 염두에 둔 대화와 설명이 필요하다. 통일되는 한반도가 중국의 국익에 반하는 것이 아니라 부합된다는 사실을 이해할 수 있도록 해야 한다. 한중간의 직접대화를 통한 설득과 함께 미국이 이러한 역할을 할 수 있도록 노력하는 조치도 요구된다. 중국의 동의나 협조 없이 통일을 이루는 것은 가능하지 않을 것이다. 독일의 통일 과정에서 구소련의 태도변화가 중심적인 역할을 한 것과 비견되는 것이다. 북한의 변화를 유도하는 데 있어서도 중국의 역할을 적극 활용할 필요가 있다. 즉 남북관계 발전이 중국의 국익에 도움

반응을 보이는 것이 사실이다. 따라서 중국을 적극 설득하기 위한 우리의 외교 노력이 중요하다. 즉, 통일 한국과 미국과의 동맹은 중국의 이익에 반한 것이 아니라는 논리를 개발하여 적극 설득해 나가야 한다. 이러한 점에 대해서는 미국이 중국과 상대하여 허심탄회한 대화가 이어지도록 유도할 필요가 있다.

27) 2014년 7월초 시진핑 중국 국가주석이 방한했다. 북한의 김정은 정권이 출범한 지 3년이 되도록 한 번도 정상회담을 갖지 않은 중국이 한국을 먼저 방한한 것이다. 어찌보면 1992년 중국이 한국과 수교했을 때의 감정이 회상될 수 있다.

이 된다는 점을 적극 설득함으로써 중국을 통해 북한이 남북관계 발전에 적극 호응해 나서도록 설득하는 방법을 강구하자는 것이다.

셋째, 주변국과 다른 입장이 있더라도 국익 차원에서 접근하여 협조를 확보하는 지혜가 발휘되어야 한다. 일본과 러시아와의 관계도 잘 활용하고 대한민국 중심의 통일에 대한 지지를 확보하는 외교 노력이 있어야 한다. 2014년 현재 일본과는 1965년 한일수교 이후 가장 불편한 관계를 유지하고 있다. 물론 오늘과 같은 상황이 초래된 근본원인은 일본에 있다. 하지만 이러한 상황에서 우리의 대응은 어떻게 하는 것이 바람직하며 우리의 가장 큰 국익, 특히 통일의 성취에 유리한 것인지를 냉철하게 따져보고 지혜롭게 대처하는 것이 필요하다. 앞에서 제기한 일관성 확보방안을 정리하면 〈표 3-3〉과 같다.

<표 3-3> 일관성 확보방안

대내차원	대북차원	대외차원
• 국민적 공감대 형성 • 헌법정신을 중심으로 여야 합의 • 자유, 평화, 통일 가치 공유	• 접근을 통한 변화라는 원칙 추진 • 북한 호응 유도방안 적극 강구 • 북한주민 변화대책 병행	• 견고한 한미동맹을 바탕으로 추진 • 대한민국 중심으로 통일 이익 설득 • 국익 차원의 통일외교 진행

제5절 소결론 및 정책제언

　　1990년에 동·서독이 통일되었다. 통일 성취요인이 여러가지 있겠지만, 우리에게 주는 중점적인 시사점은 정책의 일관성이다. 그런데 우리는 정권이 바뀔 때마다 통일·대북정책의 방향과 중점이 달라졌다. 지금까지 남북관계 발전의 미진은 근본적으로 북한의 대남적화전략에 기인한 것이지만, 우리의 일관성 부재도 일조한 측면이 없는지 살펴볼 필요가 있다.

　　앞으로 남북통일이 성취되기 위해서는 우리의 통일·대북정책도 일관성을 유지해야 한다. 일관성을 유지하려면 대내, 대북, 대외차원으로 여러가지 조치들이 필요하다. 우선 대내차원에서 추진할 조치로는 국민적 공감대가 형성되어야 하고, 헌법 중심으로 여야가 합의하는 정책을 추진해야 한다. 독일에서 배워야 할 점으로서 자유와 평화, 통일을 가치로 하는 정책을 추진하는 것이 바람직하다. 대북차원에서는 접근을 통한 변화라는 원칙에 입각하여 북한의 호응을 유도하는 이른바 맞춤형 정책을 추진할 것을 제안한다. 이 과정에서 중요한 것은 대화의 끈이 이어져야 한다는 것이다. 북한주민들이 언젠가 스스로 대한민국 중심의 통일을 선택하도록 조치해야 한다. 대외차원에서는 한미동맹을 중심으로 한 안보를 바탕으로 통일외교를 추진해야 한다. 중국으로 하여금 한국 중심의 통일이 중국의 국익과 일치한다는 논리와 근거를 제시하여 지지를 확보할 필요가 있다. 일본과는 과거 역사에 사로잡히기보다는 역사문제와 미래를 분리하여 우리의 국익을 위해서는 일본을 활용하는 지혜로운 접근을 제안한다. 러시아도 통일에 있어 반드시 우리 편으로 만드는 노력을 경주해야 한다.

통일은 의지가 있어야 하며 통일을 이룰 힘을 구비해야 한다. 무엇보다 국민들이 통일에 대한 열망을 갖도록 해야 하며, 북한을 우리 쪽으로 끌어들이는 흡인력도 있어야 한다. 주변국의 강력한 지지를 확보할 수 있는 역량도 함께 구비해야 할 것이다. 언젠가 통일은 반드시 이루어진다는 믿음을 가지고 일관된 통일·대북정책을 추진해 나가자.

제4장

남남갈등 해소와 국민통합

라미경

본 장은 통일을 준비하는 과정에서 걸림돌로 작용했던 것을 제거하고 남북관계의 개선을 위한 내적 통일 인프라를 구축하기 위한 방안으로 남남갈등의 해소를 위한 국민적 합의 방안을 모색해 보았다. 대북 통일정책에 있어서 남남갈등의 내용과 현주소를 조명해 보고 대북 통일정책에 관한 국민합의 방안을 민족통합 방안과 사회통합 방안으로 나누어 살펴보았다. 대북 통일정책과 관련된 국민통합은 남북관계의 안정적 발전과 통일의 준비를 위한 핵심적 전제이다. 대북 통일정책 추진 과정에서 남남관계는 남북관계 못지않게 중요한 의미를 담고 있다.

개   요

　어느 사회, 국가나 내부적 갈등은 존재하며, 국가는 그러한 갈등을 해소하고 국민통합을 도모하기 위하여 다양한 정책을 추진한다. 우리나라의 경우 지역갈등을 비롯하여 이념갈등, 계층갈등, 빈부갈등 등 여러가지 갈등이 존재하고 있다. 최근에는 세대 간의 갈등도 중요한 갈등 가운데 하나로 부각되고 있다. 현재 한국사회는 이러한 많은 갈등으로 인해 사회 안정화와 경제발전을 기대하기 힘든 상황이고 사회통합을 위한 방안이 강구되어야 한다는 목소리가 높아지고 있다.

　그러나 민주주의 사회에서의 갈등은 자연스러운 현상이고 갈등 부재의 사회는 오히려 특정 집단이 공공의 집합적 결정과정에서 배재되어 있음을 의미한다. 이처럼 갈등은 인간관계에서 자연적인 현상이며 사회역사의 변화를 추동하는 동력이 되기도 한다. 민주주의 사회에서 갈등의 존재는 민주주의 존재 이유를 설명하는 중요한 근거가 된다.

　지금 우리는 분단 60년의 역사를 청산하고 새로운 통일시대를 준비하는 역사적 시대에 살고 있다. 그 동안 갈등과 단절 속에서 상호대립되어 왔던 남북한은 '6.15공동선언'을 계기로 대화와 교류의 협력시대에 진입하게 되었다. 그러나 진정으로 남북한이 공존의 협력시대에 진입하기 위해서는 북한의 변화도 필요하지만, 우리 남한사회 내부의 대북인식도 변화되어야 한다. 왜냐하면 남한사회 내부에 존재하고 있는 북한사회에 대한 인식의 차이를 좁히지 못한다면 남북통일 이후에도 사회적 통합은 쉽지 않을 것이기 때문이다.

한반도의 특수한 상황으로 남북갈등과 대북정책을 둘러싼 남한 내의 남남갈등은 특수한 갈등유형으로 주로 북한을 보는 인식과 통일에 이르는 방법, 즉 대북관과 통일관의 차이에서 기인한다. 따라서 남남갈등은 이념이나 세계관과 같은 추상적이고 가치지향적인 특성에 기초에 있다고 볼 수 있다. 이데올로기 대립으로 특징되는 남남갈등은 보수와 진보, 좌파와 우파의 갈등 양상을 보이고 있다.

남북관계를 둘러싼 남한사회의 내부 갈등은 기본적으로 분단체제하에서 시기별로 그 형태와 정도가 다양하지만 한반도 분단 이후 지속되어 온 현상이다. 남남갈등이 치유되지 않고는 남북통일도 쉽게 달성될 수 없을 뿐만 아니라, 국가발전도 도모되기 어렵다는 점에서 남남갈등의 해소는 우리 국민들에게 부여된 중요한 과제라고 할 수 있다. 민주주의의 가치와 견해, 행위양식의 다양성이 존재하는 시대에 남남갈등이 존재함을 인정하고 받아들이되 그것이 전체적인 회오리를 만들어 남북관계 자체를 파괴해 버리는 식으로 발전하지 않도록 경계해야 할 것이다.

따라서 본 연구는 남북관계의 개선을 위한 내적 통일 인프라를 구축하고 통일을 준비하는 과정에서 걸림돌로 작용했던 것들을 제거하는 방안으로 남남갈등의 해소를 위한 국민적 합의 방안을 모색하는 데 있다. 이에 대북 통일정책에 있어서 남남갈등의 내용과 현주소를 조명해 보고 대북 통일정책에 관한 국민 합의 방안을 민족통합 방안과 사회통합 방안으로 나누어 살펴보기로 하겠다.

제1절 남남갈등의 요인

1. 남남갈등의 의미

갈등(conflict)이란 특정한 인간집단(종족적, 인종적, 언어적, 문화적, 종교적, 사회경제적, 정치적 또는 기타)이 하나 또는 그 이상의 다른 특정 인간집단과 양립될 수 없거나, 또는 양립될 수 없는 것처럼 보이는 목적을 추구하는 탓으로 인하여 의식적인 대립관계에 빠져 있는 상태를 일컫는다.[1] 여기에 사회적 갈등은 특정가치나 지위, 권력 및 희귀한 자원에 대한 소유권 주장에 관련된 투쟁으로서, 서로 다투는 당사자들의 목표가 자기가 원하는 가치획득에 국한하지 않고 경쟁상대를 중립화시키거나 다치게 하거나, 제거하는 것까지 포함하는 상태를 말한다. 사회적 갈등이 문제가 되는 것은 갈등 존재의 유무가 아니라 평화적으로 해소되는 과정과 다양한 이해관계의 공존방식 여부에 달린 것이라 할 수 있다. 결국 갈등은 인간사회에 존재하는 보편적인 현상이며 인간사회에 존재하는 다양한 측면들을 포

---

1) 갈등에 관한 연구로는 James E. Dougherty & Robert L. Pfaltzgraff, Jr, *Contending Theories of International Relations: A Comprehensive Survey*, New york: Harper & Row, 1990; Lewis A. Coser, *The Functional of Social Conflict*, Free Press, New York, 1956; Kenneth E. Boulding, *Conflict and Defense: A General Theory*, Harper and Brothers, New York, 1963.

함한다.

한국사회에서 나타나고 있는 남남갈등은 여러가지 원인이
있겠지만, 이념적 갈등의 특성을 보이고 있다. 남남갈등에 대
한 개념적 정의는 남한사회 내부에 존재하는 갈등의 다양한 형
태를 포괄한다고 할 수 있다.

남남갈등이라는 용어가 처음 등장한 것은 1997년 8월 2
일자 〈한겨레신문〉에서이다.[2] 현재 우리사회의 갈등을 지칭하
는 표현으로 자주 언급되는 남남갈등은 기본적으로 한국사회
내부의 정치적 갈등을 지칭하는 일반적인 표현으로 이해할 수
있다. 그러나 대체로 대북정책을 둘러싼 사회 내부의 이견이나
갈등을 말하는 것으로 받아들여지고 있다.[3] 다시 말해 남남갈
등은 남북갈등이라는 표현에 대비하여 남북관계와 관련된 정책

---

2) 김재한은 남남갈등이 1997년 8월 2일자 〈한겨레신문〉에서 "격동 한
반도, 3부/남-북 대응 ③ 불행하게도 우리는 남북갈등 못지않게 남쪽 내부갈
등, 이른바 남남갈등에 엄청난 국력을 소모하고 있다"고 밝히고 있다(김재한,
「남남갈등과 대북 강온정책」, 『국제정치연구』 제9집 제2호, 2006, p. 125).

3) 남남갈등에 대한 연구로는 임희섭, 「세계화 시대의 사회통합」, 『한국
사회의 새로운 갈등 국민통합』, 인간사랑, 2007; 조한범, 『남남갈등 해소방안
연구』, 통일연구원, 2006; 손호철, 「남남갈등의 기원과 전개과정」, 『남남갈
등: 진단 및 해소방안』, 경남대 극동문제연구소, 2004; 조민, 「통일정책과 국
민통합」, 『통일정책연구』, 제12권 제2호, 2003; 김근식, 「남남갈등을 넘어:
진단과 해법」, 『남남갈등: 진단 및 해소방안』, 경남대 극동문제연구소, 2004;
김갑식, 「한국사회 남남갈등: 기원, 전개과정 그리고 특성」, 『한국과 국제정
치』, 제23권 제2호, 2007; 박재정, 「대북식량지원 운동의 정치기회구조와 남
남갈등」, 『한국정치학회보』, 제43집 제3호, 2009; 김창희, 「대북정책의 단절
성과 남남갈등에 관한 연구」, 『한국동북아논총』, 제56호, 2010; 권숙도, 「구
성주의적 관점에서 본 남남갈등의 이해」, 『사회과학연구』, 제28집 제1호, 경
성대학교 사회과학연구소, 2012; 주봉호, 「남한사회 남남갈등의 양상과 해소
방안 모색」, 『한국동북아논총』, 제64호, 2012 등이 있다.

을 둘러싼 우리사회 내부의 분열과 갈등을 지칭하는 것으로 정의내릴 수 있다.

　요약해 보면 남남갈등에 대한 개념을 광의와 협의로 나누어 볼 수 있다. 광의의 개념은 남한사회 내부에 존재하는 갈등의 다양한 형태를 포괄하는 것이다. 예를 들어 자본과 노동관계, 성차별, 세대갈등, 지역갈등, 이념갈등 및 기타 다양한 형태의 갈등을 포함하는 것이다. 협의의 개념의 남남갈등은 남북관계 또는 통일 및 대북정책과 관련된 갈등구조라 할 수 있을 것이다. 분단체제로서의 우리 사회는 '북한을 어떻게 볼 것인가'라는 문제와 '북한을 어떻게 대할 것인가'라는 대북관 및 대북정책을 놓고 가장 극심한 대립 양상을 보이고 있다.

2. 남남갈등의 원인

　우리사회의 갈등 상황에 대한 국민들의 의견은 '심각하다'가 84.7%, '심각하지 않다'가 12.9%로 나타났다. 이러한 점은 우리사회의 갈등이 심각한 수준이며, 갈등해소를 통한 국민통합의 실현이 우리사회의 당면과제라고 할 수 있다.

　우선, 광의적 개념으로 남남갈등의 원인을 살펴보면 〈표 4-1〉에 나타나듯이 빈부격차가 가장 심각한 것으로 나타났다. 이는 아시아 경제위기 이후 취한 신자유주의 정책의 영향으로 우리 사회의 양극화가 심화되었다는 것을 의미하기도 한다. 이념과 지역 갈등, 그리고 세대가 소통 부족이 그 뒤를 따르고 있음을 알 수 있다. 특히 이념갈등이 빈부격차에 이어 두 번째로 중요한 원인으로 지목된 것은 이념으로 인해 발생하는 갈등이 점점 많아지고 있으며 심각한 수준에 이르고 있다는 점을 보여주고 있다. 세 번째로 나온 지역갈등은 노무현정부 이후 상대적으로 많이 약화되었지만, 영호남의 대립적 지역갈등은 남남갈등의 양극화에 여전히 투영되고 있다. 이와 함께 세대간 소통의 부족을 지적하는 의견도 12.2%에 달하고 있는 점을 감안할 때 세대 갈등도 중요 갈등의 하나로 부상하고 있음을 알 수 있다.

실제 한국에서의 이념적 갈등은 서구의 이념적 지형 혹은 갈등과는 매우 다르다고 볼 수 있다. 서구사회에서의 이념적 지형은 분배와 성장의 개념, 즉 자본과 노동의 모순에서 비롯되는 것이라면[4] 한국에서의 이념적 문제는 자본과 노동에서 비롯되기보다는 경험에서 나오는 경우가 많다. 그렇기 때문에 서구의 경우 진보와 보수의 기준이 분배의 문제에 대한 입장차이지만 우리의 경우는 '미국을 어떻게 생각하는가' 아니면 '북한에 대한 입장 혹은 반공이데올로기'에 의해서 구분된다. 즉 6.25전쟁이라는 냉전체제 유일의 전쟁을 경험하고, 또 그 경험이 자식세대로 이어지면서 한국에서의 이념이란 하나의 생존권에 관련된 문제가 되었다는 것이다.[5]

4) 유럽의 주요 민주주의 국가의 정당체계 기본 토대가 되고 있는 평등과 효율, 국가와 시장, 분배와 성장, 노동과 자본 등으로 양분되는 개념은 산업사회의 도래와 함께 생성된 것으로 이후 여러가지 사회경제적 변화에도 불구하고 근본적으로 변화되지 않은 채 여전히 큰 영향을 미치고 있다. 자본주의와 사회주의적 가치의 대립이며 근대 산업사회의 산물로 계급정치적 속성을 지니는 것으로 좌우 이념을 정의할 수 있다(주봉호, 위의 책, 2012 참조).
5) 신율, 「욕구이론을 통해서 본 남남갈등」, 『한국정치학회보』 제44집

협의의 개념으로 남남갈등은 남북관계 또는 통일 및 대북
정책과 관련된 갈등구조라고 할 수 있을 것이다.

<표 4-1> 한국사회 갈등의 원인

사회갈등 원인	비율(%)	사회갈등 원인	비율(%)
지역갈등	12.6	세대간 소통 부족	12.2
빈부격차	38.4	노사갈등	7.3
이념갈등	19.6	기타	1.4
교육갈등	4.7	모름/무응답	3.8

자료: 이현출, 「국민통합을 위한 정치개혁 과제」, 『분쟁해결연구』 제10권 제3호, 2012.

이런 개념을 바탕으로 남남갈등의 원인을 살펴보면 다음
과 같은 것으로 요약해 볼 수 있다.

첫째, 일제 식민 잔재와 6.25전쟁의 역사적 경험이 이념갈
등의 근저를 이루고 있다. 국가수립과정에서 정치적 파벌간의
정쟁은 적대적이었으며 공존을 허용하지 않는 증오의 정서를
낳았다. 더욱 중요한 문제는 일제 강점기 친일반민족행위자들
에 대한 처벌과 친일 잔재의 청산 없이 6.25전쟁의 소용돌이
속으로 빠져들었다는 것이다. 결국 이런 문제는 국가의 정통성
과 민족의 자주성, 역사관 그리고 미래의 올바른 가치관을 세
울 수 없게 할 뿐만 아니라 남남갈등의 중요한 이유가 되었다
는 것이다.

둘째, 한반도 분단으로 인한 남북한간의 지속된 냉전구조
가 현재의 남남갈등에 영향을 준다. 남남갈등의 주요한 축은

제2호, 2010.

냉전반공주의의 유지와 존속이 필요하다는 입장과 그것이 폐기되거나 근본적으로 바뀌어야 한다는 입장이다. 아울러 냉전반공주의 두 구성요소인 대북관과 대미관의 관계로 압축해서 볼 수 있다. 남한사회의 갈등구조와 분단체제의 연관성 속에서 분석되어야 할 것이다. 예를 들어 대북지원을 둘러싼 대립구조는 미국을 바라보는 입장의 차이뿐만 아니라 북한 인권문제에서도 거의 동일하게 반복되고 있다. 오랜 시간 동안 한국사회는 반공체제하의 발전을 핵심 가치로 설정했으며 이에 대한 반대는 억압되어 왔다. 남한사회 내에 있는 냉전문화는 이와 같은 점에서 중층적으로 국민들의 일상생활 속에서 아직도 반복적으로 재생산되고 있다.

셋째, 냉전체제를 바탕으로 한 군사독재정권하의 반공메커니즘이다. 반공메커니즘의 활용은 군사정권의 취약한 정당성을 보충해 줄 수 있는 효과적인 기제였다는 점에서 다양한 차원에서 활용되었다.[6] 반공주의는 종종 정치적 반대뿐만 아니라 일상적인 시민사회의 영역에서도 다원주의와 민주주의적 요구를 억제하는 효과적인 기제로 활용되었다는 것이다. 이와 같은 상황은 공산주의를 표방하고 남한의 적화를 공언하고 있는 북한의 존재에 의해 남한사회에 당연한 것으로 받아들여져 왔으며 종종 정권안보의 수호를 위해 이용되는 경향을 보여 왔다. 이런 상황은 친미·반공문화에 대한 反문화로서 반미·민족주의 정서의 확산의 토양으로 작용했다고 할 수 있다. 결국 이

---

6) 조한범, 앞의 책, 2006, p. 16.

런 친미·반공문화와 반미·민족주의적 반문화는 대화와 타협의 관계가 아닌 구조적인 갈등관계를 형성하게 되었다.

넷째, 정권별로 달라지는 대북정책에 따른 정쟁화이다. 우리사회에는 탈냉전 이후 정권교체와 더불어 전향적이고 적극적인 대북정책이 시작됨으로써 지역, 이념 갈등은 냉전시기와는 다른 새로운 차원으로 발전하였다. 대북정책을 둘러싼 보수와 진보의 남남갈등은 김대중정부의 햇볕정책을 둘러싸고 표면화되었으며, 노무현정부를 거치면서 더욱 심화되었고, 보수성향의 이명박정부에서도 해소될 기미를 보이지 않았다. 현 박근혜정부에서의 남남갈등은 과거 정부의 경우와는 정반대의 논리로 재현되고 있을 뿐이다.

다섯째, 남남갈등이 증폭하게 된 또 다른 원인으로 언론의 역할을 들 수 있다. 언론이 남남갈등을 과장하거나 왜곡했을 뿐만 아니라, 특정 정부의 대북정책을 자신의 선호에 따라 옹호하거나 비판함으로써 보수와 진보세력간의 대립을 조장하였기 때문이다. 이는 언론의 자유를 무기로 한 이른바 '언론권력'이 객관성과 중립성을 유지하기보다는 자신의 이해관계에 부합하는 정책이나 정당을 의도적으로 지원하면서 사실을 왜곡하고 있다는 것을 의미한다.[7]

---

7) 주봉호, 앞의 책, 2012, p. 153.

3. 남남갈등의 변화 추이

남남갈등은 장기간 지속된 남북한간의 분단과 전쟁을 경험하면서 냉전적 대립구조와 이로부터 비롯된 냉전문화에 뿌리를 두고 있다. 또한 압축적인 산업화·민주화 과정을 거치면서 흑백논리가 격화되었다. 이는 다양성이 용인되지 않은 상태에서 생겨난 반문화이고, 서로 다른 가치와 이념적 지향이 공존할 수 있는 환경이 조성되지 못한 상태에서 나타난다. 이는 분단체제에서 비롯된 냉전의 유제들이 아직 해소되지 못하고 있는 데서 그 근본적인 원인을 찾을 수 있다. 분단 이후의 냉전문화는 한국사회에 보수와 진보라는 대립적 양 진영을 형성시켰으며 이들은 남북문제의 전반적 이슈에서 대립하고 있다.

이러한 국면은 세계적인 냉전체제의 해체와 한국사회의 민주화와 시민사회의 성장, 그리고 북한에 대한 화해협력정책의 구사로 인해 새로운 변화 요구에 직면하게 되었다. 6.15남북정상회담 이후의 남북관계 개선 과정은 '적으로서의 북한'이라는 단순한 이미지에 복합적인 의미변화를 요구하고 있다. 남북관계의 패러다임의 변화에 따라 남한에서는 미국에 비해 북한정권의 위험성을 낮게 인식하고 있는 반면 미국의 대외정책에 대한 반감은 높아지고 있다. 또한 북한경제의 악화는 북한이 더 이상 체제경쟁대상이 아니며 지원의 대상으로 바뀌었음을 의미하기도 하였다.

그러나 이명박정부 등장 이후 남북관계가 경색되고 금강산 피격사건, 천안함 및 연평도사건이 연이어 일어나면서 진보세력의 커다란 비판과 도전을 받았으며 대북정책을 둘러싼 보수와 진보 간의 남남갈등은 공격과 방어의 입장이 바뀌었을 뿐 지속되었다. 특히 천안함 침몰사건은[8] 초기의 대북정책을 둘러싼 남남갈등과는 차원을 달리한다. 초기의 남남갈등이 주로 일어나지 않은 미래적인 상황 내지는 지원정책을 중심으로 일어났다면 천안함사건의 남남갈등은 사실관계를 두고 일어났다. 여기에 중국문제가 논쟁의 중요한 주제가 되었고 동북아의 긴장까지 연결되면서 남북관계, 동북아문제, 한·미, 한·중 관계, 미·중 갈등, 남한의 외교 문제 등 복잡성이 더욱 심화되었다.

박근혜정부의 한반도 신뢰프로세스, 드레스덴선언[9] 등도 이렇듯 남남갈등이 해소되지 않은 상태에서 남북관계는 정쟁의 소지로 이용되는 경향을 보여 왔으며, 결과적으로 대북정책의 추진력을 약화시켜 왔다.

결국 김대중정부가 전개했던 대북포용정책의 본격적인 추진으로 조성된 이데올로기적 균열이 기존의 지역균열과 교차하지 않고 중첩됨으로써 다원주의적 민주주의 정착이 저지되는 상황이 진행되었다. 이런 불신과 대립은 보수와 진보라는 이데올로기적 균열의 차원을 넘어서 여야간 정쟁의 대상으로 비화되는 문제를 야기했다.

---

8) 이 사건은 2010년 3월 26일에 백령도 근처 해상에서 대한민국 해군의 초계함인 PCC-772 천안이 침몰된 사건으로, 정부에서 발표한 공식명칭은 '천안함 피격 사건'이다. 이 사건으로 해군 40명이 사망했으며 6명이 실종되었다.

9) 박근혜 대통령은 2014년 3월 29일 독일에서 한반도 평화통일을 위한 구상으로 '드레스덴'선언을 발표했다. 내용은 다음과 같다. △남북한주민들의 인도적 문제 해결(Agenda for Humanity) △남북한 공동번영을 위한 민생 인프라 공동 구축 (Agenda for Co-prosperity) △남북 주민간 동질성 회복(Agenda for Integration).

그런데 대북정책을 중심으로 전개되고 있는 대립적 갈등 양상은 본질상 보수와 진보간의 이념적 대결상황으로 이해될 수 있다. 하지만 그러한 대립은 '무늬만' 보수와 진보 사이의 이념적 대립구도를 취하고 있을 뿐 실제 내용의 차원에서는 진정한 의미의 보수·진보간 이념적 대결의 양태를 취하고 있지 않다. 즉 현재의 이념적 대립은 사회발전에 부합 내지 기여하는 양태가 아니라 오히려 사회발전을 저해하는 비생산적이며 비민주적인 '뒤틀린' 양태를 취하고 있다.[10]

'뒤틀린' 양태를 보이고 있는 보수와 진보의 이념적 대결은 대북정책을 둘러싼 다양한 행위자들에 의해 극렬하게 나타나고 있다. 특히 '주사파', '친북좌파', '종북주의' 등의 단어들은 북한 정권에 대한 인식 등 북한 문제를 둘러싼 남남갈등을 유발하는 주요수단이 되었다.

---

10) 선우현, 「한국사회에서 '진보-보수 간 이념적 대립 구도'의 왜곡화: 대북 정책을 둘러싼 '남한 내 갈등 사태'를 중심으로, 『사회와 철학』 제4호, 2002, pp. 97-98.

제2절 남남갈등의 양상과 특성

1. 남남갈등의 행위자

구체적으로 남남갈등의 영향을 미치는 행위자를 살펴보면 정부, 정당(국회), 시민단체, 언론, 인터넷, SNS 등이다. 천안함 침몰 사건을 중심으로 설명해 보고자 한다.

첫째, 천안함사건에 대한 정부의 명확하고 논리적인 설득의 부재로 인한 남남갈등의 심화를 들 수 있다. 이명박정부는 천안함 침몰사건에 대해 공식적으로 '천안함 피격사건'으로 발표했다. 이어 정부는 천안함 침몰 원인을 규명할 민간·군인 합동조사단을 구성했고 대한민국을 포함한 오스트레일리아, 미국, 스웨덴, 영국 등 5개국의 전문가 24여 명으로 구성했다. 이 합동조사단은 2010년 5월 20일 천안함이 북한 어뢰공격으로 침몰한 것으로 발표했다. 전쟁의 경험과 냉전체제 문화가 내재해 있는 한국사회에서는 대북관련 정부의 정책에 대해 크고 작은 이유로 찬반이 나뉘게 된다. 물론 민주주의 국가에서 모든 국민이 정부정책에 대해 획일적으로 찬성하기는 기대하기 어렵고 그럴 수도 없는 것이고 다양한 견해들이 충돌하는 것은 지극히 자연스러운 일이다. 그러나 적어도 정부는 의문을 제기하는 일부 여론에 대해 명확한 논리와 설득력 있는 대응을 했어야 하나 그렇게 하지 못한 것이 남남갈등을 제대로 수습하지 못한 원인으로 지적되고 있다.

둘째, 주요 정당들은 정치적 지지를 동원하는 과정에서 지역주의적 정서에 의존해 왔으며 한국정치에 있어서 중요한 요소로 자리잡았다. 보수진영은 북한의 주장을 조금이라도 지지하는 입장을 보이면 종북파로 규정하고 매도하면서 진영간의 싸움에서 유리한 고지를 차지할 수 있었다. 반면 진보진영의 경우 정부가 천안함 피격사건 이후 관련 정보도 공개하지 않았고 신뢰할 만한 조사결과를 제시하지 않았으면서 '북한의 의한 폭침사건'이라는 발표문에 의문을 제기하는 이들을 모두 종북세력으로 몰아세운다고 반발했다.[11] 천안함사건에 대해 여당이었던 한나라당은 안보무능론을 제기하며 북한 책임론으로 보수층을 결집하고 야당이었던 민주당 지도부는 '북한의 공격 가능성은 매우 낮다'며 아예 북한 개입이 없다는 것처럼 단정하는 발언을 하는 등 정치공방이 뜨거워졌다. 이 공방은 천안함 침몰사건 후 3개월 뒤에 시행되었던 6.2지방선거에 각 정당에 유리한 방향대로 몰고 나갔다. 결국 남남갈등은 여당과 야당의 정치적 대립구도와 결합되면서 더욱 확대되고 심화되었다.

셋째, 이 사건에 대한 정부의 공식적인 발표를 두고 진보적 시민단체인 참여연대가 북한 소행이라는 정부 조사결과에 이의를 제기하면서 갈등은 촉발되었다.[12] 참여연대가 유엔에

---

11) 임을출, 「남남갈등의 구조와 특성」, 조한범 외 다수, 『지속가능한 통일론의 모색』, 한울아카데미, 2014.

12) 참여연대는 2010년 6월 천안함 침몰 원인과 관련해, 물기둥, 생존자 부상이나 시신의 훼손 정도가 어뢰 폭발로 인한 것으로 보기 어렵다는 등의 의문점과, 열영상장비 동영상 은폐 의혹, 해외 조사단의 역할 등 조사과정에

발송한 서한으로 라이트코리아 등 보수단체들은 거센 반발을 하며 참여연대의 행위가 민군합동조사단 조사위원들의 명예를 훼손하고 정부의 외교업무에 차질을 빚게 한 것은 물론 고의적으로 북한을 이롭게 할 목적으로 행해진 것이라고 주장하면서 허위사실 유포 혐의 등으로 고발했으나 무혐의 판단을 내린 바 있다. 참여연대의 주장은 진보진영의 지지를 받았고 반면 보수 언론과 단체들은 참여연대의 이런 주장에 대해 '인적·물적 증거에도 불구하고 친북좌파 시민단체들은 종북이념에 터잡은 편견에 매달리고 있다'고 비난했다.[13] 결국 남남갈등에 영향을 주는 행위자로 시민단체는 정부와의 갈등, 시민단체 내의 진보와 보수의 갈등으로 남북관계 관련 정부와의 대화가 단절되고 긴장상태가 고조되며 충돌이 발생할 가능성이 그만큼 높아진다. 이명박정부하에서 진보적 시민단체들은 정부로부터의 모든 재정적 지원이 끊기기도 했다.

넷째, 남북관계에 대해 매우 강력한 힘으로 영향을 미쳤던 행위자로 언론을 들 수 있다. 진보진영의 언론과 보수진영의 언론은 자신들이 선호하는 대북정책을 지지하고 반대하는 데서 강력한 입장을 취해 왔다. 『조선일보』의 김대중 논설위원은 천안함사건에 대하여 '사고 수역이 북방한계선(NLL)과 인접해 있고 서해상에서 그 동안 세 차례나 남북 해군간 교전이 벌어졌다는 점, 한국과 군사적 충돌을 일으켜 주민들의 대남 적개심을 자극함으로써 북한 당국에 쏠렸던 주민 불만의 물꼬를 외

대한 문제제기를 한 '참여연대 이슈 리포트'와 서한을 유엔에 발송했다.

13) 『뉴시스』, 2012.3.22; 『프레시안』, 2012.3.12.

부로 돌리려는 계산일 수 있다는 점, 군사적 측면에서 2009년 11월 연평해전 패배를 보복하고 위축된 북한군의 사기를 높이기 위한 계기가 필요했다는 점 등을 들어 천안함 침몰사건은 북한의 의도적인 도발이 확실하다고 주장했다.[14) 진보진영이든 보수진영이든 언론이 특정한 견해를 반복적이고 집중적으로 강조하여 언론이 왜곡과 남남갈등에 큰 책임이 있다는 것에 주목할 필요가 있다.

다섯째, 내 생각과 다르면 적이라는 이념의 전쟁터 된 인터넷과 각종 소셜 네트 워크서비스(SNS) 등이다. 천안함사건 발생 초기부터 침몰원인에 대한 의혹 발생의 진원지는 인터넷이었다. 인터넷이라는 사이버 공간에서는 익명성을 무기로 각종 의혹과 루머들이 난무하고, 그 방향은 천안함은 내부 원인 침몰로 가닥이 잡혔다. 인터넷에서는 군이 사건을 은폐하기 위해 사실을 감췄다는 소문이 떠돌았고, 생존 장병들을 국군수도통합병원에 몰아넣고 입단속을 시켰다는 루머까지 나왔다. 미군에 의한 오폭, 속초함의 공격을 받았다는 주장, 정부의 '북풍작전'에 의한 자작극 등 괴담도 쏟아졌다. 다음 아고라의 토론방에 '2000년부터 선박을 운항해온 해기사'라고 밝힌 네티즌은 "근 30년이 된 천안함은 사람으로 보면 칠순잔치를 치른 노인"이라며 "노후화된 천안함이 독수리훈련 중 선미 부분의 침수를 막지 못해 급격한 해수유입으로 두 동강 났다"고 주장하기도 했다. 이렇듯 인터넷과 SNS는 남남갈등의 확산 요인으로 행위자로 작용하고 있다.

---

14) 『조선일보』, 2010.4.4.

2. 남남갈등의 특성

가. 이념논쟁

한국사회에서 남남갈등은 이념논쟁에서 출발한다. 앞서 설명했듯이 보수와 진보의 구도는 건전한 담론 경쟁이나 효과적인 정책적 공조를 이끌어 내지 못한 채 소모적인 정쟁을 유발하는 동인으로 작동해 왔다. 보수세력의 기득권 고수와 권력투쟁을 위한 이념적 도구로서 작동해 온 한국의 보수주의는 역사철학적 및 정치철학적 토양이 척박하여 명백하게 보수주의라고 할 만한 이념이 부재한 까닭에 역사와 전통을 기반으로 한 보수주의와는 현실적인 괴리가 있었다.

일제 강점기 이후 한반도의 6.25전쟁과 분단은 한반도의 사상적 혼란은 물론이고 친일잔재를 청산할 시간적 여유도 없이 기득권 유지에만 급급하였다. 한국 보수세력의 한계와 위기는 보다 근원적으로는 고유의 역사적 전통, 사상과 정신문화 속에 그 이념적 뿌리를 내리지 못하고 국가적 정체성 확립이나 국가적 역량 결집이 미진하여 강력한 정치적 추동력을 발휘하지 못한 데 기인한다. 한국의 보수가 스스로의 한계를 극복하고 지속가능한 복지와 한반도 평화통일의 시대적 과제를 달성하려면 '역사적 현재'에 대한 철저한 이해와 더불어 보수해야 할 가치의 이념적 근거에 대한 깊은 자기성찰이 필요하다.

반면 한국 진보성향의 이미지는 어떠한 형태로든 항상 북한과 관련되어 있었다. 이러한 현상은 6.25전쟁 이후 형성된 세계적 냉전 체제를 배경으로 반공과 안보를 강조했던 권위주의 정부시기를 거치면서 한층 강화되었다. 광주 민주화운동 이후 등장한 주사파는 비록 사회 주변부에 머물러 있기는 했지만 대북 인식을 그들만의 이념적 색깔로 덧칠하면서 새로운 남남갈등의 국면을 전개시켰다. 주사파 중 독일통일과 소련 해체 이후 공산권 몰락으로 회의감을 품게 된 일파는 전향을 선언해 뉴라이트운동에 참여했다. 뉴라이트운동이 우파적인 방향의 비판이라면 좌파적인 비판은 2008년 민주노동당 분당 사태 때 본격화되어 심상정, 노회찬 등의 인사들은 기존 민주노동당을 '종북주의'로 규정했다.

종북은 한국에 살면서 북한 김일성의 주체사상과 북한 정권의 노선을 무비판적으로 추종하는 경향을 지칭하는 말이다. 한국의 진보는 국가 개입을 지나치게 강조한 나머지 시장의 자율을 무시했고, 노동참여는 강조하면서 자본투자의 중요성을 경시했으며, 공동체 윤리를 앞세워 개인의 선택을 소홀히하는 폐쇄적이고 경직적인 이념과 실천을 보여 왔다. 또한 진보가 곧 친북이 아님을 이념적으로 정치적으로 천명하지 못한 민주세력과 진보세력의 잘못이 범진보의 실패를 초래한 가장 중요한 요인이라고 지적하고 있다. 특히 이석기 내란음모사건으로 좁은 의미의 진보세력은 결정타를 맞았다고 보고 있다.[15]

좌파든 우파든 한때 같은 노선을 걸었던 집단내에서 분파

---

15) 김형기, 「하나의 대한민국: 갈등 넘어 통합으로」, 한국일보 창간 60주년 발표문, 2014.

가 형성되면서 남남갈등이 고조되었는데 특히 '주사파', '종북주의', '친북좌파' 등의 용어들은 북한 정권에 대한 인식 등 북한 문제를 둘러싼 남남갈등을 유발하는 주요한 수단으로 이용되었다.

나. 남남갈등과 민족주의

대북 정책입안자나 전문가들은 남북관계가 진전되는 데 비례하여 남남갈등이 더 심해지고 있다고 지적한다. 우리나라와 같은 단일민족은 영토상은 분리되어 있지만, 공동의 종족정체성이 통합력으로서 적절하게 기능할 수 있다. 그럼에도 불구하고 한국사회에서의 남남갈등은 왜 심각할까.

해방 후 단일민족에 대한 남북의 공동 집착은 통합력으로 작용한 것이 아니라 오히려 지난 반세기 동안 한국 내부의 갈등을 확산시켜 왔다. 전쟁은 중단되었지만 남한과 북한은 민족적 정당성을 두고 계속 경쟁해왔다. 특히 단일종족에 대한 원시적인 집착은 영토가 분할될 때 잃어버린 종족단일성을 회복하려는 강한 압력이 일어난다.[16]

문제는 민족 개념이 정치적 정당성과 긴밀하게 연결되어 경쟁적인 정치영역이 되었다는 데 있다. 지금 한국정치에서 민

---

16) 신기욱, 『한국 민족주의의 계보와 정치』, 창작과 비평사, 2009. 신기욱은 그런 강한 압력은 북한(외부집단)과 구별되는 남한(단일한 내부 집단)의 정체성을 형성하는 과정에서 집단 내부의 차이점들을 적극적으로 억압하고 비난하게 된다고 설명하고 있다. 이러한 현상을 사회정체성 이론에서는 '검은 양 효과'라 부른다.

족문제에 대하여 아주 감정적이고 격렬하고 비타협적이고 비민주적인 것은 남북한이 같은 종족적 민족 개념을 받아들임으로써 양측은 상대방이 같은 민족구성원으로서 자신들과 똑같이 행동하기를 기대하기 때문이다.

그럼에도 민족주의는 분명히 통일을 달성하는 데 가장 효과적인 접착제이자 동력으로 작용할 것이다. 그러나 민족주의는 통일문제에 대해 민주적이고 합리적인 의사소통을 방해하는 양날의 칼과 같기도 하다. 시민사회의 성숙을 수반하는 민주주의 발전이 민족문제의 바람직한 해결을 위한 선결과제가 될 것이다.[17]

다. 정치 대립구도 속 대북정책

대북정책을 둘러싼 남남갈등의 특성을 살펴보면 구조적인 측면에서 이념적인 대립구조를 가지고 있다는 점이다. 이는 각 정치세력이 자신의 정치적 기반을 공고화하고 지지 세력의 확대와 맞물려 나타난 것이다. 이들은 정책의 정당성보다는 지지세력의 유지확대를 위하여 상호 경쟁한다. 즉 대북정책과 같은 민족적 과제라 할지라도 정치적 대립구도의 연장선상에서 평가하는 것이다.

김대중정부와 노무현정부의 대북포용정책 추진 과정에서 보수 진영의 요구는 외면되었으며, 보수 성향의 이명박 정권과 박근혜 정권의 등장 이후에는 반대의 상황이 연출되었다. 김대

---

17) 박명림, 『민주주의 그리고 평화와 통일』, 세종연구소, 1999.

중정부와 노무현정부 10년 동안 한국사회에서 발생했던 남남
갈등은 대북정책에 관한 논란을 수반하였다. 대북정책의 주요
논쟁점을 꼽아보면 대북포용정책의 적합성 및 효과와 북한변
화에 관한 논란, 남북정상회담 관련 논란, 대북 인도적 지원과
남북경협 논란, 북핵문제 관련 논란, 한미관계와 민족공조 논
란, 서해 북방한계선(NLL) 등 평화안보 관련 논란, 북한인권 등
으로 볼 수 있다. 이명박정부의 등장 이후에도 대북정책을 둘
러싼 논란은 계속되었다. 비핵개방3000정책과 관련된 논란,
금강산 여행객 피격 사건, 천안함·연평도 사건, 남북관계 단절
에 대한 논란, 북한의 로켓발사와 대량살상무기 확산방지구상
(PSI: Proliferation Security Initiative) 참여 논란 등이다. 현 정
부가 들어선 2013년에는 개성공단폐쇄조치에 대한 논란, 한반
도신뢰프로세스 논란, 북한 무인기 파동 등이다.

　이와 같은 쟁점들은 크게 대북인식과 대북정책, 한미관계
와 남북관계 사이의 논쟁, 과거사 논란 등으로 재분류해 볼 수
있는데, 이 중 가장 밑바탕을 이루고 있는 것은 대북인식이다.
대북인식은 대북정책, 한미관계와 남북관계, 과거사 등과 관련
한 나머지 거의 모든 문제와 불가분의 관계에 있다. 더욱이 협
력보다는 대결구조에 기반을 둔 한국정치의 구조적 문제는 독
재체제의 해체과정에서 형성된 정치권의 오래된 갈등구조가
근본적으로 해소되지 않은 것에서 기인한다.

　이처럼 정치권의 배타적 대립구도는 여야간의 협력을 어
렵게 만드는 동시에 주요 정책 현안을 정쟁화시킴으로써 정권
의 부담을 가중시킨다. 합의 기반이 결여된 정책의 일방적 추

진 과정에서 발생하는 사소한 문제나 실패도 곧 정책 전반 및 정권의 신뢰성에 의문을 제기하는 상황을 초래할 수 있기 때문이다. 또한 정치권은 우리 사회의 구조균열과 갈등의 본질과는 상관없이 다수집단을 동원할 수 있는 사회갈등 구조를 형성함으로써 지배적 세력을 유지하려는 행태를 보여 왔다. 지역과 이념갈등을 통해 다수와 소수라는 이미 결정된 선택을 유도하고 그에 따라 유권자를 동원하였던 것이다.[18] 이 같은 구조에서 국가적 사안이나 대형 국책사업의 경우 신속한 추진보다는 여야 진영간 최소한의 합의 구도 형성이 필수적이라 하겠다.[19] 이와 같은 점에서 한국정치의 구조적 현실로부터 비롯되는 정치권의 협력과 합의문화의 결여는 대북·통일정책의 고비용 구조와 남남갈등의 주요한 원인에 해당한다고 할 수 있다.

라. 갈등 확산하는 언론 및 SNS

한국사회의 남남갈등은 중층적으로 갈등이 심화되고 있지만 정치권의 사회갈등 관리 능력은 크게 향상되지 못했다. 최근에는 언론환경이 더욱 복잡해지고 상업적 경쟁 또한 심해지면서 언론이 갈등을 조절하고 분열된 사회를 통합하기보다 종종 이를 부추기면서 이익을 추구하고 있다. 더구나 SNS 영역에도 사회적 제 갈등이 반영되면서 위에서 언급한 여러 갈등들과 지역감정도 점점 더 심화되고 있다. SNS는 시공간을 넘어

---

18) 윤성이, 「한국사회 이념갈등의 실체와 변화」, 『국가전략』 제12권 제4호, 세종연구소, 2006.

19) 조한범 외 다수, 앞의 책, 2014 참조.

선 자유로운 의사소통이 가능하다는 장점이 있고, 계층간의 다양한 커뮤니케이션이 가능해지고 방대한 정보가 공유될 수 있다. 그러나 소셜네트워크는 선정성, 폭력성, 익명성, 도덕불감증, 정보왜곡 등의 부작용도 만만치 않다.

언론은 진보와 보수간의 배타적 감정이 이념갈등을 증폭시키는 측면도 있다. 이념적 정체성과 이념적 감정간에는 강한 상관관계가 있기 때문이다.[20] 따라서 진보와 보수가 특정 이슈와 정책에 대해 경쟁하고 대립하는 것이 아니라, 단순한 감정에 의해 갈등이 증폭될 수 있다.[21] 한국사회에서 남남갈등 특히 이념갈등은 진보와 보수가 상대방을 부정하고 배격하려는 배타적 감정이 지나치게 강하기 때문에 나타난 현상으로 보여진다. 결국 이념적 정체성에 따른 진보와 보수의 대결구도는 이념적 감정, 즉 배격과 증오가 결과적으로 이념갈등을 증폭시키는 데 기여하고 있다고 하겠다. 객관적 입장에서 국민에게 올바른 정보를 제공하고 합의를 이끌어내는 데 도움을 주는 언론의 역할이 매우 중요하다.

---

20) John E. Chubb, Michael G. Hagen and Paul M. Sinderman, "Ideological Reasoning," in Paul M. Sniderman, Richard A. Brody and Philip E. Tetlock, *Reasoning and Choice: Explorations in Political Psychology*, New York: Cambridge University Press, 1991.
21) 진행남, 「한국사회의 이념적 갈등구조와 남북관계」, 『동아시아 한반도의 평화 세미나』 자료집, 2009.

제3절 대북정책에 관한 국민합의 형성 방안

1. 민족통합 방안

가. 국민적 합의 기반 구축

정부가 대북정책이나 통일정책과 관련하여 남남갈등이 심화되어 국민적 합의를 바탕으로 한 정책을 이끌어가는 데 많은 어려움을 겪고 있다. 정치권에서는 이제 대북정책이 더 이상 소모적인 정쟁의 대상이 되지 않도록 해야 한다. 정부의 대북정책 및 통일정책에 대한 국민적 합의 형성 및 합의수준을 높이기 위해서는 포괄적이고 통합적인 접근이 필요하다. 다시 말해서 여야간 합의가 이루어진 대북정책이라고 하더라도, 정책적 투명성이 확보된 것일지라도, 다양한 시민단체의 참여 기회가 제한되거나 정부 주도의 정책이 추진된다면 그 역시 국민적 합의가 형성되기가 어려울 것이다.

따라서 이제는 남남갈등의 심각성을 우려하기 전에 통일정책의 대국민 확산과 국민적 합의기반을 조성하기 위해 통일에 대한 인식과 방법이 근본적으로 전환되어야 할 것이다.

첫째, 효율적인 대북정책과 통일정책의 추진을 위해서는 새로운 환경변화에 대한 고려와 더불어 지속 가능한 남북관계의 패러다임 정립을 지향하는 관점이 필요하다.

둘째, 대북정책을 둘러싼 남남갈등에는 내부적 요인과 외부적 변수가 동시에 개입되어 있으며, 이런 요인들간에는 상호 연관성이 있다는 점을 유의하면서 갈등 해소를 위한 처방들이 강구되어야 할 것이다.

셋째, 대북정책을 비롯해 통일정책을 수립 추진하는 과정에서도 민주적인 원칙과 규칙을 준수함으로써 국민적 합의를 도출해 내는 절차를 밟아야 한다. 이를 위해 다양한 의견수렴에 기초하여 국민적 합의를 이끌어내는 민주적 제도장치가 마련되어야 한다.

넷째, 종족적·혈연적 민족주의에 토대한 통일의식을 지양하여야 한다. 외국인 국내 체류 156만(2014.1.1.일자), 탈북자 2만 6천 명의 다문화 사회에서 종족적 민족의식에 바탕한 통일방안은 내부 배제 또는 소외 가능성을 내포하고 있으며, 통일 후 사회통합 차원에서도 적절하지 않다.

나. 역사청산 문제에 대한 논의

남남갈등이 문제가 되는 것은 갈등 존재의 유무가 아니라 평화적으로 해소되는 과정과 다양한 이해관계의 공존방식 여부에 달린 것이라 할 수 있다. 따라서 우리의 민족통합에 문제가 되고 있는 역사청산문제를 중심으로 빚어지는 갈등은 단순한 정치적 입장 차이를 넘어 역사철학 및 역사를 인식하는 방법과 관계가 있다. 국가가 아니라, 민족의 관점에서 역사를 보아야 한다고 주장하는 사람들은 대한민국의 탄생에서 지금까지의 역사를 분단체제로 규정짓고 그것이 하루빨리 극복되어야 할 수치스러운 역사라고 본다. 역사청산은 역사적인 진실의 조명을 통해 해원과 화해에 목표를 두고 진행되어야 할 것이다.

2. 사회통합 방안

사회통합이란 비통합적 상태에 있는 사회 안의 집단이나 또는 개인이 서로 적응함으로써 단일의 집합체로서 통합되어 가는 과정이다. ① 복수의 사람들 사이에 공통의 목표가 존재하며, ② 그 목적을 달성하기 위한 각자의 역할이 분담되어 있고, ③ 역할의 수행이 당연한 권리이자 의무임을 서로 인정하고 있으며, ④ 분담하고 있는 역할은 어떤 식으로든 그 사람에게 욕구충족을 가져다주는 것으로 정의하였다. 기든스(Giddens)에 의하면, 사회통합은 특히 개별적인 사회행위자의 대면적인 상호작용으로부터 일어나는 것으로 지적되고 있고, 체계통합은 먼 거리에서 나타나는 상호작용의 문제로서 집단과 집합체의 상호관계와 제도의 작용, 그리고 개인들이 보이지 않는 곳에서 일어나는 과정으로부터 나타나는 '재생산된 실천'을 내포한다.

가. 시민사회와의 소통을 위한 거버넌스 구축

시민의 참여야말로 한반도가 통일에 이를지 여부를 가늠할 핵심사항이다. 모든 것을 권력자와 엘리트층이 결정할 것을 전제할 때 점진적인 통일이 결국 한쪽에서는 기능주의적 접근을 통해 흡수해 가는 과정으로 비칠 것이며, 다른 한쪽은 적화통일로 귀결되는 수순으로 보일 것이다.

사회통합을 위해서는 국민들 스스로의 의식 승화가 가장 중요하지만, 정부도 이를 위해 노력을 해야 할 것이다. 사회통합이란 대립하는 갈등을 완화·해소하는 중용의 태도가 필요하고, 여야나 좌우 그리고 보혁 어느 한쪽에 편향성을 갖지 않는 것이 중요하다. 다양한 계층의 다양한 목소리를 내어 공통점을 찾아갈 수 있는 논의의 장을 마련해야 한다. 특히 이주노동자, 탈북자, 한국국적을 갖고 있지 않거나 한국어를 사용하지 않는 해외동포들에 대한 관심은 국가의 경제발전수준이나 국민들의 교육수준에 비해서 세계적으로 낙후된 실정이다.

현재 약 2만 6천 명의 북한이탈주민은 사회·문화적 통합을 준비하고 평가 하는 데 아주 소중한 인적자원이라 할 수 있다. 북한주민들은 해방 이후 70년 가까이 아직 한 번도 민주주의를 경험해보지 못했다. 비록 90년대 고난의 행군 이후 장마당을 통해 시장경제를 알고 최근 남한의 문화를 암암리에 접하고 있긴 하나 우리의 기본적이고 보편적 가치인 자유민주주의와 자유 시장경제에 대해선 제대로 교육받지도 경험도 하지 못하고 있다. 바로 이러한 북한주민들이 우리의 통일 대상이며 북한이탈주민들은 이들을 대표할 수 있는 모집단으로 볼 수 있다. 우리들은 북한이탈주민들을 통해 남북한주민들이 서로 소통하고 사회적 통합을 위해선 무엇을 어떻게 해야 할 것인가를 찾아야 할 것이다. 그러면서 서로 이해하고 존중하며 사회 문화적 차이를 좁히면서 동질성을 찾는 데 많은 노력을 해야 할 것이다.

통일과 평화의 과정은 남한과 북한의 주민만이 아니라, 700만 재외 동포와 재외국인들의 참여와 협력도 중요하다. 전 세계에 흩어져 있는 한국인들의 숭고한 열정과 자원을 잘 모으고 만들어 나가야 한다. 이뿐만 아니라 국내에 있는 외국인들에게도 차별을 금지하고, 사회적 관용성을 높이며 국민적 통합을 높여나가야 한다. 조선족이나 고려인 등 역사적으로 한 국민이었던 이들에게도 의미 있는 역할을 하도록 돕고 협력해 나가야 할 것이다. 뿐만 아니라 통일과 평화를 위한 장도의 과정에서 정부와 기업의 역할과 더불어 시민단체, 민간단체의 역할이 무엇보다 중요하다. 이를 위해서는 지금부터라도 민간의 자발성을 최대한 발양하고, 정책에 반영하도록 하는 거버넌스방식의 정책을 깊이 뿌리내리도록 해야 한다. 그래서 과정에서 일어나는 수많은 갈등과 문제를 조정하고 해결하며 대안을 제시하고 스스로 대안이 되는 민간의 자발성은 한반도의 통일 미래의 중요한 요소가 된다.

과거 국가 우위의 시대와는 달리 오늘날에는 시민사회의 동의를 구하지 않는 정책은 실효를 거두기가 결코 쉽지 않다. 이러한 상황은 무엇보다도 과거의 통치와는 다른 국가를 포함한 정치사회와 시민사회가 함께 협의하고 결정하는 거버넌스 모델을 요청하고 있는 것이다. 구체적으로 시민참여 거버넌스 구축, 정책네트워크를 통한 예방적 갈등관리시스템 구축, 시민참여에 기반을 둔 사회적 합의 등을 형성할 수 있는 제도를 마련하고, 사회갈등 해소를 위한 공동체 문화 형성 등의 거버넌스를 활성화하기 위한 노력을 해야 할 것이다.

나. 여야 정당의 협력을 위한 제도적 장치 마련

실질적인 형태로 여야 협력을 이끌어내기 위해서는 정치권이 대북 통일정책과 방향을 논의할 수 있도록 하는 제도적 장치를 마련해야 할 것이다. 현재 국회에는 '남북관계 발전특별위원회'가 설치되어 있어 대북정책 전반에 대한 쟁점과 사안들을 다루고 있다. 이 위원회는 국회 차원에서 경색된 남북관계를 타개하기 위한 합리적인 방안과 민족의 공존과 번영을 위한 남북간의 교류 협력 증진방안을 모색하고 관련 법안을 처리하고자 구성되었다. 그러나 남남갈등의 핵심 쟁점이 되고 있는 북한 인권법 제정, 인도적 지원, 북핵문제 등 여러 사안들을 진지하게 논의하는 것과는 별개로, 이러한 이슈들이 초당적 국가 아젠다로 다루기에는 부족한 형편이다.

따라서 여야를 막론하고 의원들간 대화와 타협 및 협력의 정치문화를 정착하고 촉진할 필요가 있다. 또한 그것을 위한 핵심적 매개고리로 국회의원연구단체의 규범과 역할에 대한 새로운 인식을 강조해야 한다. 국회의원연구단체는 국회의원이면 누구나 자율적으로 자신이 관심 있는 연구분야에 참여하여 타당 의원들과 교류함으로써 자연스럽게 대화와 타협 및 협력의 정치를 배우고 학습할 수 있는 거의 유일한 통로이다. 대북·통일관련 문제에 대한 국회의원들의 자율적인 연구와 참여를 독려할 수 있는 연구단체를 활성화한다면 대북·통일문제의 정쟁화를 방지하고 실질적 협력을 도모할 수 있는 좋은 기회가 될 것이다.

다. 갈등해소형 통일교육

한국사회의 남남갈등을 해소하기 위한 사회통합 방안 중장기적으로 시행되어야 할 것이 통일교육이다. 남남갈등의 주요 문제인 냉전체제의 문화와 정치적 대립구도에서 파생되는 이념적 갈등을 해소하기 위한 교육이 필요하다. 이를 위해서는 기존의 시민교육이나 민주시민교육의 방법에 통일의 과제를 접목해야 할 것이다.

민주시민교육은 독일과 같이 국가 주도의 체계적이고 지속적인 방식이 아니라, 교육의 주체에 의해 다양한 방식으로 진행되어 왔다.[22] 그런만큼 민주시민교육의 목표와 내용을 명확히 밝히기는 어렵다. 특히 이념간, 세대간, 지역간 갈등은 민주시민사회의 존립기반인 자유주의, 개인주의, 인간주의, 합리주의, 개인의 사회적 책임, 공동체 의식 등과 같은 자유민주주의의 기본 가치에 대한 체계적이고 명확한 합의가 사회구성원들간에 형성되지 못하게 하는 요인들이다.[23]

그럼에도 불구하고 민주시민교육이 지향해야 할 목표는

---

22) 이규영, 「독일의 정치교육과 민주시민교육」, 『국제지역연구』 제9권 제3호, 2005.
23) 이정희, 「한국 시민사회 연구의 현황과 과제」, 김유남 엮음. 『한국정치학 50년』, 한울아카데미, 1999.

많은 학자들에 의해 제시되어 왔다. 민주시민교육의 기본 목표는 민주시민으로서의 국민이 국가와 지역사회에서 일어나고 있는 정치현상에 관해 객관적인 지식을 갖추고 사회적·정치적 상황을 올바로 판단할 수 있는 비판능력을 향상시켜 민주주의 정치체제 안정성에 기여하려는 데 두고 있다. 여기에서 필수적인 가치로 두 가지를 고려할 수 있는데 하나는 민주정치체제의 응집력을 높이고 일체감을 형성하는 측면의 가치이고 다른 하나는 민주정치 체제의 다원성을 수용하는 개인주의적 성격을 고양하는 가치이다.[24]

앞으로 우리 사회의 최대과제가 자유민주주의를 제도화·공고화하면서 국가주도의 사회로부터 시민주도의 참여민주사회로 근본적인 전환을 시도하는 것이라면 이를 위해서 무엇보다도 공동체를 위한 학교에서의 민주시민교육이 아니라 학교 밖에서의 시민교육이 활성화되어야 할 것이다.

최근의 안보통일교육은 자칫하면 북한에 대한 대립과 불신을 더욱 심화할 가능성도 있기 때문에 화해와 협력을 지향하는 평화교육적 내용이 보완되어야 할 필요성이 제기되고 있다. 즉 안보에 대한 우려와 불안을 염두에 두면서도 군사력이나 국가안보 중심의 한계를 보완하기 위한 공동안보나 인간안보 등이 보완될 필요가 있다. 또한 남북이 함께 공존하기 위한 사회통합과 다름과의 공존을 가능하게 하는 감수성/공감 훈련(평화 감수성, 인권감수성, 폭력에 대한 민감성 등)이 보완되는 것이 바람

---

24) 라미경, 민주시민교육을 통한 지방정치의 위상제고 ,『인문사회과학연구』제25집, 2009.

직하다. 이러한 태도/가치 훈련과 기술/방법 훈련은 현재 한국 사회에 존재하는 다양한 갈등의 평화적 해결을 지향하는 갈등 해결 훈련 프로그램과 결합될 가능성을 담고 있다

평화통일교육이나 안보통일교육이 주로 강의와 질의응답, 참관과 기행 중심의 방법론으로 이뤄지고 있다면 갈등해결 훈련프로그램은 그 명칭이 지칭하듯 주로 교육 참여자들의 활동을 중심으로 하는 참여형 방법론으로 이루어지는 특징을 지니고 있다. 강의로 이뤄지는 지식전달이나 지도, 계몽이 아닌 참여의 경험을 통한 인식과 태도의 전환, 그리고 일상에서 평화를 만드는 실천을 이끌어 내는 특징을 지니고 있다.

평화훈련 프로그램의 다양한 방법들, 즉 비폭력 의사소통, AVP(Alternative to Violence Project), 회복적 정의(Restorative Justice), 서클 프로세스(Circle Process), 학교폭력 예방과 해결을 위한 또래조정/중조(Peer Mediation) 등은 우리들의 일상에서 가장 자주 만나는 사람들과의 갈등관계를 대화를 통해 평화적으로 해결할 수 있도록 도와준다. 이는 아주 구체적으로 생활 속에서 만나는 사람들 사이에 적용 가능한 방법론과 기술들로 채워져 있는 점이 교육방법론의 가장 큰 특징이다. 이러한 평화훈련 프로그램을 이끄는 사람도 교사(teacher)라는 용어보다는 진행자(facilitator)로 부르는, 어찌 보면 매우 기능적 혹은 실용적 훈련프로그램이다. 바로 이 점이 한국사회에서 갈등해결 훈련프로그램 중심으로 진행되고 있는 평화교육이 시민사회를 중심으로 지난 10년 동안 급속하게 확산될 수 있었던 요인이다. 동시에 이 훈련프로그램이 향후 평생교육 차원에서 시민

교육의 하나로서 우리 사회에 정착될 수 있는 가능성이라 본다.

갈등해결과 평화교육이 평생교육 차원의 시민교육에 기여할 수 있는 부분은 이것이 '대화와 소통'을 통해 민주시민을 길러내는 교육으로 자리매김할 수 있기 때문이다. 입시 중심의 경쟁적인 학교교육에서는 적극적 듣기나 비폭력적으로 말하기 등과 같은 대화의 기술이나 소통의 방법을 훈련할 기회가 매우 제한되어 있다.

최근 몇 년 동안 학교폭력을 줄이기 위한 방법의 하나로 교육부나 교육청에서 또래조정 훈련프로그램을 도입하고 이를 확산시키고 있다. 이는 학생들이 폭력에 대한 의존성을 줄이고 크고작은 갈등을 평화적으로 해결하고 긍정적인 협동을 배울 수 있게 하는 점에서 매우 바람직하고 다행스러운 일이다. 이런 교육과 훈련은 일시적으로 이뤄지기보다는 학교라는 울타리를 넘어서 사회에서도, 어찌 보면 사람들이 속해 있는 다양한 공동체에서도 지속적으로 진행되어야 하는 특징을 지니고 있다.

제4절 소결론 및 정책제언

　이상과 같이 통일을 준비하는 과정에서 걸림돌로 작용하고 있는 남남갈등의 해소 방안에 대해 모색해 보았다. 대북정책과 통일정책에 있어서 남남갈등의 내용과 현주소를 조명해 보고 대북 통일정책에 관한 국민합의 방안을 민족통합 방안과 사회통합 방안으로 나누어 살펴보았다. 대북·통일정책을 둘러싼 남남갈등의 구조와 특성을 앞에서 살펴보았는데, 이를 통해 남남갈등의 구조화되고 있는 기저에는 정치권과 언론이 매우 큰 역할을 하고 있음을 알 수 있었다.

　우리나라는 일제 강점기를 벗어나면서 한반도가 타율적으로 분단된 상태에서 친일세력이 사회적 우위를 점한 국가로 출발한 것은 엄연한 사실이며, 뒤이은 전쟁과 분단의 고착으로 인한 냉전체제의 문화가 남남갈등의 뿌리로 자리잡기 시작했다. 지금 표면화되고 있는 남남갈등은 역사적으로 중층적이며 매우 복합적인 배경과 구조를 가지고 있다. 그리고 복잡하게 얽혀 있는 문제들은 우선순위를 매겨 하나씩 집중적으로 다룰 수 있도록 제도적 장치를 구축하고 정착시킬 수 있는 시간적 여유를 갖지 못한 채 사회가 급변해 왔다. 급변하는 환경 속에서 각각의 진영은 자기중심의 사고에만 집착하면서 한 가지 문제도 깨끗하게 청산하지 못하고 또 다시 새로운 차원의 갈등의 골이 깊어지는 악순환을 되풀이해왔다.

남남갈등의 해소를 진정으로 바란다면 그 첫 걸음은 남남 갈등의 요체가 무엇인가를 분명히 밝히고 갈등 당사자들 모두가 그 입장을 견지함으로써 지키고자 하는 최상의 가치가 무엇인가를 재확인하는 동시에 상대방의 입장과 동기를 이해하려는 노력일 것이다. 서로에 대한 인간적 존중과 동기에 대한 호의적 이해가 없이는 타협과 절충, 화해와 공생은 가능할 수 없을 것이다. 대북 통일정책과 관련된 국민통합은 남북관계의 안정적 발전과 통일의 준비를 위한 핵심적 전제이다. 대북 통일정책 추진과정에서 남남관계는 남북관계 못지않게 중요하다.

　　따라서 남남갈등 해소를 위한 국민통합 방안은 크게 민족통합과 사회통합으로 나누어 모색해 볼 수 있다. 민족통합을 이루기 위한 방안으로는 우선 국민적 합의를 모색할 수 있는 기반을 구축하고 남남갈등의 주요 축을 이루는 역사청산에 대한 인식의 토대를 마련하는 것이다. 이어 사회통합을 이루기 위해서는 무엇보다도 시민사회와의 소통을 위한 거버넌스 체제를 구축하고 여야 정치권의 합의를 도출해 낼 수 있는 제도적 장치를 마련하고 대북·통일문제를 둘러싼 이념, 지역, 계층, 세대간 갈등을 해소시킬 수 있는 통일교육, 평화교육이 실행되어야 할 것이다.

　　지금 한반도는 북핵 위협이 현실화되어 있어 동북아 국제정치의 역학구도를 고려했을 때, 대북 통일문제에 대한 남남갈등은 특정 정권과 정책에 책임을 전가하는 것은 생산적이지 못하다. 진보와 보수의 공방과 분열은 북한의 전략적 목표이며 소모적인 고비용 구조를 초래한다는 것을 인식할 필요가 있다. 남남갈등이 지속되는 한 어느 정권이 되었든 한반도의 통일은 요원할 것이다.

제5장

남북한 통일과 법적 문제

이상철

남북한 통일과 관련하여 해결해야 할 법적 문제점은 남북
한 헌법의 차이점과 남북한 관계법, 민사법 분야에서의
몰수재산 처리, 재산 상속, 가족법 문제, 형사법 분야에서
의 교류협력 과정에서 발생되는 형사사건 처리문제, 체제
불법에 따른 형법적 청산의 문제, 남북한 사법조직의 통
합 문제, 국제법 분야에서의 조약 승계 문제, 군통합에서
의 법적 문제 등이 있다.

개 요

독일의 통일처럼 남북한 통일도 어느 날 갑자기 들이닥칠지 모르는 일이다. 통일에 대한 사전 준비가 안 된 상태에서 통일을 맞이했을 때는 대박이 아니라, 엄청난 혼란과 재정적 부담이 생길 것이라는 점에 대해서는 모두가 공감하고 있다고 본다.

실로 남북한 통일에 있어서 해결해야 할 문제점들, 즉 통일의 걸림돌은 여러 부문에 산재해 있다. 정치, 경제, 사회, 문화, 국방, 외교 등 관련이 안 된 부문이 거의 없을 정도로 총망라되어 있다고 해도 과언이 아니다.

본 장에서는 통일의 걸림돌, 즉 통일을 위해 해결해야 하는 분야 중 법적 분야에 한정하여 문제점들을 살펴보는 것으로 한다. 따라서 아래에서는 헌법을 비롯한 개별법규에서 남북한 관계가 어떻게 규정되어 있고, 남북한 법이 서로 어떻게 다르기에 통일에 문제가 되는가 하는 점에 중점을 두어 살펴보고 그 문제에 대한 해결방안을 제시하고자 한다.

제1절 남북한 관계에 관한 법적 문제

1. 헌법 문제

헌법은 "국민의 기본권 보장과 통치구조를 규정하는 국가의 기본법으로서 국가의 기본질서"를 규정하고 있다. 헌법의 목적과 기능의 측면에서 보면, "헌법이란 인간의 존엄을 실현하기 위하여 필요한 정치적 통일과 정의로운 경제질서를 형성하는 국가적 과제의 수행원리이다. 또한 국가 내에서의 갈등을 극복할 절차 및 국가작용의 조직과 절차의 대강을 규정하는 국가의 법적 기본질서"라고 정의할 수 있다.

남북한 통일이라는 관점에서 남북한 헌법의 이념과 원리, 가치질서 및 통일관련 조문을 비교하여 서로 다른 점을 확인하고 통일에 대비하는 것이 필요하다.

가. 헌법이념과 헌법원리

1945년 8월 15일 일본제국의 패망으로 대한민국은 광복을 맞이하였지만 남북으로 분단된 상태에서, 1948년 남·북한은 각각 정권수립과 함께 대한민국의 헌법과 조선민주주의 인민공화국(북한이라 칭함)의 헌법을 제정하여 적용해 오고 있다. 대한민국의 헌법은 자유민주주의와 시장경제원칙을 기본이념으로 하고 있으며, 통일원칙으로서는 평화통일 원칙을 천명하고 있다. 반면에 북한의 헌법은 사회주의(공산주의)와 계획경제체제를 기본으로 일(인)당독재와 공산혁명, 적화통일을 목표로 하고 있다.

나. 헌법질서와 헌법적 가치

대한민국의 헌법은 국민주권원리, 자유민주주의 원리 내지 (실질적) 법치주의 원리, 평화국가 원리를 기본원리로 하고 있으며, 자유민주적 기본질서, 사회적(복지국가적) 시장경제질서(사유재산권), 평화주의적 국제질서를 기본적 가치질서로 채택하여 개인의 기본권 보장을 최고의 목적으로 하고 있다. 반면에 북한의 헌법은 인민민주주의 및 (형식적) 법치주의, 사회주의적 계획(통제)경제질서(재산의 국유화), 전체주의적 일당독재에 의하여 인민의 인권 탄압과 자유권, 생명권, 생존권 등의 침해를 야기하는 정치적 도구로서 존재한다고 할 수 있다.

다. 통일관련 헌법 조문 해석문제

(1) 헌법 제3조와 제4조

대한민국 현행 헌법 제3조는 "대한민국의 영토는 한반도와 그 부속도서로 한다"고 규정하여 북한지역을 대한민국 헌법의 효력이 미치는 것으로 보고 있다. 이 영토조항은 제헌헌법에서부터 규정된 것으로서 9차 헌법개정 전 과정에서 한 번도 변경되지 않았던 규정으로서, 헌법개정의 한계규정으로서의 효력을 가진다고 할 수 있다. 즉, 이 영토규정은 어떠한 헌법개정권력 또는 절차에 의해서도 개정될 수 없는 헌법개정의 한계사유에 해당된다고 할 수 있다.

북한도 초기 헌법에서 그들의 헌법과 국가가 한반도의 유일한 정통성 있는 국가 내지는 정부임을 나타내기 위하여 제3조에서 "조선민주주의 인민공화국의 수부는 서울시다"고 규정한 바 있다. 또한 남한에 최고인민회의 의원수를 배정하고 간접선거로서 의석을 채우기도 하였으며, 심지어 남한을 토지개혁대상지역으로 규정하기도 하였다.[1] 북한의 이 수도규정은 1972년 개정에서 "조선민주주의 인민공화국 수도는 평양이다"고 규정하여 북한정부의 중앙성을 스스로 부인하기도 하였다.

그런데 문제는 1987년 우리의 제9차 개정헌법 제4조에서 "대한민국은 통일을 지향하며, 자유민주적 기본질서에 입각한 평화적 통일정책을 수립하고 이를 추진한다"고 규정한 이후 발생하게 되었다.[2]

즉, 이 통일조항이 북한과의 통일논의 과정에서 영토조항과 모순·충돌되어 통일에 걸림돌이 되니 이 조항을 삭제 또는 개정하자는 견해들이 나타나게 되었다는 것이다. 주로 햇볕정책을 추진하고 친북성향의 정치가나 학자들이 이 문제점을 들고 나왔다. 이러한 성향의 사람들은 영토조항에 근거하여 제정

---

1) 박명림, 「남한과 북한의 헌법제정과 국가정체성 연구: 국가 및 헌법 특성의 비교적 관계적 해석」, 『국제정치논총』 제49집 제4호, 2009, p. 245.
2) 통일관련 조항은 제7차 개정헌법 소위 유신헌법 전문에서 "조국의 평화적 통일의 역사적 사명에 입각하여"라는 문구를 삽입하여 통일이 새로운 공화국의 역사적 사명임을 나타낸 바 있었다.

되고 법적 효력을 발휘하고 있는 국가보안법은 남북한 평화통일의 걸림돌이 되는 법으로서 폐지함이 마땅하다는 주장을 하고 있다.

그러나 영토조항은 건국 이래 존재하는 우리 헌법의 독특한 조항이고 통일에 대한 적극적 의지와 염원이 담긴 의미 있는 조항이다. 그리고 통일의 정치적 역사적 당위성의 제공 및 자유민주주의 통일정책 추진의 근거가 되는 조항일 뿐만 아니라, 영토조항이 있음으로써 북한에 급격한 체제위기가 발생했을 때, 이 조항을 근거로 외국의 개입을 저지하고 대한민국의 개입의 정당성을 주장할 수 있다는 점에서 영토조항의 개정은 불필요하다고 본다.[3]

더욱이 영토조항인 헌법 제3조는 대한민국의 주권이 미치는 범위를 명문화하고 있는 규정이고, 통일조항인 헌법 제4조는 남북한 통일이 평화적으로 이루어져야 한다는 통일의 방법에 관해 규정한 조항이다. 이 양 규정은 서로 충돌되는 규정이라고 할 수 없고, 양 규정을 조화적으로 해석한다면 문제가 발생될 여지가 없다고 본다.[4]

헌법재판소도 남북관계에 대하여 "북한은 조국의 평화적

---

3) 도회근, 「남북관계의 현실과 국가의 평화통일의무」, 『통일의 공법적 문제』, 한국공법학회, 2010.8, p. 213; 제성호, 『남북한관계론』, 집문당, 2010, p. 23.
4) 헌법 제4조는 통일의 방법뿐만 아니라 통일의 내용도 자유민주적 기본질서에 위배될 수 없음을 선언한 것으로 해석할 수 있다고 하면서 남북한이 합의를 통해 이질적인 이념과 체제를 절충하는 내용의 통일정책이 반드시 위헌이라고 보기는 어렵다고 하는 견해가 있다(제성호, 위의 책, p. 81 참조). 그러나 이 견해는 합의만 이루어지면 공산주의 일부를 긍정하는 합병형 통일도 합헌이라는 오해를 불러올 수 있다고 본다.

통일을 위한 대화와 협력의 동반자임과 동시에 대남적화노선을 고수하면서 우리 자유민주체제의 전복을 획책하고 있는 반국가단체라는 성격도 함께 가지고 있다"고 하여 이중성격론을 제시하였다.[5] 영토조항에 의해서 보면 북한은 반국가단체이지만 평화통일조항에 의해서 보면 대화와 협력의 동반자가 된다고 보는 것이다.

(2) 통일조항과 국가보안법 존폐 여부

위에서 살펴본 바와 같이 현행 헌법 제4조가 국가는 자유민주적 기본질서에 입각한 평화적 통일정책을 수행하여야 한다고 규정함으로 인하여 영토조항인 제3조를 근거로 제정된 국가보안법은 위헌이며 폐지되어야 한다는 주장이 있다. 북한의 국가성을 인정하지 않고 반국가단체로 보는 한에 있어서 평화적 통일은 있을 수 없으며, 북한이 유엔에 가입되어 국제법적으로 국가성을 인정받고 있는 상황에서 북한을 반국가단체로 보고 있는 국가보안법은 비현실적이라는 주장을 하는 것이다.

그러나 대법원은 "국가의 안전과 국민의 생존 및 자유를 확보함을 목적으로 하는 국가보안법이 평화통일의 원칙과 모순되는 법률이라고 할 수 없다"고 판시[6]하고 있다. 헌법재판소 역시 "북한이 남·북한의 유엔동시가입, 소위 남북합의서의 채택·발효 및 남북교류협력에 관한 법률 등의 시행 후에도 대남적화노선을 고수하면서 우리 자유민주주의체제의 전복을 획책

---

5) 헌재 1993.7.29, 92헌바48.
6) 대판 1993.9.28, 93도1730.

하고 지금도 각종 도발을 계속하고 있음이 엄연한 현실인 점에 비추어, 국가의 존립·안전과 국민의 생존 및 자유를 수호하기 위하여 국가보안법의 해석·적용상 북한을 반국가단체로 보고 있다. 이에 동조하는 반국가활동을 규제하는 것 자체가 헌법이 규정하는 국제평화주의나 평화통일 원칙에 위반된다고 할 수 없다"고 명확하게 결정하고 있다.[7]

2. 통일관련 합의서 및 개별법률

가. 남북기본합의서

1991년 12월 13일 체결·발효된 남북기본합의서(이하 기본합의서)는 남북간에 체결된 최초의 규범적 문서로서 남북한간의 기본관계와 화해, 불가침, 교류협력을 규정하였다. 이 기본합의서를 기초로 하여 체결된 남북합의서는 경협합의서, 개성·금강산지구 출입·체류합의서 등 200여 건에 달한다.

남북통일과 관련하여 이 합의서가 가지고 있는 중요한 의미는 기본합의서 전문의 "나라와 나라 사이의 관계가 아닌 통일을 지향하는 과정에서 잠정적으로 형성되는 특수관계"라는 남북관계 규정에서 찾아볼 수 있다. 바로 남·북한 특수관계론의 근거가 되는 규정내용이다.

이 표현에 대해서 그 의미가 다소 모호하다는 면을 들어

---

7) 헌재 1997.1.16, 92헌바6.

비판하는 견해도 있지만, 이 기본합의서의 이 표현은 오히려 헌법상의 모호성을 보충·보완하면서도 분단국의 특수관계를 규정한 탁월한 법적 상상력의 산물이라고 할 수 있다.[8]

즉, 남북한이 동시에 UN에 가입함으로써 이미 국제적으로 남북한 모두 독립주권국임을 인정받은 상황에서 판례는 다소 경직된 해석을 하고 있다. 그러나 이 기본합의서의 규정은 '남북간의 관계를 교류협력, 통일논의의 경우에 한하여 국가간의 관계가 아닌 어떤 다른 주체간의 관계, 국가이지만' 남북간에는 국가가 아닌 관계로 볼 수 있게 함으로써 유연하면서도 특수한 분단국가간의 관계를 창설해 나갈 수 있도록 해 주고 있다고 본다.

그런데 이 기본합의서가 남북한 양 당사자들 모두에게 적용되는 최고의 규범적 문서라고 할 수 있다. 그러나 국내적으로는 국회의 동의를 얻지 못하여 법적 구속력이 없다는 점이 문제라 할 수 있다. 기본합의서가 남북관계를 규율하는 규범으로서는 한계가 있다고 본다. 헌법재판소와 대법원도 이 기본합의서를 일종의 "공동성명" 또는 "신사협정"에 준하는 성격을 가짐에 불과하여 법률이 아님은 물론 국내법과 동일한 효력이 있는 조약이나 이에 준하는 것으로 볼 수 없다고 판시하고 있다.[9]

따라서 법적 구속력이 없는 이 기본합의서에 근거하여 체결된 각종 남북합의서들의 법적 효력 인정 여부가 문제라고 할

---

8) 도회근, 앞의 책, p. 208.
9) 헌재 1997.1.16. 92헌바6; 헌재 2000.7.20, 98헌바63; 대판 1999. 7.23, 98두14525.

수 있다. 그러므로 이러한 취약점을 해소할 수 있는 입법이나 해석이 필요하다.

나. 남북교류협력에 관한 법률(교류협력법)

남북교류협력에 관한 법률(1990.8.1. 제정)은 우리 헌정사상 최초로 북한을 교류협력의 대상으로 인정하고, 남북간의 교류협력을 법적으로 보장한 법률이다. 교류협력법 제3조에서 "남북교류와 협력을 목적으로 하는 행위에 관하여는 정당하다고 인정되는 범위 안에서 다른 법률에 우선하여 이 법을 적용한다"고 규정하여 국가보안법 등의 규정에 위반하는 행위에 대한 면책근거로 작용하였다.[10]

따라서, 교류협력법이 우선이냐 국가보안법이 우선이냐 하는 논쟁이 발생하게 되었지만, 헌법재판소가 두 법은 서로 그 입법목적과 규제대상을 달리하고 있는 독자적 법이라고 하는 결정을 함으로써 논쟁은 일단락되었다.[11]

그럼에도 불구하고 대북정책이 각 정부마다 상이하게 수립되고 추진되는 과정에서 이 법률이 그대로 집행될 수 있겠는가 하는 우려이다. 즉 이 법률 제3조가 대체적으로 국가보안법이 금지하고 있는 규정들과의 관계설정을 주목표로 하고 있다는 점에서 볼 때, 대북정책의 변화에 따라 해당 법률의 적용범위가 달라질 수 있을 것이라는 우려에 대해서는 간과해서는 아

---

10) 그러나 2009년 1월 30일 이 법률의 목적범위를 제한하는 것을 내용으로 전문 개정되었다.
11) 헌재 1993.7.29, 92헌바48.

니 될 것이다.[12)

　다행스러운 점은 지금까지 교류협력법과 기본합의서를 기초로 수백건의 남북한간의 합의서가 체결되고 교류협력사업이 진행되었다는 사실이다.

다. 남북관계발전법

　교류협력법이 남북한을 상호간 당사자로 인정하여 교류하고 협력하는 근거법으로서 작용하였다고 한다면, 남북관계발전법은 남북관계의 궁극적 목적인 평화적 통일을 위해 제정된 법이라고 할 수 있다. 남북관계발전법이 남북관계발전의 원칙과 내용, 절차 등을 규정하고 있는 점에서 볼 때, 이 법은 남북관계 법체계의 기본법적인 지위와 성격을 가지고 있다고 판단한다.

　남북관계발전법 제3조에서는 남북기본합의서에서와 같이 남북관계의 성격을 "국가간의 관계가 아닌 통일을 지향하는 과정에서 잠정적으로 형성되는 특수관계"라고 규정하고, 남북간의 거래는 "국가간의 거래가 아닌 민족내부의 거래"로 본다고 규정하고 있다. 이는 남북기본합의서가 법적 효력을 발휘하지 못하는 문제를 법적으로 해결해 준 것으로 볼 수 있고, 북한의 실체를 인정한 것과 더불어 남북관계의 성격규명을 한 단계 진전시킨 입법이라는 점에서 의미 있는 규정이라고 할 수 있다.

　또한 이 법은 남북교류협력행위 이외에도 남북회담대표의 임명 및 공무원의 북한지역 파견절차를 명시하여 교류협력법

---

　12) 최윤철, 「평화통일 관련 입법에 대한 헌법적 평가」, 『통일의 공법적 문제』, 한국공법학회, 2010.10, p. 248.

상의 행위 이외의 남북간 접촉행위에 대한 법적 근거를 마련하였다는 점에서 의미가 있다. 그 외에도 각종 남북합의서의 체결·비준·공포절차와 효력범위를 규정하여 이 절차를 거친 남북합의서의 경우에만 법적 효력을 부여할 수 있게 하였다는 점에서 의미가 있다.

그러나 현실적으로 볼 때, 남북관계발전법이 남북관계 발전의 모든 경우의 기본법으로서 작용하지 못하고 있다는 점이 문제라고 할 수 있다. 실제 남북교류협력분야나 비공식 민간분야 등에서는 이 법이 기본법으로서 작용하지 못하고 있다. 그 외에도 이 법은 법 위반에 대한 제재조항이 없고, 불확정개념이 너무 많아 정부가 자의적으로 법집행을 할 우려가 있다는 점이 문제점으로 제기된다.

따라서 남북간의 모든 주체, 모든 행위를 규율할 수 있는 기본법으로서 작용할 수 있는 방향에서 새로운 법의 제정이나 본 법에 대한 개정이 이루어져야 할 것이다.

제2절 사법(私法) 분야

1. 몰수재산 처리문제

가. 북한에서의 재산몰수 과정

남북통일 후 법적으로 정리되어야 할 사안 중 사유재산에 대한 몰수조치에 대한 법적 정리가 사법분야의 중요한 문제라고 할 수 있다.

북한의 토지개혁정책은 3단계로 나누어 볼 수 있다. 1946년의 경자유전의 토지개혁과, 1950년대 농업협동화에 따른 토지개혁, 1990년대의 제한적 개방정책 등으로 구분할 수 있다.

북한지역에서는 북한정권이 수립되기 전 1946년 3월 5일부터 31일 사이(세계적 유래가 없는 기간)에 사유재산인 토지를 최초로 몰수하였다. 1946년 2월 8일 출범한 북조선임시인민위원회의 이름[13])으로 몰수조치를 하였으나, 이때는 구 소련군이 북한지역을 점령하고 있던 시기로서 정부도 수립되지 않았고, 북조선임시인민위원회가 있었지만 북한을 대표하는 기관이라고도 볼 수 없는 상태였다.

두 번째 토지몰수 정책은 협동농장이 만들어지면서 행해졌다. 6.25전쟁 이후에 농지기반이 파괴되고, 고리대금업이 성

---

13) 구 동독에서는 구 소련군이 직접 몰수조치를 단행하였다.

행하여 경제가 피폐해지자 전후복구 대책으로서 농업협동조합 (1962년 협동농장으로 개칭)을 만들고 개인 소유의 토지를 모두 협동농장의 소유로 전환하게 되었다. 1972년 북한의 "사회주의 헌법"과 1977년 4월 20일 제정된 "조선민주주의 인민공화국 토지법"에서 토지의 소유주체는 국가 및 협동단체라는 것을 명시하여 토지의 몰수조치를 완료하였다.

세 번째 토지정책으로서 제한적 개방정책을 들 수 있다. 1970년대 후반부터 경제성장률이 침체되기 시작하여 1990년대에 들어서면서 마이너스 성장이 계속되는 등 경제침체가 심각해지자 불가피하게 제한적인 개방을 하게 되었다.[14] 이 제한적 개방정책으로 외국기업에 대해 토지를 사용할 수 있는 권한을 부여하고는 있지만 근본적으로 개인의 소유권을 인정하는 것은 아니라는 점을 인식할 필요가 있다.

또한 북한에서의 사유기업의 무상 몰수조치(1,034개 기업)는 1946년 8월 10일 북조선인민위원회에 의하여 만들어진 "산업, 교통, 운수, 통신, 은행의 국유화에 관한 법령"에 의하여 행해졌다. 몰수된 기업은 모두 국유기업으로 되었고, 인민경제계획에 따라 계획적 생산을 하는 체제로 바뀌었다.

---

14) 1991년 12월 「나진선봉자유경제무역지대」를 설치한다는 것을 공표하면서 외자유치에 관련된 법(외국인투자법, 합작법, 외국인기업법)을 제정하였고, 1992년 4월에 헌법을 개정하여 외국 법인 또는 개인들과 기업합영 및 합작을 장려하도록 하였다(북한헌법 제37조). 1993년에는 자유결제무역지대법과 조선민주주의 인민공화국 토지임대법을 제정하고, 1994년에는 토지임대시행규칙을 제정하였다.

나. 북한지역 몰수재산 처리 방안

북한의 몰수재산에 대한 처리와 관련해서는 통일의 방법에 따라서 원상회복이냐 금전보상이냐 하는 점이 달라질 수 있다는 견해와 구 소련군에 의해 몰수된 재산에 대해서는 한국의 헌법이 효력을 미칠 수 없는 것으로 보아 손실보상은 안 되고 손해배상청구권만 인정해야 한다는 견해 등이 있다. 몰수재산에 대한 처리 기준도 완전보상을 해 주어야 한다는 견해와 상당보상을 해 주어야 한다는 견해 등으로 나누어져 있다.

몰수재산에 대한 처리기준은 최소한 조정적 보상은 이루어져야 할 것이며, 통일시 국가재정을 고려한다면 완전보상은 어렵고 상당보상이 타당하다고 본다. 또한 북한지역의 몰수재산은 현재의 토지이용자를 보호한다는 전제하에 협동농장 또는 국영농장의 근로자들에게 장기임대를 하고, 임차토지에 대하여 매입능력을 갖게 된 상태에서 매입을 희망할 때 우선적으로 매입할 수 있도록 권리를 인정하는 방향에서 처리하는 것이 바람직하다고 본다. 그 외에도 통일국가가 취득시효에 따라 원소유권자의 권리를 인정하지 않고, 특별법 제정을 통하여 유상 또는 무상분배를 실시하는 제2의 토지개혁정책을 실시하는 방안도 고려해 볼 수 있을 것이다.[15]

---

15) 재 국유화 방안에 대해서 언급하고 있는 견해로는 서희석, 『통일후 토지문제 어떻게 해결할 것인가?』, 기문당, 2006, pp.182-186 참조.

2. 재산 상속 문제

　　남북간에 교류가 활성화되고 북한 이탈주민이 늘어남에 따라 남북한주민 사이에 상속과 관련한 법적 분쟁이 제기될 가능성이 높아지고 있다. 그뿐만 아니라 통일 이후에 북한 소재 부동산에 대한 소유권의 귀속을 어떻게 정할 것인가에 따라 상속관련 분쟁은 더욱 치열해질 것으로 예상한다.[16]

　　남북한주민간의 상속문제는 남북한의 관계를 어떻게 볼 것인가에 따라 달라질 수 있다. 헌법 제3조에 따라서 북한주민을 대한민국 국민이라고 본다면 상속문제는 크게 문제되지 않는다. 그러나 헌법 제4조와 기본합의서, 남북관계발전법에서 규정하고 있는 이중적, 특수관계론적 측면에서 보면 상속재판의 관할권과 준거법의 문제가 발생될 수 있다.

　　재판관할권 문제는 국제사법 제2조 제2항과 민사소송법 제22조, 제23조에 따라 피상속인의 주소지 법원 또는 상속재산 소재지 법원이 관할권을 갖는 것으로 판단할 수 있다. 상속재판의 준거법도 나라와 나라 사이가 아닌 이중적 특수관계를 인정하여 준 국제사법을 적용하는 방법으로 해결할 수 있다고 본다.

　　즉 독일의 경우와 같이 상거소지법[17]을 적용하여, 북한주민과 북한지역 관련사건인 경우는 북한의 법을 적용하여 북한법원이 관할하고, 남한주민과 남한지역에 관련된 사건인 경우

---

16) 실제로 북한주민이 2001년 6월에 대리인을 통하여 서울가정법원에 인지청구의 소를 제기하였고, 2009년 2월에는 서울중앙지방법원에 상속회복의 소를 제기한 사실이 있다.
17) 주로 거주하는 곳이 어디인가를 고려하는 법을 말한다..

는 남한의 법을 적용하여 남한 법원이 관할하는 것으로 해결할
수 있다고 본다.

　북한주민에 대한 상속권 인정 및 상속분 문제, 상속재산
의 북으로의 반출문제에 대해서도 논란이 되고 있다. 상속권
을 인정해야 한다는 것이 다수설이지만, 상속분을 남북한주민
에게 동일하게 인정하는 것은 상속제도의 취지와 국민의 법
감정에 맞지 않는다고 하여 반대하는 견해도 있다. 더욱이 상
속재산을 북으로 반출하는 문제에 대해서는 대부분이 반대하
고 있다.

3. 가족법 문제

　가족법 관련 문제로서는 이산가족 재결합과 관련한 호적·혼
인·상속의 문제가 제기될 수 있다. 재결합 당사자의 구체적 사
정에 따라서 여러가지 유형의 분쟁이 발생할 수 있을 것이지만
이 분쟁은 '기존의 가족·신분관계보호의 원칙', '당사자 의사존
중의 원칙', '인도주의 원칙'을 적용하여 해결하는 것이 바람직
하다.

　가족·신분관계의 형성에 있어서 본인의 진의를 존중하는
것은 가족법의 일반원칙이다. 그러나 형성된 가족·신분관계에
어떠한 법적 효과가 부여될 것인가, 어떻게 해소할 것인가 하는
문제는 당사자의 의사와는 무관하다. 따라서 법률상의 재결합
을 할 것인가는 전적으로 당사자의 의사에 맡겨질 사항이고,

재결합에 따른 가족법상의 문제를 해결하는 것도 당사자의 의사를 최대한 존중하여야 하나, 이산 이후 새로이 형성되어 오랜 기간 그 적법성이 유지되어 온 기존의 가족·신분관계를 인위적으로 변경시킬 수는 없는 것이기 때문에 이러한 제약하에 당사자 의사존중의 원칙이 적용되어야 할 것이다.

그런데 재결합만을 고대하면서 독신으로 살아온 사람에게는 기존의 가족관계 존중의 원칙으로 해결할 수 없으므로 인도주의 원칙을 적용하여 보완하여야 할 것이다. 통일 이후에는 일부일처제에 대해서 잠정적으로 예외를 인정하여야 할 것이다.

북한도 초기에는 조선민사령과 조선호적령에 의하여 신분을 공시하는 제도를 가지고 있었으나 봉건적 가족제도의 철폐라는 가족혁명에 따라 호적제도가 없어졌다. 현행의 호적 또는 주민등록제도를 북한에 적용하는 것은 어려움이 따를 것이다. 이 문제를 해결하기 위해서는 통일민사법 내지는 통일가족법을 제정하여야 할 것이다. 통일가족법을 제정함에는 우리의 가족법을 기본으로 하되 북한의 가족관계법을 참고하는 방향으로 이루어져야 할 것이다.

제3절 형사법 분야

　　남북한 통일과 관련한 형사법 문제는 교류협력과정에서 발생할 수 있는 문제와 통일 과정에서 발생할 수 있는 문제로 구분하여 살펴볼 수 있다. 통일 과정에서는 특히 통일 이전에 발생한 범죄행위에 대해서 어떻게 처리할 것인가 하는 문제가 중요시된다.

1. 교류·협력과정에서 발생되는 형사사건 처리문제

　　남북간 인적 교류의 증가(개성공단사업, 금강산 개성관광사업, 남북철도연결사업 등)로 상대지역을 방문하거나 그곳에서 체류하는 남북한주민이 범죄를 저지를 개연성이 높다.[18] 이러한 범죄행위에 대해 남북한 형사법 중 남쪽의 형사실체법만을 적용하여 재판을 할 수 있는가라는 문제이다. 즉 남북한간에 형사문제 처리를 위한 적용 형사법률간의 충돌문제가 발생될 것이다.[19]

---

　　18) 우선 북한에서 실제 발생한 형사사건의 예를 들면, 금강산관광객 억류사건, 금강산관광객에 대한 북측의 강제조사사건, 개성공업지구에서의 남한 근로자 흉기상해사건, 개성공업지구에서의 남한근로자간 상호 폭행사건, 금강산관광지구에서의 음주운전으로 인한 업무상과실치사상 사건 등의 사건이 있다. 남한에서 발생한 사례로서는 2003년 8월 하계유니버시아드 대회기간중에 북한기자가 남한주민을 폭행한 사건이 있었다.
　　19) 남북 교류협력과정에서 발생되는 형사법 문제와 사례에 대해서는 한

가. 북한의 형사재판관할권 인정 문제

이러한 형사사건을 처리함에 있어서 재판관할과 관련하여 어떠한 형사법 기본원리를 적용할 것인가, 남북한의 어느 쪽의 형사법을 적용할 것인가 하는 것이 우선 결정되어야 한다.

헌법 제3조 영토조항과 국가보안법, 국적법 등을 제한적으로 해석할 때에는 북한지역도 대한민국의 영토이고, 북한주민도 대한민국 국민이므로 대한민국의 헌법과 법률의 효력이 북한지역과 북한주민에게 미치게 되어 북한의 형사재판관할권은 인정될 여지가 없다.

다른 한편으로 북한을 화해와 협력의 동반자로서 이중적 지위를 인정한다면 북한법률도 일정한 범위에서 효력을 가지며 북한의 형사재판관할권을 인정할 수도 있을 것이다. 또한 국제법상의 형사재판관할권은 속지주의, 속인주의, 보호주의, 세계주의, 국가간 협정을 통한 관할권 결정 등의 원리에 의하여 결정된다. 국제법상 속지주의가 이미 확립된 기본원칙이고, 범죄지국에서 형사범죄를 처벌하는 것이 합목적적이라는 점을 감안한다면 북한의 형사재판관할권을 인정하는 것이 합목적적일 수 있다.

그런데 남북한 형사사건 처리와 관련한 재판관할권 문제를 결정함에 있어서는 우리 헌법이 규정하고 있는 재판청구권[20] 등 기본권 보장을 고려해야 하며, 권력분립의 원칙, 사법

명섭, 『남북교류와 형사법상의 제 문제』, 한울, 2008 참조.
  20) 법관에 의한 재판을 받을 권리, 신속한 재판을 받을 권리, 공개재판을 받을 권리.

권의 독립, 법치주의 등의 기본원리를 기초로 재판이 이루어져야 하는데 과연 북한의 사법제도가 이를 기초로 하고 있는지 의문이다. 따라서 북한의 형사재판관할권에 대해서는 한계를 명확히 하여야 할 것이다. 이를 위해서 시급히 하여야 할 일은 입법 혹은 남북합의서와 같은 조약을 통하여 재판관할권 인정근거를 마련하는 일이다. 입법을 통한 해결에 있어서도 우리 헌법의 기본원리인 국민주권주의, 자유민주적 기본질서, 사회복지국가원리, 국제평화주의 원리에 부합하는 입법이 이루어져야 한다.

그 외에도 북한의 형사재판관할권 인정 여부는 헌법의 기본원리와 더불어 기본권 제한의 한계 문제를 고려하여야 한다. 그리고 북한 형사법체계의 비민주성, 화해협력의 진전 내용, 북한 사법제도의 민주화 등 북한체제의 변화를 분석 판단하여 결정하여야 한다.

나. 형사사건 처리의 준거법

다음으로, 형사사건을 처리함에 있어서 어느 쪽의 형사법을 적용할 것인가 하는 문제이다. 즉 형사사건 재판의 준거법 문제가 발생될 수 있는데 이 문제를 어떻게 해결할 것인가 하는 문제를 살펴보도록 한다. 해결방안으로서 남한형법을 적용하는 방안, 지역간 형법 적용설(행위지법 적용설)을 따르는 방안, 국제형법을 유추적용하는 방안을 고려할 수 있다.

이 세 가지 방안 중에 북한의 법적 지위, 북한 법률의 국내법적 효력 등을 고려할 때 국제형법을 직접 적용하는 것이 아니라, 국제형법을 유추적용하는 방안이 현실적으로 타당한 방안이라고 판단한다. 국제형법 규정에 따라 북한을 외국에 준하는 것으로 본다면 남북한 상호간에 상대방의 체제를 인정하고 존중하면서도 상대방을 외국으로 보지 않게 되고, 결과적으로 국제형법을 직접 적용하지 않아도 되는 관계가 되는 것이다. 국제형법 유추적용설에 대해서 죄형법정주의 위반을 들어 비판하는 견해가 있을 수 있으나, 내국인의 범위 제한이 바로 형벌권을 창설하거나 확대하는 것이라고는 할 수 없기 때문에 크게 문제되지 않을 것이라고 판단한다.[21]

    독일의 경우는 동서독 기본조약이 체결된 이후에 이 국제형법 적용설이 학설과 판례에서 채택되었는데, 국제형법을 직접 적용해야 한다는 견해에 대해서는 동서독 관계가 외국간의 관계인가라는 비판이, 유추 적용해야 한다는 견해에 대해서는 서독기본법이 정하고 있는 유추해석금지의 원칙에 위배되는 것이 아닌가 하는 비판이 각각 제기되었다. 따라서 서독은 동독주민에 대한 형사사건 처리를 위하여 동서독 특수관계를 고려하여 1966년에 "독일재판권의 잠정적인 적용배제에 관한 법률"[22]을 제정했고, 1976년에 형사소송법 개정,[23] 1984년에 법원조직법 개정[24]을 한 바 있다. 동서독의 통일 이전에는 형사사

---

    21) 임복규, 「남북한 인적 왕래에 따른 형사사건 처리방안」, 『통일사법정책연구 2』, 대법원법원행정처, 2008, p. 183.
    22) 이 법률은 동독정치인의 서독에서의 활동보장을 위해 제정되었다.
    23) 검찰총장이 반국가범죄행위에 대해서 소추를 유예할 수 있는 법적 근거를 마련했다.
    24) 동독의 국가평의회 의장 및 그 구성원들의 서독 방문을 고려하기 위

법공조를 지속적으로 실시하기는 하였으나 구체적인 내용에 있어서는 이견을 보여 합의서를 채택하는 데는 실패를 하였었다.

2. 남북한 통일 과정에서 발생할 수 있는 형사법 문제

남북한 통일 과정에서 발생할 수 있는 형사법 문제로서는 체제불법자에 대한 처리와 북한 사법조직을 통일 한국의 사법조직으로 통합하는 문제가 가장 큰 문제라고 볼 수 있다.

가. 체제불법에 따른 형법적 청산의 문제

체제불법이란 북한 체제에서 발생한 반 헌법적 범죄를 말한다.[25] 북한의 체제불법자에 대한 처리와 관련하여 제기되는 문제점은 체제불법자에 대해 소급처벌이 가능한가, 북한주민의 법적 지위를 어떻게 볼 것인가 등이다. 그리고 남북한 형사법의 범죄구성요건에 있어서 서로 고려할 만한 대칭성은 있는가, 북한형법에서 인정하고 있는 처벌면제 정당화 사유를 어느 정도까지 인정할 것인가, 공소시효를 인정할 것인가 등을 들 수 있다.

체제불법의 형법적 청산에 있어서 가장 먼저 직면하게 되는 문제는 바로 죄형법정주의 원칙상 소급효금지의 원칙과 경

해 개정하였다.

25) 독일통일 과정에서 발생되었던 체제불법의 예로는 국경수비대 총격사건, 국가공안부 범죄, 법 왜곡 사건, 선거결과의 조작 및 부정사건, 수출입금지 품목 밀수, 공무원 부패범죄, 수용자에 대한 가혹행위 등의 범죄를 들 수 있다. 북한 체제에서 발생될 수 있는 체제불법의 예도 독일과 유사할 것으로 보인다.

한 신법의 적용 가능성의 문제이다. 만약 행위시법인 북한형법의 효력을 부정하지 않는다면, 행위시에 행위자를 구속한다는 원칙을 취하고 있는 북한 형법에 따라서 볼 때, 행위시에 처벌되지 않는 행위를 남한 형법에 의해서 처벌하는 결과가 될 것이다. 체제불법자들은 행위시에 처벌이 안 되는 행위를 왜 소급하여 처벌하느냐 하고 따질 것이고, 북한주민들의 입장에서 볼 때 전혀 생소한 남한의 형법, 즉 적국의 형법에 의해서 처벌하려고 한다면서 처벌을 거부하는 일이 벌어질 것이다.

이를 위해서는 남북한 형법의 범죄구성요건을 비교 분석하여 어떠한 경우가 범죄로 되는 것인가 하는 구성요건의 동일성에 관하여 연구를 할 필요성이 있다. 독일통일의 경우에서도 국가적 법익과 사회적 법익에 해당하는 범죄구성요건에 관하여 통일조약에 규정하지 않음으로 인하여 수많은 체제불법 소송사건이 발생한 바 있다. 독일은 10년에 걸쳐 과거청산작업을 실시하였는데 이 기간 동안 법 왜곡사건 4만 3천 건, 국경수비대 사건 3천 건 등 총 6만 5천 건의 체제불법에 관한 수사를 실시하였다. 그러나 체제불법의 처리와 관련된 총 소송건수의 90%는 절차가 정지되었으며, 전체의 1%만이 기소되는 선에서 마무리 지었다.[26]

독일의 경우를 교훈삼아 체제불법자 처리에 관한 명확한 처리원칙과 방안이 사전에 준비되어야 한다. 명확한 대상자 결정과 정치적 피해자 구제, 몰수토지에 대한 조정적 처리, 북한

---

26) 최호진, 「독일통일 과정에서 나타난 형사법적 문제」, 『통일과 법률』 통권 제2호, 법무부, 2010.5, p. 112.

의 공무서의 철저한 관리, 특별법 제정 등의 방안에 대하여 심층적 연구가 이루어져야 할 것이다.

나. 남북한 사법(司法)조직 통합문제

다음으로 형사법 분야에서 해결해야 할 중요한 문제가 사법조직의 통합문제라 할 수 있다. 사법기관으로서 법원, 검찰, 변호사회의 통합과 더불어 사법기관 구성원인 판사, 검사, 변호사에 대한 재임용 문제를 어떻게 해결할 것인가에 대해서 알아본다.

(1) 북한 사법조직의 기본원리와 구성

북한 사법조직은 사회주의적 법이론과 사회주의 사법제도로부터 도출되는 주체사상과 혁명적 수령관, 선군사상, 유일영도사상 등을 기본원리로 삼고 있다. 또한 북한 사법조직 구성원은 모두 노동당이 추천한 자 중에서 선출되거나 임명되어 최고인민회의, 상임위원회의의 철저한 감독을 받으면서 사법적 집행기관으로서의 역할을 수행하고 있다. 판사의 직무상 독립이라는 것은 원천적으로 봉쇄되어 있다고 보아야 한다. 검사의 경우는 판사보다도 더욱더 당성이 강하고 충성도가 높은 법률전문가 중에서 임명되어 범죄수사뿐만 아니라 국가기관의 결정 등 사회주의 준법성의 이행여부를 충실하게 감독하고 있다. 북한의 검찰소가 재판소보다 서열이 앞에 있는 것은, 검찰소가 사회주의 준법성 확립을 위한 사법감시를 철저히 할 수 있도록 하고 체제수호를 위한 중심축으로서 역할을 충실히 할 수 있도록 하기 위함이다.

　북한의 변호사조직으로는 조선노동당의 통제를 받는 조선변호사회가 있는데, 변호사들은 이 조선변호사회의 통제를 받으면서 업무를 수행하게 된다. 변호사들은 독자적으로 사건을 수임할 수 있는 권한은 없고 모두 조선변호사회 위원회가 도맡아 수임을 하고 봉급을 받는 변호사로서의 역할을 하고 있다. 북한의 변호사가 하는 기능을 살펴보면 자격요건과 직무 등 일정한 부분은 우리와 유사한 성격과 기능을 가지고 있다고 할 수 있다.

(2) 남북한 사법조직 통합의 전제와 통합 방안

　남북한 통일과 관련한 법률과 사법조직의 통합에 있어서는 헌법의 자유민주적 기본질서와 법치주의를 기본으로 하여 법적 안정성과 신뢰보호를 달성할 수 있는 방향에서 이루어져야 한다.

　통일국가의 헌법이념과 북한의 정치체제의 현실을 고려할 때 북한 사법제도의 본질과 기능은 통일국가의 헌법질서와 부합하지 않으므로 기본적으로는 폐지하고, 남한의 법원조직으로 재편성하는 것이 바람직하다. 북한의 3급 2심을 바탕으로 하는 재판소조직인 중앙재판소는 완전히 폐지하여 남한의 대법원 조직으로 편입시키고, 도재판소, 시(구역)·군인민재판소도 폐지하여 그에 대응하는 남한의 법원조직을 설치하는 것이 필요하다. 또한 북한의 특별재판소인 군사재판소도 폐지하여 남한의 군사법원으로 대체하여야 하며, 철도재판소 역시 폐지하여야 한다. 북한은 헌법재판, 행정재판, 특허재판, 가사심판제도가 없는데 이에 대해서도 남한이 법원조직으로 재구성하여야 한다.

법원조직의 통합과 더불어 판사 등에 대한 인적 청산과 재편성이 함께 이루어져야 한다. 북한의 사법제도의 본질, 판사의 자질과 자격, 통일국가 사법제도의 이념 등을 고려할 때 그 사법조직의 담당자로서의 북한의 판사들은 모두 배제하여야 한다. 배제로 인한 사법공백은 남한의 판사나 법률가들이 담당하여야 한다. 단, 특별한 경우에 필요에 의해서 과도기적으로 북한의 판사를 인정할 수는 있을 것이다. 이 경우에도 법치국가적 소양, 법률지식, 과거의 활동경력 등의 엄격한 심사과정을 거치도록 하여야 한다.

통일국가의 사법통합에 있어서 검찰조직의 재편성에 있어서도 법원조직과 마찬가지로 북한의 검찰제도는 통일국가의 헌법이념에 부합하지 않으므로 폐지하고 남한의 민주적이고 법치주의적인 검찰제도로 재구성하는 것이 바람직하다. 북한의 중앙검찰소를 완전히 폐지하여 남한의 대검찰청의 소관업무에 편입시키고, 도와 시(구역)·군검찰소와 특별검찰소도 폐지하고 남한의 검찰조직을 설치하는 것이 필요하다. 급격한 폐지에 따라 나타나는 문제점을 해소할 필요가 있는 경우에는 특별검찰기관을 설치할 수 있겠으나 이 경우에도 남한의 검찰제도에 부합하는 조직과 권한을 갖도록 하고 남한의 검사가 담당하여야 한다. 검찰조직의 재편과 더불어 북한의 검사들은 모두 배제하고 남한의 검사나 법률가들이 공백을 담당하도록 하여야 한다. 모자라는 검사의 충원은 변호사나 검찰공무원을 특별히 교육시켜 검사로 채용하는 방안을 모색하여야 한다. 북한의 검찰제도 본질과 검사의 자격요건 등은 통일국가의 헌법이념에 적합하지 않기 때문이다.

통일국가에 있어서 변호사제도의 통합문제는 법원조직과 검찰조직의 통합과 구분하여 처리하는 것이 필요하다고 본다. 우선 변호사조직은 국가기관이 아니고 그 구성원인 변호사도 국가공무원이 아니기 때문에 조직통합의 당위성이나 필연성이 약하다고 할 수 있다. 변호사의 권리나 의무 차원에서 남북을 비교할 때 유사성이 있고, 북한지역에서의 변호사로서의 역할이 필요한 경우가 있을 것을 고려하여 북한의 변호사 자격을 인정하여 활용하는 것이 바람직하다고 본다. 이 때에도 변호사 자격심사위원회가 구성이 되어 자유민주주의와 법치주의적 관점에서 그 자질과 능력에서 적격자인가를 반드시 심사하여야 한다. 북한의 변호사 중 북한 정권에 적극 협조하여 반 법치국가적 행위를 한 자에 대해서는 변호사 자격을 박탈하여 변호사로서의 역할을 수행하지 못하도록 하여야 한다. 또한 북한의 변호사조직인 조선변호사회는 완전 폐지하고 남한의 대한변호사협회의 조직을 바탕으로 재구성하는 것이 바람직하다고 본다.

아무리 통일이 민족의 지상과제라고 하여도 통일국가의 미래상을 사회주의의 이념에서는 구할 수 없다. 통일국가의 사법질서 및 제도는 자유민주주의 원리에 입각하지 않으면 안 될 것이고, 이는 어떠한 경우에도 양보할 수 없는 원칙이다.[27]

---

27) 김상준, 「통일에 대비한 사법제도」, 『통일사법정책연구 2』, 대법원 법원행정처, 2008, p. 326.

제4절 국제법 분야

1. 국가승계에 관한 국제법규

남북한의 통일이 실현되었을 때, 남북한의 기존 조약의 효력을 어떻게 할 수 있다고 확실하게 결정지어 줄 만한 국제법규는 현재로서는 존재하지 않는다. 다시 말해, 남북통일 후 조약처리에 대하여 국제관습법 이외에 남북한이 의무적으로 적용해야 하는 국제조약은 없다. 단지, UN 국제법위원회에서 1978년 채택한 "조약에 관한 국제승계 협약"(비엔나협약이라 칭함)이라는 이름의 국제협약이 있을 뿐이다.

비엔나협약에서는 국가승계의 형태를 영토의 일부승계, 신생독립국, 국가통합, 국가분리 등 4가지로 나누어 그 각각의 경우 조약의 효력문제를 다루고 있다. 여기서 말하는 국가통합은 두 개 이상의 국가가 통합하여 새로운 국가를 출범시키는 경우와 1국이 타국에 합병되어 기존국가가 확대된 형태로 존속하는 경우까지 포함한다. 통합국가의 체제는 연방국가, 단일국가, 기타 여하한 형태이든 상관없다. 비엔나협약은 국가통합이 발생하면 통합 이전에 적용되던 기존조약에 대하여 승계국과 조약 당사국이 달리 합의하거나, 또는 승계국에 대한 조약 적용이 대상 및 목적과 양립할 수 없다거나, 조약의 운영조건을 근본적으로 변경시키는 경우가 아닌 한, 국가승계 이후에도 계속 적용된다고 규정하고 있다. 다만, 조약의 적용지역은 원래의 조약 당사국의 영역으로 한정된다. 한편, 양자조약에 있어서 승계국가와 타방조약 당사국이 합의 하거나, 다자조약에 관하여 승계국가가 기존조약을 새로운 전 영토에 적용하겠다고 통고하면 그에 따르는 것이 원칙이다.[28]

비엔나협약은 그 내용이 현실과 거리가 있다는 이유로 국제사회로부터 비판을 받고 있으며, 조약 가입국으로서 비준한 나라는 15개 국에 불과하다. 더욱이 우리가 관심을 가지고 있는 것은 국가통합에 관한 것인데, "국가 통합 이후에도 과거의 영역별로 별개의 조약 내용이 계속된다"고 규정하고 있으니 우리의 현실과 전혀 맞지 않을 뿐만 아니라, 협약이 오히려 국가 통합을 방해할 수 있다고 하여 우리의 국제법학자들도 비판을 하고 있는 실정이다. 특히 흡수통합이 이루어지면 소멸국의 조약은 소멸되어야 함에도 불구하고 그대로 존속하는 것으로 되어 있으니, 남북한 통일이 흡수통합으로 통일이 성사된다고 하여도 적용할 수 없게 되어 무용지물이 된다고 할 수 있다. 따라서 남북한 통일시 통일 한국은 이 비엔나협약의 내용을 조약으로서 혹은 국제관습법으로도 적용하여야 할 의무는 없다고 판단한다.

---

28) 정인섭, 「통일과 조약승계」, 『경희법학』 제34권 제2호, 경희대학교 법학연구소, 1999, p. 213.

2. 남북한 통일과 조약의 승계 문제 해결 방안

가. 검토의 전제

남북한 통일 후 조약의 효력 및 그 승계 문제는 남북한의 법적 관계와 통일의 형식이 어떻게 될 것이냐에 따라서 전혀 다른 결과가 나올 수 있다. 우리의 통일은 정치적으로 자유민주주의를 기본질서로 하고, 경제적으로 시장경제원칙을 바탕으로 하는 통일국가 체제를 형성하는 것이라고 전제한다.

나. 한국조약의 효력

남북한 통일 이후 대한민국이 체결한 조약은 북한지역에 확장 적용시킬 수 있으며, 조약의 타방 당사국은 북한에 적용을 거부할 권리가 없다고 본다. 북한의 국제법 주체성이 소멸되고 한국만이 존속하는 통일에서는 이른바 조약의 경계이동의 원칙이 적용되어 기존의 한국의 조약이 북한지역까지 확장·적용될 수 있다고 본다. 그리고 통일 한국의 정책적 판단에 따라서는 북한지역에 확장·적용을 하지 않을 재량 또한 있다고 본다. 독일통일에서도 정책적 판단에 따라 일정한 조약의 동독지역 적용을 배제한 바 있다. 국가통합 이후 조약 경계이동의 원칙 적용은 승계국의 권리이지 의무라고 할 수 없기 때문이다.

한국이 당사국인 조약을 통일 후 북한지역에 적용함에 있어서 검토를 요하는 것으로는 "KEDO 설립협정",[29] "한미상호방위조

_____
29) 확대적용이 필요하다.

약",30) "대일 청구권 문제",31) 다자조약으로서 "국제인권규약 B규약"32) 등이다.

다. 북한 조약의 처리방안

　　국가안전기획부(현 국가정보원)에서 발간한 자료에 의하면 1948년부터 1996년까지 북한은 139국과 3,290개의 조약을 체결한 것으로 나타나 있다. 그 중 UN에 등록된 83개의 다자조약33)에 가입되어 있다. 이 중에는 우리의 입장에서 조약이라고 볼 수 없는 사회단체간의 합의, 공동성명 등이 포함되어 있다. 북한의 대외적 합의 내용을 주제별로 보면, 무역협정, 지불협정 등 교역협정이 주를 이루고 있고, 경제과학기술협력협정, 방송 보도 등 공보 분야 교류 협정, 문화협력협정 등이 그 다음으로 많다. 그 외에 항공협정이 있다. 대부분 선언적 성격의 합의가 많고, 'ㅇㅇ년도 교류계획 협의'와 같이 기간을 명시하고 있으며, 동구권과 체결된 협약들이기 때문에 기간이 지났고, 해체된 동구권 나라들이 많기 때문에 조약의 효력을 중지시킨다고 해도 크게 문제되지 않는 것들이다.

　　통일이 달성된 경우 북한의 기존 조약의 효력을 어떻게 처리하여야 된다는 의미에서의 국제조약상의 어떠한 의무도 존

---

　　30) 확대적용시 중국 러시아와 국경문제가 야기된다.
　　31) 북한의 대일청구권 인정이 유리, 일본은 금반언의 원칙 따라야 한다.
　　32) 한국은 국내법 범위로, 북한은 유보 없다. 제14조 제5항의 '상소권 보장', 제22조의 '결사의 자유'가 헌법 제110조 제4항의 '비상계엄시 단심' 조항과 충돌한다.
　　33) 1998년 기준, 이 중 8개는 북한만 당사국이다.

재하지 않는다. 비엔나협약의 국가통합에 관한 조항을 통일 한국의 상황에 곧바로 적용하기가 곤란하다. 한국의 통일은 일반적인 국가의 통합이 아니고 분단국의 통합이라는 특수성이 있는 것이기 때문에, 관습국제법상의 의무(소멸국 조약의 효력)를 고려하는 이외에는 통일 한국이 주도권을 가지고 재량으로 처리할 수 있다고 판단한다.

북한의 조약은 다음과 같은 원칙하에 처리하여야 한다. 우선, 북한의 모든 조약은 원칙적으로 종료시킨다(통일이라는 사정변경이 발생). 둘째 국가승계에 있어서 국제관습법상 요구되는 최소한의 조약은 존중한다(국경설정조약, 속지적 또는 지역적 조약). 셋째 상대국의 신뢰보호가 필요한 경우나 통일 한국이 존속을 필요로 하는 경우는 개별적으로 검토한다.

북한의 조약 중 "특별사절단에 관한 협약", "전쟁범죄 및 반인도적 범죄에 대한 시효의 부적용에 관한 협약", "신문 및 정기간행물 구독예약 협정" 등은 그대로 승계하여도 무방한 것으로 본다. 다만 다자조약의 경우 북한의 당사국 자격을 승계하기보다는 일률적으로 종료를 선언하고 통일 한국이 필요하다면 신규 가입절차를 밟는 것이 바람직하다.

북한의 조약 중 통일 한국이 효력의 유지 여부를 검토할 필요성이 큰 부분은 북한과 국경을 접한 중국과 러시아 그리고 몽골과 체결한 조약이라 할 수 있다. 북한이 체결한 중국·러시아와의 국경조약은 존중하는 것이 바람직하다. 속지적 조약 중에는 승계를 요하는 조약과 승계의무가 없는 조약이 있어 검토를 요한다.

제5절 군통합 관련 법적 문제

남북한이 6.25전쟁이라는 동족상잔의 전쟁을 치르고 휴전협정이 체결된 지 60년이 지난 현 시점에서 남북한 통일과 관련하여 시급하게 그리고 최종적으로 마무리지어야 하는 문제가 바로 군통합의 문제라고 본다. 군통합을 논하면서 여러가지 해결해야 할 사항이 많지만 그 중에서도 우선 해결해야 할 사항은, '법적 측면에서의 휴전협정 당사자 문제', '국제연합군과 국제연합사령부의 법적 성격', '국제연합군 사령부 문제', '주한미군 문제' 등이라고 할 수 있다.

1. 휴전협정상의 법적 당사자 문제

여기서 '당사자'는 법적 당사자를 말하며, 법적 당사자는 권리·의무의 귀속자 즉 권리·의무의 주체를 말한다. 휴전협정의 당사자란 휴전협정이라는 특수한 국제법상의 권리·의무의 주체가 되고, 휴전협정의 구속을 받는 국제법의 실체를 말한다. 그것은 휴전협정을 떠나서 일반 국제법상의 권리·의무의 주체를 의미하는 것이 아니고 단지, 휴전협정상의 권리·의무의 주체를 의미하는 것이다.

휴전협정 남측의 서명은 국제연합군 총사령관 미 육군 대장 Mark W. Clark이 하고 공산측의 서명은 북한 인민군 최고 사령관 김일성과 중공 인민지원군 사령관 팽덕회가 하였다.

결국 휴전협정의 일방 당사자는 국제연합이며 타방 당사자는 북한과 중공이라고 할 수 있다. 한국은 작전지휘권을 국제연합군 사령관에게 이양함으로써 국제연합군 사령관으로부터 작전지시를 받을 뿐이므로 군사문제에 관한 한 휴전협정의 당사자로부터 제외되게 되었다.

그러나 한국이 남북문제의 법적 당사자인가의 문제는 법적 입장에서 규명해야지 정치적 입장에서 규명될 수 있는 것은 아니며, 문제의 성격에 따라 이원적으로 파악해야 한다. 즉 남북간의 군사문제의 당사자와 정치문제의 당사자를 나누어 파악해야 한다. 따라서 휴전협정의 법 형식을 통해서 한국이 군사문제에 관한 한 남북간의 법적 당사자가 아니라고 하여도 휴전협정 제60항에 의거하여 개최된 1953년 8월 28일의 국제연합총회 결의와 1954년 1월 15일에 개최된 베를린 외상회담에서는 한국이 당사자임이 틀림없다.

일반 국제법에서 보아도 정치문제의 남북 당사자는 한국과 북한이다. 이는 1972년 7월 4일의 "남북공동성명"에서 잘 나타난다. 결국 남북대화의 당사자는 정치문제의 당사자이며, 국제연합의 결의와 무관한 당사자로서 한국과 북한이 된다.

따라서 군사적 문제의 법적 당사자가 아닌 미국을 협상의 남측 당사자로서 유일하게 내세우는 북측의 주장은 타당성이 없으며 법적 논리적으로 모순이라 아니할 수 없다. 미국도 정치적 문제의 당사자로서 한국과 다를 바 없으며, 정치문제에서

한국은 남북문제의 당사자임이 틀림없다.[34]

2. 국제연합군과 국제연합군 사령부의 법적 성격

6.25전쟁에 참여했던 각국의 군이 국제연합군의 법적지위를 갖는지 여부는 남북문제 해결을 위하여 큰 의미를 갖는다고 볼 수 있다.

국제연합의 각 기관과 한국전에 참여했던 각국은 거의 일치하여 '국제연합군'(United Nations), '국제연합군 사령부'(United Nations Command)라는 용어를 사용하였다.[35] 북한을 비롯한 중공과 소련도 역시 6.25전쟁에 참가한 각국의 군대를 '국제연합군'이라고 인정하고 있음을 볼 수 있다.[36]

---

34) 김명기, 「한국 군사정전협정 제60항에 관한 연구」, 『대한국제법학회 논총』 제25권 제1호 제2호 합병호, 1980.12, p. 71; 김명기, 「한국평화조약의 체결에 관한 연구」, 『대한국제법학회 논총』, 제31권 제2호, 1986.12, p. 35.

35) 미국도 1950년 6월 27일 안전보장이사회에 결의안을 제출함에 있어서 미국대표 W. R. Austin 대사가 "북한의 공격은 국제연합 자체에 대한 공격"이라고 표시하거나 1950년 6월 29일 Truman 대통령이 기자회견에서 6.25전쟁은 '국제연합의 경찰조치'(United Nations Police Action)라고 하고, 7월 25일에는 '국제연합군 사령부'(United Nations Command)를 설립하는 등으로 미군의 참전이 국제연합군의 일원임을 표시하고 있다.

36) 즉 북한은 1950년 7월 13일 북한 외무부 대표가 국제연합 사무총장에게 "본인은 아군이 전쟁포로에 관한 제네바협약의 제 원칙을 엄격히 준수하고 있다는 것을 귀하에게 통보합니다"라고 하여 국제연합군을 처음 승인하였으며, 1951년 5월 18일 북한은 미군이 세균전을 평화적 인민에게 감행하고 있다고 국제연합에 항의하였는데 이것은 북한이 국제연합군을 승인한 것으로 볼 수 있는 입증자료들이다. 소련은 1950년 8월 8일 미군이 평화적 인민과 촌락을 무차별 포격한 것이 비인도적이라고 하여 안전보장이사회에 제안하였

특히 1953년 7월 27일의 휴전협정이 북한 인민군 총사령관과 중공 인민지원군 사령관을 일방 당사자로 하고 국제연합군 사령관을 타방 당사자로 하여 체결되었음을 볼 때, 북한과 중공이 국제연합군을 명시적으로 인정하였음을 알 수 있다. 결국 6.25전쟁에 참여했던 대다수 국가는 국제연합군을 인정하고, 그 조치를 국제연합군의 조치로 보았으므로 파한 국제연합군을 국제연합군으로 보는 것은 문제가 없다.

한국에 파견되었던 국제연합군은 국제연합헌장 제42조와 제43조에 의거하여 출동된 본래의 국제연합군은 아니나 제39조와 제40조에 의거한 안전보장이사회의 유효한 결의에 의해 출동되고 국제연합기의 사용이 허가된 것이므로 국제연합군이라 할 수 있으며, 안전보장이사회의 결의에 따라 창설된 국제연합군 사령부는 안전보장이사회의 보조기관으로 파악된다.[37] 그러므로 휴전협정의 일방 당사자는 국제법상 인격자인 국제연합이며, 그의 보조기관에 불과한 국제연합군 사령부가 아니다. 기관은 법인격이 없기 때문에 휴전협정의 일방 당사자는

___

다. 이는 한국전에 참가한 미군병력을 국제연합군으로 승인한 것임을 의미한다. 소련과 중공은 또한 수차에 걸쳐 그들의 영역에 대해 미군 항공기가 침범했다고 안전보장이사회에 항의를 하였는데 이것으로도 공산측이 국제연합군을 승인하고 있음을 알 수 있다.

37) 국제연합헌장 제7조 제2항에는 국제연합에서 필요하다고 인정되면 보조기관을 설치할 수 있는 근거를 규정하고 있으며, 제22조와 제29조에서도 총회와 안전보장이사회가 "그 임무수행에 필요하다고 인정되는 보조기관을 둘 수 있다"고 규정하고 있다. 따라서 총회나 안전보장이사회는 어떤 구조의 보조기관도 설립할 수 있는 것으로 보아야 한다. 보조기관으로는 분과기관을 설치하거나 한 개인을 임명할 수 있다. 또한 보조기관은 가맹국과 비 가맹국과의 관계에서 주요기능을 수행하며 그 권한을 대표한다.

국제연합 자신인 것이 명백하다. 따라서 국제연합군 사령관 M. W. Clarck 장군이 휴전협정에 서명한 것은 국제연합군 사령부를 위해서가 아니라, 국제연합 자체를 위하여 행한 것이라 하겠다.

국제연합군 사령부가 해체되어 새로운 평화기구로 대체되든 단순히 국제연합군 사령부가 해체되든 불문하고 국제연합이 존속되는 한 당연히 휴전협정의 소멸을 초래한다고 할 수 없다. 휴전협정의 당사자는 국제연합이지 국제연합군 사령부가 아니기 때문이다. 휴전협정은 국제연합과 관련하여 존속에 영향을 받는다고 하겠다.[38]

3. 국제연합군 사령부 해체 문제

주한 국제연합군 사령부는 앞에서 본 바와 같이 1950년 7월 7일의 안전보장이사회에 의해 국제연합 통합군사령부 설치에 관한 결의안이 채택됨으로써 창설되게 되었다. 국제연합군 사령부는 대한민국 영역에서 무력공격을 격퇴하고 국제평화와 안전을 회복하기 위한 목적으로 창설되어 6.25전쟁 참전 16개국과 한국군으로 구성되었다.

그런데 북한은 휴전 후 1954년 4월 27일 제네바 정치회담에서 북한 대표를 통해서 주한 외국군대의 철수를 주장해오고 있다. 북한의 이러한 주장은 상투적으로 계속 주장해

---

38) 이상철·지대남, 『남·북한 군통합의 법적 문제』, 대청마루, 1995, p. 95.

온 것이고 그들의 공산적화전략의 일환이라고 보아 넘겨버릴 수 있겠지만 남북한 군통합에 있어 해결해야 할 중요한 과제임에는 틀림없다.

　국제연합군 사령부 해체시 통일과 관련하여 여러가지 문제가 발생된다. 먼저 국제연합군 사령부가 해체되면 근본적으로 휴전협정 서명자로서의 일방이 소멸됨에 따라 휴전협정의 존폐에 대한 법적문제가 제기된다. 이 문제는 계속해서 쌍방간에 설전을 해야 할 문제이지만 국제연합군 사령부가 해체되더라도 국제연합이 일방 당사자로 되어 있는 한 휴전협정의 효력 존속에는 법적으로 아무런 영향을 받지 아니할 것이다.

　한편 국제연합군 사령부가 해체될 경우 휴전협정을 시행 감독하고 위반시 협의 처리할 기관이 없어지게 됨으로써 지금까지 유지되어 온 한반도의 휴전체제가 심한 도전을 받게 되며, 결과적으로 군사적 긴장이 고조되고 남북한 군통합의 조건은 점점 어려워 질 것이 분명하다.

　국제연합군 사령부는 평화와 안전을 위해 유엔 안전보장 이사회의 결의에 의하여 설치된 합법적이며 국제적인 장치이다. 이와 같은 장치가 존재함으로써 남북한에 무력적 대결이 지속될 경우 한반도의 평화유지를 위해 국제적 보장을 유도할 수 있는 명분을 제공하게 된다. 따라서 한반도의 평화보장 장치로서 국제연합에 의해 설치된 국제연합군 사령부가 해체되게 되면, 한반도의 평화와 안전에 대한 국제적 공약이 소멸되는 것과 같은 결과를 초래하게 될 것이다. 이는 남북한 군통합에 있어서 중요한 국제적 조정자를 잃게 되는 것이라 할 수 있다.

그러므로 국제연합군 사령부는 한반도에 평화보장체제가 구축되어 평화가 명백히 확립될 때까지 존속되어야 한다. 경우에 따라서는 평화유지 활동의 새로운 임무를 부여받아서라도 계속 존속해야 할 남북한 군통합을 위한 중요한 국제법상의 요소라고 하겠다.

4. 주한미군 철수 문제

미군의 한국주둔의 법적 근거는 1953년 10월 1일 체결된 '한미상호방위조약'이다. 동 조약의 제4조는 "상호 합의에 의하여 결정된 바에 따라 미합중국의 육군·해군과 공군을 대한민국의 영토 내와 그 주변에 배치하는 권리를 대한민국은 이를 허용하고 미국은 이를 수락한다"고 규정하고 있다.

위 규정에 따라 미군은 한국에 주둔하게 되었으며, 또한 위 규정에 의거 1966년 7월 한미 주둔군 지위협정(SOFA)이 체결되었다. 또한 한미상호방위조약은 1978년 한미연합사령부의 창설 및 1991년 11월 전시지원협정의 관련 법적 근거가 된다.

주한 미군의 임무는 한미상호방위조약의 전문과 제2조에서 규정하고 있는바, 체결 당사국인 한국과 미국이 외부로부터의 무력적 공격을 받는 것을 방지하는 데 그 목적이 있다. 따라서 동 조약에 의해 한국에 주둔한 미군의 임무는 외부로부터의 무력적 공격을 방지하는 것이다. 따라서 북한군을 격퇴시키고 한국에 통일·독립·민주 정부를 수립하는 국제연합군의 임무와 형식적으로는 엄연히 구별된다. 그러나 주한 미군은 지난 반세기 동안의 냉전적 대결구조하에서 대북한 연합억제력의 주축으로서 한반도의 안보는 물론이고 동북아 지역안정의 유지 임무에 크게 기여해 온 것이 사실이다.

그런데 1953년 7월 27일 휴전협정이 조인되고 1958년 10월 26일 중공군이 북한으로부터 철수를 완료한 후 북한은 집요하게 미군철수를 주장해 오고 있다. 북한이 휴전협정을 미·북한간의 평화협정으로 대체하고자 주장하는 것이나 국제연합군 사령부의 해체를 주장하는 등 모든 주장의 저의는 모두 남한에서 미군철수를 의도하고 있는 것이다. 따라서 미군철수 문제는 남북한 군통합에 있어서 가장 중요한 난제라고 할 수 있다.

대한민국의 입장에서 볼 때 주한 미군이 철수되어서는 안되는 두 가지 이유로서 우선 한미상호방위조약의 내용상 북한의 침략시 미국의 즉각적인 방위조치를 기대할 수 없다는 점[39]과 둘째로 북한이 접하고 있는 중국과 러시아는 미국에 비하여 접경국가로서 즉각적인 투입이 가능하다는 점[40]을 들 수 있

---

39) 한국이 1953년 미국과 한미상호방위조약을 체결한 이후 북한도 1961년 소련 및 중공과 각각 우호·협력 및 호상 원조조약을 체결하였다. 그런데 북한이 소련 및 중공과 맺은 조약들은 한미상호방위조약과는 달리 책임적·적극적·직접적 및 자동적인 절대성을 띤 보장책을 강구하고 있는 특징을 갖고 있다. 그러나 한미상호방위조약은 즉각적 방위조치를 규정하지 않고 상호협의와 합의하에 행하도록 하고 있으며, 각국의 헌법상의 절차에 따라 행동할 것을 규정함으로써 협의적·소극적·피동적·미온적인 내용을 담고 있다. 더욱이 1973년 제정된 미국의 "전쟁수행권한법"(War Power Act)에 의하면 헌법절차에 따른다 하더라도 미의회의 승인을 받아야 하는 제한이 있다.

40) 미군철수 문제를 어렵게 하는 다른 하나의 이유는 단순히 조약내용

다. 이러한 문제점의 보완차원에서 한국에서의 미군철수 문제
는 재고되어야 하고, 적어도 남북한 군사력이 균형을 유지하고
상호불가침 등 평화보장이 확고히 이루어지기 전까지는 미군
의 한국에의 주둔은 한반도의 평화를 위하여 필수적이다.

　　현재 한국에 있는 국제연합군은 실질적인 병력이 따로 있
지 못하며, 미군이 사실상 그 역할을 담당하고 있다. 만일 주한
미군이 없으면 국제연합군 사령부의 기능인 휴전체제를 감시
유지할 제도적 장치가 없게 되어 남북한간의 사소한 무력분쟁
도 전면전쟁으로 확대될 가능성이 상존한다. 주한 미군의 존재
는 남북한 군대간의 중요한 완충적 역할을 담당하고 있는 것이
며, 더 나아가 동북아시아 전체의 긴장조정자로서의 기능을 수
행하고 있는 것이다.[41] 따라서 이러한 주한미군의 기능적 역할
은 거시적 관점에서 볼 때 동서독 군통합에 있어서 주동독 소
련군의 존재 이유처럼 남북한 쌍방간에 신뢰구축 조치의 한 형
태가 될 것으로 판단할 수 있다.

상의 강약의 차이가 아니라 미국이 태평양 건너 멀리 떨어진 비접경국가인 데
반해 소련과 중국은 북한과 접경하고 있으며 이들 강대국과 우호동맹관계를
지속해 오고 있다는 사실이다. 한국은 북한에 비하여 상대적으로 비접경동맹
국으로서 군사안보적 차원의 열세를 지적하지 않을 수 없다. 아울러 현대 군
사무기의 발달과 해·공군력의 보완, 신속파견군의 활동에도 불구하고 한국이
북한에 비해 지니고 있는 군사전략상의 약점이 문제라 하겠다.
　　41) 노명준, 「북한의 주한미군 철수주장에 대한 논리적 대응방안」, 『정책
연구』 제74호, 1985.9-10, p. 124.

5. 북한이 체결한 방위조약의 처리문제

남북한 군통합을 논함에 있어서 통일의 방식이 합의에 의
한 통일이건 흡수통일이건 간에 북한과 체결된 모든 조약은 소
멸시키는 것이 기본원칙이라는 것을 앞 국제법 분야에서 언급
한 바 있다. 그러한 원칙에 입각하여 북한이 중국과 소련 사이
에 체결한 상호방위조약은 모두 폐기처분하여야 한다.

제6절 소결론 및 정책제언

　　남북한 통일은 자유민주주의와 시장경제원칙을 기본으로
하고 우리 대한민국이 주도하는 평화적 통일이 되어야 한다.

　　남북한 관계에 관한 헌법 및 개별법상 제기되고 있는 문제
점도 이러한 통일의 대전제하에서 해결하여야 한다. 즉 헌법
제3조와 제4조는 그 법적 성격과 내용에 있어서 서로 다른 규
정으로서 모순·충돌이라는 이유를 들어 삭제 또는 폐지하기보
다는 두 규정을 조화적으로 해석하여 통일에 기여할 수 있도록
하여야 한다. 또한 헌법 제3조를 근거로 하고 있는 국가보안법
은 국제평화주의 원칙이나 평화통일 원칙과 모순되거나 충돌
된다고 볼 수 없어 통일이 달성될 때까지 그대로 존치하여야
한다.

　　그리고 교류협력과 남북관계발전에 관한 법률은 남북한이
나라와 나라 사이의 관계, 즉 국가간의 관계가 아닌 통일을 지향
하는 과정에서 잠정적으로 형성되는 특수한 관계라는 측면을 고
려하여 남북한의 모든 주체와 대상 그리고 교류와 협력 및 관계
발전을 위해 적용될 수 있도록 새로운 법률이 제정되어야 한다.

　　통일 후 북한지역의 몰수재산에 대한 처리 문제는 당사자
간의 소유권과 이해관계가 얽혀 가장 민감하고 치열한 소송문
제로 대두될 것으로 예상한다. 몰수재산에 대한 처리의 기준은
최소한 조정적 보상은 이루어져야 할 것이며, 통일 당시의 국

가재정을 고려한다면 완전보상보다는 상당보상이 타당하다고 본다. 다른 한편으로 통일국가의 국토이용계획이라고 하는 측면을 고려하면서, 소멸시효를 이유로 원소유자의 권리를 인정하지 않고, 특별법을 제정하여 유상 또는 무상분배를 실시하는 방안도 고려해 볼 수 있다고 본다. 북한주민에 대한 상속권 인정 및 상속분 문제, 상속재산의 북으로의 반출문제, 이산가족의 재결합에 따른 호적과 혼인문제 등을 해결하기 위해서는 특별법을 제정하는 것이 바람직하다.

남북한 통일 이후의 법질서와 사법제도는 국민의 기본권 존중과 이에 대한 사법적 보장, 권력분립의 확립, 위헌입법심사제, 포괄적 위임입법의 금지, 행정의 법률유보원칙과 사법적 통제 등의 헌법상 기본원리하에서 법관의 신분보장, 심급제도와 영장주의 확립, 검사권한의 합리적 축소, 국가로부터 독립되고 경제적으로 존속 가능한 변호사제도의 확립, 비정규적 사법조직의 철폐, 법조인력의 통일적 선발·양성제도의 확립, 부동산등기제도의 구축과 같은 기초적인 사법제도가 확립될 수 있도록 하여야 한다.

남북한 통일시 조약의 승계 문제도 자유민주주의와 시장경제원칙이라는 대전제와 통일국가의 원활한 수립과 통합의 달성이라는 목적에 부합되도록 하여야 한다. 북한이 당사자가 된 조약은 최소한의 것을 제외하고 모두 소멸시키고, 조약의 경계이동의 원칙에 입각하여 한국의 기존조약은 정치적으로 민감한 일부를 제외하고 전 한반도에 적용시키도록 하여야 한다. 이러한 통합의 과정에서 혼란을 방지하기 위해서는 제3국의 이의제기 기간을 짧게 설정하는 것도 필요하다고 본다.

그리고 헌법에 의하여 체결된 조약은 국내법과 같은 효력이 있다고 하는 우리 헌법규정에 따라 판단할 때, 북한의 일부 조약을 존속시키는 경우에는 우리의 헌법에 의하여 체결된 것이 아니기 때문에 별도의 법적 근거를 마련해야 한다고 본다. 통일헌법제정이나 국회에서의 별도의 조치로 이 문제를 해결해야 할 것이다.

마지막으로 군통합과 관련한 법적 문제로서 제기될 수 있는 휴전협정의 법적 당사자 문제는 군사적 문제의 당사자와 정치적 문제의 당사자가 서로 다르다는 것을 명확히 하여 남북한 통일 및 군통합의 당사자는 대한민국이라는 점을 확인하여야 할 것이며, 국제연합군 사령부의 존속과 주한 미군의 대한민국 주둔이 남북한 통일 및 군통합에 도움이 된다는 점을 확고하게 견지하여야 한다.

제6장

통일비용의 재원조달과 최소화 방안

이자형

통일비용에 대한 국민적 합의 도출이 중요하다. 통일에 대한 당위성은 국민들이 공감하지만 통일비용 지불의지는 매우 미흡하다. 따라서 통일을 준비하는 과정에서 통일비용을 최소화하여 국민적 합의를 도출하는 것이 무엇보다도 중요하다. 통일은 오는 것이 아니라 만들어 가는 과정이므로 통일비용의 준비는 빠르면 빠를수록 좋다.

개   요

　통일비용의 개념은 통일과 관련하여 미래에 발생할 수 있는 비용으로서 통상적으로 서독의 동독에 대한 공공부문 지출을 통일비용으로 간주하고 있다. 통일비용의 개념은 계속 진화되고 있으며 전문가마다 사용하는 개념이 다르다. 또한 통일비용은 경제적 비용과 비경제적 비용까지 포함하고 있다. 통일비용구성은 일반적으로 용어상의 설명 차이는 있지만, 체제전환비용, 소득균등화 비용, 위기관리비용, 경제적 투자비용, 통일환경 조성비용 등으로 되어 있다.

　이와 같은 기존 통일비용에 대한 연구는 다음과 같은 특징과 한계를 갖고 있다. ① 연구자마다 통일의 방법과 시점에 따라 통일비용의 편차가 크다. ② 통일 전후의 비용 포함 여부에 따라 차이가 크게 나타난다. ③ 통일비용의 추청은 일부 항목을 중심으로 부분 분석을 하고 있다. ④ 대규모 통일비용 투입에 대한 북한의 수용 능력을 고려하지 않아 목표소득이 현실적이지 못하다. ⑤ 통일비용 부담의 신축성 결여와 국민들의 부담 의사가 결여된 점이다.

　통일비용을 조달하는 과정에 있어서는 비용분산과 세대간 형평성, 효율성과 형평성의 조화, 수익자 부담의 원칙 등을 유념하여야 하여, 통일비용 재원조달의 최소화 방안을 모색해야 한다.

제1절 통일비용의 개념과 일반적 논의

1. 통일비용의 개념

통일비용은 통일과 관련하여 미래에 발생할 수 있는 비용을 말한다. 이는 그 자체가 매우 까다로워 통상적으로 서독의 동독에 대한 공공부문 지출을 통일비용으로 간주하고 있다.[1] 즉 독일통일 과정에서 통일 이후 일정기간 내에 동독주민의 1인당 국민소득이 서독주민의 1인당 국민소득과 같게 하기 위해 서독정부의 재정지출액을 통일비용으로 정의한다. 따라서 통일비용은 통일 이후 경제·사회 수준을 통합 주체의 수준으로 향상시키는 데 필요한 경제적·비경제적 비용으로 정의된다.

통일비용 개념은 계속 논의중에 있으며 전문가마다 사용하는 개념이 다르다.[2] 통일비용의 정의는 남북통일이 되었을 때 남북한의 소득 균등화에 따른 지출액의 개념으로 사용되어 왔으며, 또한 북한의 SOC에 대한 투자나 산업구조를 조정을 위한 투자 등에 따른 비용으로 정의되었다.

이 같은 관점에서 볼 때, 통일비용은 기회비용을 포함한

---

1) Flassebeck, Heiner, "German Unification-Five Years Afler", Economic Consequences of German Unification and Its Policy Implication for Korea, KDI/DIW Joint Seminar, 1996.
2) 양운철, 「통일비용의 추징과 재원 조달방안」, 『세종정책연구』, 제2권 제1호, 세종연구소, 2006, p. 47.

경제학적 비용으로 정의할 수 있다. 또한 통일비용에 대한 개념은 '통일편익', '분단비용' 등과 같이 실물적인 개념을 넘어 유·무형의 가치를 포함하는 개념으로 전개되어 왔다.

2. 통일비용의 구성내용

통일부는 통일비용에 체제전환비용, 소득균등화비용, 위기관리비용 등을 포함시켰다.[3] 통일 이전과 과정에서 발생할 수 있는 상황관리 비용, 통일 이후 남북한 제 분야에서 발생할 수 있는 제도 통합비용, 그리고 남북한 소득격차를 해소하기 위해 북한의 GDP를 일정 수준으로 끌어올리는 데 소요되는 투자비용 등으로 구분된다.

김창권(2005)[4]은 독일통일비용이 '위기관리비용', '제도 통합비용', '경제적 투자비용' 등으로 구성된 것으로 보았다.

〈표 6-1〉은 독일통일비용의 구성내용에 남북한을 고려할 때, 제시될 수 있는 내용이다.

박태규(1997)[5]는 통일비용은 체제가 다른 두 국가가 통합되어 통합 국가의 경제가 안정적인 상태에 이르기까지 소요되는 비용이라고 정의한다. 위기관리비용(단기), 체제전환비용(중

---

3) 통일부 제출자료, 2010년 9월 1일.
4) 김창권, 「독일통일비용 추계와 재원조달방안」, 『통일경제』, 현대경제연구원, 2005, p. 67 참조.
5) 박태규, 「한반도 통일에 따른 소요비용의 추계와 재원조달 방안」, 『한반도 통일시의 경제통합전략』, 한국개발연구원, 1997 참조.

기), 경제투자비용(장기) 등으로 구성된다고 주장한다.

<표 6-1> 통일비용 구성내용

구 분	내 용	사 례	비 고
위기관리 비용	통일 직후 동독(북한) 지역의 급격한 경제·사회적 충격을 완화하고 거시경제적 불안정을 최소화하기 위한 정책	이주민 대책 및 동독(북한)주민 기본생활 보장 정책, 실업대책	정부주도
제도통합 비용	통서독(남북한)간 이질적인 제도를 시장경제제도로 동질화	화폐·법·행정·사회보장 제도 등 통합비용	정부 주도
경제적 투자비용	동독(북한)의 열악한 SOC를 개선·확충하고 산업부문에 대한 투자로 통일 이후 동독(북한)주민의 생활수준을 서독(남한) 대비 상승시키는 데 소요되는 경제통합 비용	철도, 도로, 전기·통신망 일원화, 산업구조 조정	정부주도+ 민간참여

자료: 김창권, 앞의 책, 2005, p.67 참조.

김영윤(2005)[6]은 통일비용은 통일에 따른 남북한간 격차 해소 및 이질적인 요소를 통합하는 데 소요되는 체제통합비용 이라고 한다. 통일비용은 남북한 경제력 격차해소 및 경제통합 비용, 정치·사회·문화적 통합을 추진하는 과정에서 발생하는 갈등해소 비용을 포함한다. 경제적 통합비용은 다시 위기관리 비용, 경제재건비용, 제도통합비용, 사회보장비용 등으로 세분 할 수 있다.

신창민(2007)[7] 은 통일을 달성하고 마무리짓는 과정에서 발

---

6) 김영윤 외, 『평화비용의 의미와 실익』, 통일연구원, 2005, pp. 3-5.
7) 신창민, 『통일비용 및 통일편익』, 국회예산결산특별위원회, 2007.8.31, pp. 3-5.

생하는 비용을 포괄적 통일비용이라 하고, 다음과 같이 분류한다.

첫째, 통일 직후 북측 지역에서는 공황상태가 발생할 가능성이 있는데 이에 대비하는 비용이다. 주민들의 안정된 생활을 할 수 있게 의식주 문제가 해결되어야 한다. 이를 위한 것이 위기관리비용이다. 둘째, 정치, 군사, 행정, 경제, 교육, 사회, 문화 등 모든 분야에서 단일체계를 이루기 위한 비용이다. 셋째, 통일 후 북측 지역의 실물자본 형성을 위한 자금 소요이다. 남북간의 1인당 소득 격차를 줄이기 위해서는 북측의 생산증대가 있어서 자본축적이 필요한 실질투자비용으로 소요되는 것이다.

김창권(1998)[8]은 위기관리비용, 제도통합비용, 경제적 투자비용, 통일환경 조성비용 등으로 분류한다. 〈표 6-2〉에서 보는 바와 같이 위기관리비용은 통일 직후 북한지역의 급격한 경제·사회적 충격을 완화하고 거시경제적 불안정성을 극소화하기 위한 정책이다. 일부 경제학자들은 단기적으로 이 위기관리비용을 정부가 준비하여야 할 비용으로 관련 법률을 제정하여 국채를 발행함으로써 실질적인 통일비용 재원을 마련해야 한다는 것이다.

제도통합비용은 남북한 이질적인 제도를 시장경제제도로 동질화하는 데 소요되는 직접지원비용이고, 경제적 투자비용은 북한의 열악한 사회간접자본을 개선·확충하고 산업부문에 대한 투자로 통일 이후 북한주민의 생활수준을 남한 대비 상승시키는 데 소요되는 경제통합비용이다.

---

8) 김창권, 「한반도 통일비영에 관한 비판적 소고」, 『산경논총』, 제25권 제2호, 2006, pp. 179-180.

통일환경 조성비용은 통일비용을 광의로 해석하는 것이다. 통일 이전 경제교류 및 협력의 단계에서 남한정부가 지불해야 할 경협활성화를 위한 지원비용 등을 여기에 포함시킬 수 있다.

<표 6-2> 통일환경 조성비용을 고려한 통일비용 구성내용

구 분	내 용	사 례	비 고
위기관리 비용	통일 직후 북한지역의 급격한 경제·사회적 충격을 완화하고 거시경제적 불안정을 극소화하기 위한 정책	남하이주민 대책 및 북한주민 기본생활 보상정책, 실업대책	정부주도
제도통합 비용	남북한 이질적인 제도를 시장경제 제도로 동질화	화폐·법·행정·사회보장제도 등 통합비용	정부주도
경제적 투자비용	북한의 열악한 SOC를 개선·확충하고 산업부문에 대한 투자로 통일 이후 북한주민의 생활수준으로 상승시키는데 소요되는 경제통합비용	철도, 도로, 전기·통신망 일원화, 산업구조 조정	정부주도+ 민간참여
통일환경 조성비용	통합이전 경제교류 및 협력의 단계에서 남한정부가 지불해야 할 경협활성화를 위한 지원비용	남북교류협력기금	정부주도+ 민간참여

자료: 김창권, 앞의 책, p. 180.

조동호(1997)[9]는 통일비용은 남한지역과 북한지역이 각각 경제적 그리고 비경제적으로 지불해야 할 비용이라고 주장한다. 〈표 6-3〉에서 보는 것처럼 남한지역이 경제적 지불 비용은 북한지역 지원비용, 외부비경제 비용, 인구이동에 따른 비용 등이고, 비경제적 지불 비용은, 첫째 사회적 혼란에 따른 비용이다. 둘째 남한지역 주민간 지역감정 및 지역 이기주의 심화 등이다.

───────────────

9) 조동호, 『통일의 경제적 비용과 통일비용』, 민족통일연구원, 1997, pp. 60-64.

북한지역이 경제적으로 지불해야 할 비용은 매우 다양한데, 먼저 경제통합 및 체제전환에 따른 비용을 지적할 수 있고, 인구이동에 따른 비용도 지불해야 한다. 북한지역이 비경제적으로 지불해야 할 비용은 국가소멸, 사회적 혼란, 남북지역 주민간 갈등 등이다.

<표 6-3> 경제적 및 비경제적 통일비용 구성내용

남한지역	북한지역
경제적 비용	
① 북한지역 지원 비용: 경기침체, 실업 증가, 재정적자 심화, 인플레이션 발생, 국제수지 악화 ② 외부비경제: 이질적 체제와의 통합으로 인한 경제적 효율 하락 ③ 인구이동에 따른 비용: 주거, 교통, 교육 부분 등에서 혼잡비용	① 경제통합 및 체제전환에 따른 비용: 생산 및 소득 감소, 실업증가, 인플레이션 발생, 정책의 과도기적 시행착오로 인한 손실 ② 인구이동에 따른 비용: 청년, 숙련노동력 부족
비경제적 비용	
① 사회적 혼란 : 범죄, 투기 증가 등 기존 질서의 이완 ② 남북지역 주민간 갈등 : 지역감정 및 지역 이기주의 심화	① 국가소멸에 따른 비용 : 자신감 및 자존심의 훼손, 각종제도 및 조직의 변경에 따른 비용, 물질만능주의 등 자본주의 폐해 확산 ② 사회적 혼란 : 기존 가치관의 손상, 기존 질서의 해체, 체제 부적응계층의 발생, 소득격차, 물질만능주의 등 자본주의 폐해 확산 ③ 남북지역 주민 간 갈등 : 2등 국민 심리의 발생

자료: 조동호, 앞의 책, 1997, p. 62.

3. 통일비용 추정에 대한 기존연구

통일비용의 추정에 대한 기존연구는 학자와 기관에 따라

다양한 방법으로 진행되어 왔으며, 추정의 전제조건에 따라 계산된 통일비용은 격차가 크다. 이에 대한 가장 핵심적인 기준은 소득균등화비용이라고 할 수 있다.

독일통일에서 보는 바와 같이 막대한 통일비용이 지출되었는데, 이는 우리의 통일에 있어서 비용과 혜택에 대한 시사점을 제공해 주고 있다. 통일비용 추정과 관련된 기존연구는 매우 많지만 최근의 몇 가지 연구들을 살펴본다.

박종철(2011)[10]은 통합비용은 2031년 기준으로 통일초기 1년 동안 체제통합, 사회보장의 초기 통합비용으로 최소 55조 원~최대 249조 원으로 추정하였다. 체제통합 비용을 최소 33.4조 원~최대 49.9조 원으로 추정하였고, 사회보장 비용을 최소 21.3조 원~최대 199.4조 원으로 추정하고 있다.

미래기획위원회(2010)[11]는 통일비용을 2011~2040년까지 30년간 소요비용으로 남한과 비슷한 수준의 사회 여건을 북한이 갖추고 북한주민들의 1인당 소득이 남한수준에 크게 뒤떨어지지 않게 만드는 데 필요한 비용으로 정의한다.

상황별 인구수, 남한국민 1인당 부담 및 "비핵·개방 3000" 수용 등을 고려하여 두 가지 시나리오를 제시하였다. 첫 번째는 비핵화를 전제로 국제사회의 북한에 대한 지원으로 남북평

---

10) 박종철, 『공동체 형성전략 및 과제와 초기 통합비용』, 통일연구원, 2011.8.11 참조.

11) 2010년 6월 9일 미래기획위원회가 대통령에게 '미래비전 2040'을 사전보고할 때 KDI 연구결과이다. 그러나 6월 11일 정식보고서에서는 제외하였으며, 전체 보고서는 비공개하기로 결정하였다. 위 내용은 언론보도를 토대로 작성한 것이다.

화·경제공동체의 형성과 함께 북한의 높은 경제성장률과 투자율을 유지하면, 통일비용은 3,220억 달러가 소요될 것으로 분석했다.

두 번째는 북한이 급변사태로 붕괴하면 북한 소득보전을 위해 2조 1,400억 달러가 소요될 것으로 전망했다. 통일비용은 전자에 비해 후자가 7배 이상 급증한 것으로 예측했다.

랜드(RAND)연구소의 찰스 울프(2010)[12]는 통일비용을 북한경제를 남한수준으로 끌어올리고, 북한경제를 발전시키는 데 필요한 비용으로 정의한다.

남북한의 1인당 GDP가 2만 달러와 700달러 수준인 상황에서 통일이 이루어지고 북한경제를 남한수준으로 끌어올리는 데 1조 7천억 달러가 소요될 것이다.

미국스탠퍼드대 피터 백(2010)[13]은 통일비용을 북한주민들의 소득을 남한수준의 80% 수준까지 향상시키는 데 필요한 비용으로 정의하였다. 동독주민의 소득수준이 서독수준의 70%에 도달한 기간이 20년인데, 이 기간에 2조 달러가 소요된 점을 감안할 때, 북한주민의 수준이 남한의 80% 수준까지 도달하는 데 필요한 비용은 향후 30년 동안 최소 2조 달러가 소요될 것으로 추정하였다.

김유찬(2010)[14]은 2010년 통일을 가정하고, 그 이후의 시

---

12) Charles Wolf Jr., "The Cost of Runiting Korea," Forbes.com, 2010.3.15.

13) Peter M. Beck, "Contemtating Korean Reunification", *The Wall Street Journal*, January, 4. 2010 참조.

14) 김유찬, 『통일비용 및 재원조달 방안에 관한 연구』, 국가예산정책처

기에 발생하는 모든 통일비용을 2010년 불변가격 기준으로 20년간의 총비용으로 개산하였다. 기초생활보장이 대략 757.7 조 원, 의료비용이 대략 134.2조 원, 그리고 정부서비스 제공 비용이 880조 원이 소요되는 것으로 보았다. 그리고 사회간접 자본투자에 필요한 재원이 480조 원이며, 통일 초기에 드는 직접경비 5조 원 정도가 필요한 것으로 보았다. 따라서 20년간의 총 통일비용은 1,548.3조 원~2,257.2조 원 정도인 것으로 추계하였다.

한국조세연구원 최준욱(2009)[15]은 남북한이 2011년에 독일 식의 통일을 이룬다는 전제로 10년간 2007년 기준으로 남한 GDP를 추계한 향후 2011년 GDP의 12%에 해당하는 비용을 통일비용으로 투입해야 할 것으로 분석하였다.

전제조건은 통합 후 60년 동안 통일 한국의 평균성장률이 이자율 정도로 유지되고, 이후 시점에서는 북한 근로자의 생산성이 남한 근로자의 80~90% 정도까지 상승하며, 남한에서는 매년 GDP의 2%에 해당하는 재정수입을 60년간 추가적으로 확보해야 한다는 것이다.[16]

북한은 남한보다 GDP 대비 비율로 현저하게 낮기는 하지만, 재정수입의 경우 어느 정도의 재정수입을 확보한 가운데 일인당 공공서비스 지출액을 남한지역보다는 일정 부분 낮게

연구용역보고서, 2010, p. 46 참조.

15) 최준욱, 『남북 경제통합과 재정정책(Ⅰ): 재정의 지속가능성에 영향을 미치는 요인 분석』, 한국조세연구원, 2008 참조.

16) 최준욱, 위의 책, p. 65.

유지하고, 주민에 대한 소득보전지출을 일정 범위 내로 제한하는 등 재정지출이 과도하지 않은 수준으로 유지되는 것을 전제하였다.

신창민(2005)[17]은 2010년 통일이 된다고 가정하고 이후 10년 동안 북한의 1인당 GDP가 남한의 절반에 이르는 데 필요한 투자지원액이다.

경쟁적 시장경제 채택, 남북지역 분리관리, 북측 토지 공개념 도입, 감가상각률 6.7%, 2010년까지 남한 경제성장률 4%, 2020년까지 3%, 남한 군사비 지출 GDP의 3%에서 2%로 감축 등 12가지를 가정한다. 10년 동안 통일비용은 총 6,161억 달러(약 647조, 남한 예상 GDP의 6.5%)가 필요하다. 통일은 2020년으로 늦추면, 이후 10년간 통일비용이 GDP의 6.6%로 2010년 통일에 비해 GDP 대비 0.1%가 더 높아진다고 주장한다.

2010년의 시점에서 다시 산출한 그의 통일비용 분석에 따르면 통일의 시기가 늦어질수록 통일비용이 더 많이 든다는 것을 강조하고 있다.[18]

삼성경제연구소(2005)는 2015년 통일이 될 경우, 남한의 최저생계비 수준을 북한에 지원한다는 전제로 545조 8,000억 원이 소요된다고 전망한다. 북한주민의 기초생활보장을 위해 2015~2025년간 총 447조 원 소요되고, 2015년 이후 10년간

---

17) 신창민, 『통일비용과 분단비용 재점검 시사점』, OK times(Overseas Koreans times), 139호, 2005, pp. 14-21.
18) 신창민, 「통일비용과 통일편익」, 『분단관리에서 통일대비로』, 통일연구원, 2010, pp. 23-33.

북한 GDP의 10%를 북한경제의 산업화에 지원할 경우 총 99
조 원이 소요되는 것으로 추산하였다.

<표 6-4> 기존통일비용 추정 사례

추계주체 (발표연도)	통일시점 (기간)	통일비용의 기준 및 통일비용	추정방법 및 기준
박종철 (2011)	2031	• 통일 1년 동안 체제통합, 사회보장의 통합비용 • 55조원-249조원	• 북한지역 1인당 GDP가 남한의 21% 수준으로 가정 • 목표소득방식
미래기획위원회(2010)	2011-2040	• 남한과 비슷한 수준의 여건을 북한이 갖추고 북한주민들의 1인당 소득이 남한수준에 크게 뒤떨어지지 않게 만드는 데 필요한 비용 • 점진적: 3,220억 달러 • 급진적: 2조 1,400억 달러	• 상황별 인구수, 남한국민 1인당 부담 및 "비핵·개방 3000" 수용 고려
랜드연구소 찰스울프 (2010)	2010	• 북한을 남한 수준으로 향상 또는 북한 경제 수준 개선에 필요한 비용 • 620억 달러`1,7조 달러(현재 북한GDP 700달러→남한수준 2만 달러로 향상)	• 남북한 1인당 GDP, 인구, 북한의 1인당 GDP의 개선 • 목표소득방식
스탠퍼드대 피터벡 (2010)	–	• 북한의 소득을 남한의 80% 수준으로 증가시키기 위해 30년간 소요될 비용 • 30년간 2조`5조 달러(독일식: 2조 달러, 베트남·예멘식: 3-5조 달러)	• 북한의 소득수준 개선 • 목표소득방식
김유찬 (2010)	2010	• 20년간 최소 총 1,548.3조 원, 최대 총 2,257.2조 원	• 기초생계지원, 의료비 지원, 정부서비스, SOC 투자 등 • 항목별 추정방식
한국조세연구원 최준욱 (2009)	2011	• 통합 후 50~60년 경과시 북한지역 생산성이 남한의 80-90%로 수렴 비용 • 통합 후 10년간 매년 남한 GDP의 12% (2008년 GDP기준 122조원)	• 남북한이 2011년에 독일식의 급격한 통일을 이루는 것을 가정
신창민 (2005)	2010	• 2010년 통일 가정시 이후 10년간 북한의 1인당 GDP가 남한의 절반에 이르는 데 필요한 투자지원액 • 6,161억 달러(약 647조 원, 남한 예상 GDP의 6.5%)이 필요	• 2010년까지 남한 경제성장률 4%, 2020년까지 3% 등 12가지 가정 • 목표추정방식
삼성경제연구소(2005)	2015	• 2015~2025년까지 북한주민의 기초생활 보장 및 북한 GDP를 2배 증가에 소요되는 투자비용 • 총 546조 원 소요	• 남한의 최저생계비 수준을 북한에 지원, 남북한 경제성장률 고려 • 항목별 추정방식

자료: 신동진, 『통일비용에 대한 기존연구 검토』, 국회예산정책처, 2011.8 참조; 이승현·김갑식, 「한반도 통일비용의 쟁점과 과제」, 『정책연구』, 국가안보전략연구소, 2011 겨울호 참조..

4. 기존 통일비용 연구의 특징과 한계

가. 통일비용의 편차

통일비용에 대한 연구는 다양한 방법으로 전개해 왔으며, 연구자 및 기관들에 따라 최소 500억~최대 5조 달러에 이르기까지 큰 편차를 나타내고 있다. 이 차이는 통일의 형태와 방법, 통일시기와 추정방법, 목표 수준과 추정 항목, 비용부담의 주체 등에 있어서 가정과 전제조건을 서로 달리하고 있기 때문이다. 즉, 목표소득방식의 경우, 계량모델을 적용하기 위해 비현실적인 가정을 하거나 또는 과도한 목표소득을 기초로 추정이 이루어지고 있다.[19]

또한 남북간의 큰 소득격차[20]를 무시하고 가정과 추정을 단순화하기 위해 남한과 비슷한 수준이거나 일정 수준의 과도한 목표소득을 설정하고 있다. 따라서 총 통일비용만이 과대하게 추정되어 통일에 대한 부정적 인식을 야기했다.

항목별 추정 방식에서도 중장기적인 남북한의 경제력 격차 해소에 필요한 모든 항목과 각 항목별 정확한 비용 추정은 불가능하다. 또한 통일비용 항목들은 실제 통일 과정에서 크게 달라질 수 있어 실제비용과 추정비용은 큰 차이를 보일 수 있다.[21]

---

19) 이 모델에 주로 쓰이는 '연산기능일반균형(CGO, Computable General Equilibrium)모형'은 완전경쟁시장과 생산요소의 완전균형 등 비현실적인 가정을 기초로 하고 있다.

20) 2013년 북한의 국민총소득(명목GNI)은 33.8조 원으로 한국의 1/43 수준이며, 1인당 국민총소득(GNI)은 137.9만 원으로 한국의 1/21 수준임(한국은행, 『2013년 북한 경제성장률 추정 결과』, 한국은행, 2014.6.)

21) 홍순직, 「남북통일 비용과 편익 어떻게 볼 것인가? -남북 통일, 편익

이 밖에도 정확한 북한 실태 추정이 어렵고, 경제의 투자 비용을 GDP 기준으로 추정할 경우 위기관리비용의 추정은 GDP에 반영됐던 재정지출 항목들이 중복 반영될 우려도 존재한다.

나. 통일의 방법과 시점

통일비용에 대한 기존연구들은 통일이 급진적이고 통일 시점이 늦을수록 통일비용이 클 것으로 분석했다. 급진적인 통일의 경우에는 통합에 따른 위기관리 및 사회혼란 방지에 대한 지출 비용이 증가하는 반면에 통합 시점이 늦어질수록 남북간 소득 격차가 커져, 이를 축소시키는 데 비용이 커지기 때문이다.

다. 통일 전후의 비용 포함 문제

통일과 통합의 개념이 혼재되어 통일비용에 통일 이전의 준비 및 통합 과정의 비용의 포함 여부이다. 특히 점진적인 통일의 경우 기존 연구는 향후 예상시기를 5~30년으로 큰 시차를 두고 있어서 통일 이전의 여건 조성비용을 전체 통일비용에 포함시키는지 여부에 따라 크게 차이가 난다.

또한, 통일 여건 조성비용을 포함시킬 경우에도 현재 남북 경색 상황의 남북교류협력 비용도 포함시켜야할지, 아니면 남북경제공동체 형성에 대한 합의 이후의 대북 인도적 지원과

이 비용보다 크다-」,『남북통일 비용과 편익 어떻게 볼 것인가?』, 박병석 국회 부의장실/국회입법조사처, 2012.9, pp. 27-30.

SOC 투자비용을 포함시켜야할지에 관한 논란이다.

라. 포괄적 추정이 아닌 부분적 추정

통일비용은 포괄적 추정이 아니라 일부 항목을 중심으로 부분적으로 추정하고 있는 점도 문제점으로 지적되고 있다. 즉 사회적 혼란과 이념적 갈등, 남북간 소득 격차 확대와 북한정부의 소멸에 따르는 심리적 고통 등의 비경제적 비용은 계량화하기가 어려워 경제적 비용을 중심으로 분석되고 있다. 또한 항목별 추정 방식의 경우에도 대부분의 연구가 위기관리비용과 경제적 투자비용 중심으로 추정하여, 체제통합비용은 반영되지 않고 있다.

마. 통일비용 투입에 대한 북한 수용 능력 결여

대규모 통일비용 투입에 대한 북한의 수용 능력을 고려하지 않아 목표소득이 현실적이지 못하고 과도하다는 지적이 있다.[22]

2013년 북한의 국민총소득(명목GNI)은 33.8조 원으로 한국의 1/43 수준이며, 1인당 국민총소득(GNI)은 137.9만 원으로 한국의 1/21 수준임에도 불구하고, 많은 연구들은 매년 통일비용 투입 규모를 현재 북한경제 규모보다 더 많이 투입하는 것으로 추정하고 있다. 이는 동독지역의 1인당 국민소득이 통일 후 3~6년 만에 서독 지역의 약 60~70% 수준에 도달한 경

---

22) 조동호, 앞의책, pp. 54-56.

우를 반영한 데 따른 것으로 평가된다. 그러나 통일비용은 화폐가 북한지역으로 이전되고, 그에 상응하는 물자가 투입되는 것을 알아야 한다. 따라서 무리한 목표소득 설정으로 인해 장기간에 걸쳐 소요될 통일비용이 단기간 내에 도달할 목표로 인식되어 통일에 대한 비용 부담에 따른 부정적 인식을 확대시킬 수 있다.

바. 통일비용 부담의 신축성 결여와 국민 공감대 부족

통일비용은 비용 부담의 신축성과 국민들의 부담 의사가 결여된 점을 지적할 수 있다.

통일비용은 사전에 확정된 액수가 아니라 사후적으로 우리의 부담능력과 정책에 따라 신축적으로 조절이 가능해야 한다. 특히 일반 국민들의 통일비용 부담 의사가 연간 10만원 이하의 비중이 96.9%를 차지하고 있는만큼 안정적인 통일 여건 조성을 위해서는 무엇보다도 통일의 필요성과 비용 부담에 대한 국민들의 공감대 형성이 중요하다.

또한 기존의 통일비용에 대한 연구들은 비용을 부담할 공급자의 지불 능력과 의사를 등한시하고 수요자 중심을 강조한 측면이 있다. 특히 통일비용보다 통일편익이 높다는 점을 강조하면서 남한의 경제력과 국민들의 조세 부담 의사 등 현세대의 부담을 제대로 반영하지 못한 측면이 있다.

제2절 통일비용 재원조달

1. 통일비용 재원조달에 대한 고찰

가. 통일비용 재원조달 방식과 원칙

통일비용 재원조달은 국내재원과 국외재원, 공적재원과 민간재원으로 분류할 수 있다.

국내공적재원은 소득세율 인상, 부가가치세율 인상, 목적세 신설, 국채발행, 통일기금 조성 등 재정자금을 통한 재원조달과 복권발행, 타 기금으로부터의 출연·적립 등을 들 수 있다.

국외공적재원은 국제금융기구, UN기구 등 다자간 공적재원과 양자간 공적개발원조(ODA)재원으로 구분할 수 있다.

국내외 민간재원은 기업들의 대북한 투자와 상업차관 지원 등이 있다. 최근 공적부문과 민관 부문이 협력하는 민관협력방식도 개발금융으로 많이 활용되고 있다.[23]

공적재원과 민간재원의 투입에는 타당성 기준이 다르다. 민간재원은 그 사업에 상업성이 있어야 조달하는 반면에 공적재원인 원조사업은 상업성이 있으면 공적재원을 투입하지 않는 것이 국제규범이다. 투자 사업에 관해 상업성이 있는 사업은 당연히 민간자본으로 추진해야 한다. 공적재원의 투입은 사

---

23) 김연철 외, 『북한 어디로 가는가?』, 플래닛미디어, 2009, pp. 331-359 참조.

업성이 낮고, 민간재원 유치가 어려워 민간자본 투자에 어려움이 있는 경우에 경제적 편익을 따져 선별적으로 지원하는 것이 원칙이다. 즉 수익성은 없지만 경제성이 있는 사업에 공적지원이 이루어져야 하고, 이 중에서도 경제성이 높은 순으로 우선순위가 부여되어야 한다.

나. 통일비용에 대한 세대간 부담 공유와 원칙

통일의 편익은 시차를 두고 점차적으로 나타나지만, 통일비용은 편익 이전에 부담해야 한다. 따라서 통일비용은 현세대와 함께 미래 세대도 모두 부담해야 한다. 이를 위해서는 국채발행에 의한 재원조달방식이 유용하다. 이는 당시 세대가 모두 부담하지 않고, 그 혜택을 얻게 될 미래 세대도 부담해야 한다는 면에서 세대간 부담의 형평성을 이룰 수 있다. 즉, 국채를 발행하고 이를 만기에 재발행하면 국채발행부터 그 이후 세대가 연간 국채 이자만큼 통일비용을 부담하는 셈이 된다.

독일통일은 통일비용 재원조달 방식에 있어서 국채발행이 큰 역할을 하였다. 1990년 10월 3일 통일 후 1,500억 DM에 달하는 동독지역에 대한 순재정지원의 약 40%를 국채발행을 통해 조달하였고, 그 외 10%는 정부지출의 삭감을 통해서 25%는 조세수입 증가에 의해서, 그리고 나머지 25%는 사회보장기여금의 인상에 의해 조달한 사례가 있다. 독일통일시 통일비용은 거의 전부가 정부의 재정지출을 통해서 이루어졌으며, 그 재원조달은 사회계층간 공평분담의 원칙하에 이루어진 것으로 평가된다. 독일의 연방정부, 주정부, 지방자치단체 등이 일정비율로 비용을 부담하였고, 독일 주민에 대한 일률적인 세금 인상으로 부담의 평준화를 추구하였고, 국채발행, 통일 이후 통일기금 조성 등을 통해 세대간 부담의 공평화를 추구하였다.[24)

2. 현실적인 재원조달에 대한 고찰

가. 효율적인 재원조달 방안

독일통일과 남북통일을 비교하여 살펴보면 재정부담은 서독보다 남한이 상대적으로 훨씬 더 커질 것이라는 전망을 하고 있다. 독일통일 당시 동독은 서독에 비해 인구가 1/4에 불과하였고, 1인당 소득은 서독의 1/4 수준이었는데 반해서, 2013년 현재 북한은 남한에 비해 인구가 1/2의 수준이며, 1인당 소득은 남한의 1/21에도 미치지 못하고 있다. 따라서 독일통일처럼 이루어진다면 남한정부의 소득보전을 위한 재정지출은 서독정부의 부담에 비해 7배 정도가 된다. 즉, 동독주민의 소득이 서독의 일정 수준이 되도록 서독정부가 통일 후 최초 5년간 연평균 서독 GDP의 4.1~4.5%를 동독지역에 재정 투입하였으므로 통일 독일과 같은 규모의 소득보전지출을 위해서는 남한의 GDP의 약 1/3 이상을 통일 최초 5년간 북한지역에 투입해

---

24) 장형수, 「통일과 재원조달 논의에 대한 새로운 고찰」, 『정책연구』, 국가안보전략연구소, 2011, p. 142.

야 한다는 계산이 나온다.[25] 이는 남한으로서 현실적으로 감당하기에는 불가능한 규모이다. 그러므로 독일통일 후의 재정투입 방식은 현재의 남북한 경제력 격차와 남한의 경제력만으로 현실적으로 적용하기 어려우므로 다른 방안을 고려하여 현실적인 정책방안을 모색해야 한다.

궁극적으로 통일비용의 효율적인 재원조달 방안은 소득보전 재정지출을 줄이고 국외재원과 민간재원을 조달하여 북한 경제발전을 위한 비용을 증가시켜야 한다. 재정자금은 주로 북한주민의 사회보장성에 지출하고, 북한경제발전 비용은 국외재원과 민간재원을 활용하는 것이 중요하다. 한국의 역할은 남북 경제통합 초기에 북한개발지원을 위한 국제공적자금을 최대한 조성하고, 국내외 민간자본을 북한경제개발에 투입할 수 있도록 국제협력을 추진해야 한다.

나. 지속적인 경제성장을 통한 경제력 확충

남북통일이 달성되면 북한에 지원 가능한 재정 규모는 남한의 경제규모와 1인당 소득에 의해 결정된다. 남북통일의 경우 남한이 북한에 투입할 수 있는 재정지원 규모는 당시 남한 GDP의 4% 정도를 크게 초과하지 못한 것으로 보인다. 그 근거는 서독의 경우 통일 후 최초 5년간 연평균 서독 GDP의 4.1~4.5%를 투입한 전례가 있다.[26]

---

25) 장형수, 위의 책, 2011 참조.
26) 당시 서독 경제는 세계 최고 수준이었고, 동독주민이 서독으로의 대량 이주를 방지하기 위해 서독 경제력이 허용하는 최대치를 재정 투입했다.

〈표 6-5〉는 통일 당시 남한의 경제력이 남한정부의 북한지역에 대한 재정 투입 규모에 얼마나 큰 영향을 미치는가를 시뮬레이션한 결과이다. 2010년 기준 달러 표시 남한 경제규모는 1조 143억 달러였다. 통일이 2020년 또는 2030년에 이루어진다고 가정하고 통일시 최초 5년간 남한 GDP의 4%를 북한지역에 투입한다고 가정한다. 이 시뮬레이션에서는 향후 경제성장률에 대한 가정이 중요하다. 본 연구에서는 현재 우리 경제의 잠재성장률로 추정되는 연 5%로 2030년까지 경제성장을 착실히 하는 경우와 경제성장률이 연 2%로 급락하는 경우 통일 후 5년간 북한지역에 대한 재정투입 능력을 비교하였다.[27)]

<표 6-5> 경제력과 통일 후 북한에 재정투입 규모(시뮬레이션)

(단위: 억 달러, 2010년 불변가격)

남한 경제	2020년 통일 가정		2030년 통일 가정	
	2020년 GDP	5년간 재정 투입액	2030년 GDP	5년간 재정투입액
5% 성장	16,522	3,652	26,912	5,948
2% 성장	13,364	2,574	15,072	3,137
차이	2,158	1,078	11,840	2,811

주: 통일후 매년 남한 GDP의 4%를 북한지역에 재정 투입하는 것으로 가정.
자료: 장형수, 앞의 책, 2011, p. 184.

2010년부터 연평균 5%의 건실한 경제성장을 실현할 경우 2020년 통일 당시 남한의 경제규모는 2010년 미국 달러 불변

---

27) 장형수, 앞의 책, 2011 참조.

가격 기준으로 1조 6,522억 달러에 달하는 반면, 연평균 경제성장률이 2%인 경우에는 1조 3,364억 달러에 불과하다. 이 경우 통일 후 최초 5년간 GDP의 4% 규모의 재정투입 능력은 3,652억 달러와 2,574억 달러로 1,078억 달러의 차이가 나게 된다. 이 수치는 2010년 미국 달러 불변가격 기준으로서 2010년 남한 GDP의 10.6%에 달하는 큰 규모이다.

통일의 시기가 2030년으로 되면 이 차이는 더욱 커진다. 연평균 5%의 건실한 경제성장을 실현할 경우 2030년 통일 당시 남한의 경제규모는 2010년 달러 불변가격 기준으로 2조 6,912억 달러에 달하는 반면, 연평균 경제성장률이 2%인 경우에는 1조 5,072억 달러에 불과할 것이다. 통일 후 최초 5년간 재정투입 능력은 5,948억 달러와 3,137억 달러로 무려 2,811억 달러의 차이가 난다. 이 수치는 2010년 달러 불변가격 기준으로서 2010년 남한 GDP의 27.7%에 달하는 실로 엄청난 규모이다.

다. 재정 건전성 유지

통일이 될 때까지 한국정부 재정이 건전성을 유지하는 것이 매우 중요하다. 아무리 경제규모가 크고 1인당 소득이 높더라도 정부 부채가 GDP 규모에 비해 많으면 국채 이자 부담 등 제약요인 때문에 대규모 국채의 발행은 제한적이 될 수 있다.

한국은 1987년 최초로 재정흑자를 달성한 이후 재정 상태는 비교적 건전하게 유지하였으나, 1987년 초의 세계경제 침체기와 1990년대 후반의 외환위기 극복을 위한 재정지출 확대로 정부부채가 급증하게 되었다. 그 후 2001년부터는 지속적인 재정흑자 기조를 유지하여 GDP 대비 정부부채는 20% 이하 수준을 유지하였다. 2008년 말부터 시작된 글로벌 금융위기로 인한 경기침체를 조기에 극복하기 위하여 이명박정부는 대규모 확장적 재정정책을 시행하였다. 이에 따라 재정수지는 2008년 GDP의 1.5% 적자에서 2009년 5%로 재정적자가 대폭 확대되었고, GDP 대비 정부부채 비율도 2009년에 급증하여 GDP 대비 35%를 넘어서 사상 최고치를 경신하였다.

<표 6-6> 지표로 보는 한국 정부 재정의 모습

(단위 : 조원, %)

비 고	1971	1980	1987	1992	1997	2002	2009
통합재정수지	△0.1	△1.2	0.3	△1.7	△7.0	22.7	△22.0
(GDP 대비 비율	(△2.3)	(△3.1)	(0.2)	(△0.7)	(△1.4)	(3.1)	(△2.1)
국가채무	0.49	7.45	18.89	30.97	60.31	133.6	366.0
(GDP 대비 비율)	(14.3)	(19.2)	(16.4)	(12.0)	(12.3)	(18.5)	(35.6)
조세부담율	14.4	17.0	16.1	17.3	18.0	18.8	19.7
국민부담율	14.4	17.0	16.4	18.3	21.0	23.2	25.6

주: 2002년 이후 GDP 대비 비율은 2005년 기준년 가격 기준.
자료: 기획재정부, 『2010-2014년 국가재정운영 계획』, 2010.

2009년 말 현재 한국의 GDP 대비 국가 채무는 OECD 선진국에 비해서는 아직은 낮은 수준이기는 하지만 아직 선진국에 비해 사회복지 수준이 낮고 통일이라는 잠재적인 재정 대기 수요가 있기 때문에 이를 감안해서 향후 재정을 운용해야 할 것이다. 그런데 한국의 조세부담률과 사회보장부담률을 합한 국민부담률은 사회복지가 잘 되어 있는 유럽국가의 비중이 높은 OECD 평균보다는 낮으나 미국, 일본 등과는 이미 비슷한 수준에 도달하고 있어 남북통합비용을 부담해야 할 우리 국민들에게는 이미 별로 여유가 없는 상황이다.

<표 6-7> 주요국의 조세부담률과 국민부담률

(단위 : %, 2007년 기준)

	한국 (2009)	미국	일본	영국	프랑스	OECD 평균
조세부담률	19.7	21.7	18.0	29.5	27.4	26.7
국민부담률	25.6	28.3	28.3	36.1	43.5	35.8

주: 국민부담률=조세부담률+사회보장부담률.
자료: 기획재정부, 위의 책, 2010 참조.

라. 국채발행의 재정지출과 국내외 민간자본 유치

통일비용은 북한경제개발비용과 소득보전 재정지출 및 경제·사회충격 완화를 위한 위기관리비용 등으로 나누어 보면, 정부 재정에서는 주로 소득보전과 경제·사회충격완화를 위한 위기관리비용 등이다.

이 비용을 충당하기 위하여 통일 후 단기간에 증세, 목적세 신설 등을 통하여 조달하기에는 상당한 한계가 있다. 그러나 국채발행으로 조달하는 것은 증세의 경우보다 단기간에 많은 재원을 확보할 수 있다. 국채발행을 통한 재원조달은 당시 세대뿐만 아니라 미래 세대도 부담해야 한다는 차원에서 세대 간 부담의 형평성도 달성할 수 있다. 또한 증세에 의한 국민들의 조세저항이 거의 없어 국채발행을 중심으로 재원조달을 하고 보완적으로 중세, 목적세, 정부지출 삭감 등을 통해 조달해야 한다.

북한경제개발비용은 국내외 민간투자자본의 유치로 가능하기 때문에 현실적인 재원조달의 방안이다. 이 자금 유치를 위해서는 북한의 투자저해 요인을 제거하여 투자환경을 개선해야 한다.

이를 통해 북한이 본격적인 개혁·개방을 추진하여 통일 이전에는 국제사회가 북한에 대한 투자를 할 수 있게 하는 것이 통일비용을 절감할 수 있다. 또한 북한 관료와 주민의 시장경제 경험은 통일 후 시장경제에 적응하는 데 도움이 될 수 있다.

따라서 북한이 개혁·개방을 통해 빠른 시일 내에 국제사회에 편입되게 하는 방안이 필요하다. 북한의 국제사회 편입은 북한의 IMF산하 세계은행 및 아시아개발은행 등 국제금융기구에 가입할 수 있다. 현재의 세계경제질서하에서는 북한이 이들 국제금융기구에 가입하고 나서 빈곤감축전략보고서(PRSP)를 작성한 뒤 IMF의 빈곤감축 및 경제성장 프로그램(PRGF)을 실행하는 것이 국제사회 진입의 조건이다. 이 프로그램을 성공적으로 마치면 세계은행과 아시아개발은행은 본격적인 개발지원에 나서게 된다.

남북한 통일시 초기 급변기에 세계은행과 국제통화기금(IMF)의 긴급자금지원도 활용할 수 있다. 남북통일이 되는 경우에는 통일 한국의 1인당 소득 수준은 세계은행의 국제부흥개발은행(IBRD) 자금지원 적격 수준을 초과할 것이지만 한국이

1995년 세계은행의 IBRD 융자대상국에서 최종 제외되었지만, 남북통일에 따른 과도한 한국경제의 충격이 발생하면 융자수혜를 받을 수 있다.[28]

3. 기타 통일비용 재원조달에 대한 고찰

지금까지 살펴본 통일비용 조달 방법 외에 화폐발행, 예산절감, 기금의 활용 등을 통해 통일비용을 조달할 수 있다.

화폐발행을 통한 조달은 실질소득의 증대효과가 있으나, 물가상승과 가격경쟁력의 악화로 무역수지를 악화시킬 수 있다. 또한 각종 기금성자금과 해외자금의 유입으로 통화증발의 압력이 있으므로 매우 제한적으로 활용해야 한다.

예산절감 통일비용 조달은 재정지출규모가 변하지 않기 때문에 거시경제적 안정을 유지할 수 있으나, 현실적으로 많은 어려움이 따른다. 즉, 국방비의 절감은 예산구조 경직성 때문에 단기적으로 절감하기 어렵고, 사회개발비는 수혜자의 저항 때문에 어렵다.

통일로 인한 사회통합비용 지출은 특정한 목적사업이고 지출의 신축성이 있어야 하므로 기금을 조성하고 이를 활용하자는 것이다.

---

28) 당시 한국정부가 IBRD에 보낸 서한에서 '남북통일, 심각한 자연재해, 갑작스런 충격에 따른 경제 불안정시' 세계은행의 한국에 대한 융자수혜를 재개할 것을 명시했다(장형수, 앞의 책, 2011 참조).

통일비용의 조달방법을 둘러싸고 그간에 제시된 방안들의
장단점 및 특징은 〈표 6-8〉과 같다.

<표 6-8> 통일비용 조달방법의 장단점 및 특징

방 법	내 용	장 점	단 점	선결조건	현실상
통일기금 (남북교류 협력기금)	• 1990년 남북협력기금법 제정으로 마련 • 통일기금적 성격 • 정부출연+민간출연 • 운용수익 및 기타수익금(정부출연비중이 압도적으로 높음	• 현재 운용 중이므로 안정적인 노하우 축적 • 정기적인 운영이 가능	• 정부출연비중이 높으므로 결국 재정과 국민부담이 가중 • 소모성 비용으로 사용되는 예가 많음	• 남북한 관계의 정상화 • 통일에 대한 남북한간의 공감대 형성	• 통일여부와 관계없이 활용가능 • 통일전후의 장기적 통일기금으로 재편 가능
채권발행	• 정부의 기금채권 또는 국채발행을 통해 민간부문의 자본유치 • 이자로 시장수익률 제공	• 민간부문의 재원을 활용하므로 단기간에 재정부담이 적으며 정치적 부담도 적은 편 • 투자유치에 용이	• 만기상환시 정부의 재정 임박 • 이자율 상승, 소비자물가상승유도 등의 부작용 • 대량발행시 구축효과 발생	• 통일에 대한 로드맵이 확정되어야 사용가능 • 통일이전 북한정부의 채권발행시 통일 후의 승계원칙이 확정되어야 함	• 단기적으로는 용이하나 정부의 만기상환 시 부담이 있으므로 장기적으로 불리
조세인상 (통일세)	• 특별목적세(직접세) • 통일에 대한 명확한 로드맵과 조약발표 이후 국민적 합의를 바탕으로 신설	• 재원조달이 용이 • 재원의 안정적 조달이 가능	• 조세저항이 우려 • 임금상승, 경기위축의 가능성	• 통일에 대한 남북간의 명확한 합의 또는 통일후에나 가능	• 통일직후 사용가능
공적개발원조	• 선진국 및 국제금융기구의 기금으로 개도국 지원 • 주로 보건, 교육, 환경, 빈곤퇴치 등에 집중	• 양허적 형태 • 통일이전 북한경제지원에 활용가능	• 안정적 자금 확보가 불확실	• 통일이전단계에서 북한의 개방과 미국, 일본 등 주변국과의 관계정상화	• 통일 전 단계에서 활용이 가능, 북한의 비핵화 등 대외정치적 갈등이 해소되어야 함
부담금 부과	• 자유무역지구, 경제특구 등 대북경협사업에 참가하는 기업	• 부담금은 수익과 비용절감액의 일부이므로 큰 부담이 없음	• 재원이 한정됨 • 투자반발이 예상됨	• 북한의 부분적 개방과 시장경제화가 어느 정도 진	• 통일전후 북한에 투자를 촉진하는 방법으로 적당

	체에 부과 • 법인세 경감 및 인프라 지원의 대가로 부담금 부과			행된 후에야 가능	
기업사유화 또는 국유토지매각	• 북한 산업시설의 매각을 통한 사유화 • 토지개혁 이후 국유지의 매각	• 정치적 저항 및 반대급부 없이 재원 마련이 가능	• 북한 내 기업 사유화와 정상화에 드는 비용이 예상외로 클 수 있음	• 통일이후 토지개혁 이후에만 가능	• 북한의 산업구조를 시장경제에 맞게 개혁하는 과정에서 자연스럽게 진행
광물자원개발	• 북한지역에서 지하자원개발권 판매	• 쉽게 재원확보가 가능	• 수익성에 대한 검토가 필요	• 통일 이후, 정치, 행정제도의 통합이후 사용가능	• 통일 과정 중 자연스럽게 진행
북한지원 신탁기금 또는 동북아개발은행 설립	• 북한의 국제금융기금 가입이 전 활용 가능 • 기술지원과 농업, 운송, 에너지 등에 대한 투자유도 • 동북아 통합과 역내 인프라개발을 위한 지역개발은행의 설립	• 국제자본의 확보 가능 • 북한 개발과 통일을 다자간 또는 동북아차원에서 접근	• 초기에 한국의 선제적 출연금이 필요 • 주변국과 국제사회의 합의가 필요	• 북한이 국제사회에 편입되는 로드맵이 확정되어야 가능	• 주변국이 불참 또는 이견을 보일 경우에는 실현이 어려움

자료: 홍익표, 「남북한 경제공동체 추진전략 및 과제」, 통일기반 조성을 위한 세미나 『남북공동체 형성과 통일』, 2011.5, pp. 55-56.

통일비용을 조달하는 과정에서는 비용분산과 세대간 형평성, 효율성과 형평성의 조화, 수익자 부담 등을 유념해야 한다. 이를 신중하게 고려하여 최종적인 조달방법을 선택하는 것이 사회 내 갈등을 극복하고 재원을 마련의 기초가 될 것이다.

제3절 통일비용 재원조달의 최소화 방안

1. 통일비용에 대한 국민적 합의 도출

통일의 당위성은 많은 국민들이 공감하지만 통일비용에 대한 지불의지는 매우 미흡한 것이 현실이다. 따라서 통일을 준비하는 과정에서 통일비용을 최소화하여 국민적 합의 도출이 매우 중요한 현실적인 과제라 할 수 있다.

통일비용 조달방법은 많지만, 이를 최종적으로 국민들이 감당할 수밖에 없다. 따라서 국민들의 공감대를 얻어야 할 필요성이 있다. 국민적 합의를 도출하지 못하면 통일비용재원을 마련하는 과정에서 갈등이 커지면 통일비용을 마련하는 데 있어서 갈등비용이 커질 수 있으며, 결국 이 비용은 광의의 통일비용에 들어갈 수 있다.

따라서 통일비용 재원조달에 있어서 국민적 합의 도출은 통일비용을 줄일 수 있으며, 이를 효율적으로 준비하는 데 있어서도 매우 중요하다.

2. 사전적 통일비용 지출 확대

남북소득격차는 시간이 지날수록 확대되고, 이에 따라 통일비용의 부담도 커지므로 사전적 통일비용 지출의 확대가 필요하다. 통일 이전 남북경협 활성화는 남북소득격차의 축소와 향후 통일비용을 줄일 수 있는 중요한 방안이다. 따라서 현재 남북경협 활성화를 위한 비용은 통일비용의 '사전적 투자비용'이란 인식의 변화가 일어나야 한다. 이 인식하에 북한의 낙후된 경제를 회생시키고, 지속적으로 발전할 수 있게 경제시스템을 구축하는 데 사전적 지원을 통해 향후 통일비용을 절감해야 한다.

남북경협을 통한 사전적 통일비용 지출 확대는 대북 퍼주기의 비용 개념이 아니라, 다음 세대에게는 통일비용의 절감과 경제적 이익을 제공해 준다는 인식의 전환이 요구된다. 통일비용을 줄일 수 있다는 인식의 전환이 필요하다.

또한 남북경협은 북한 변화를 위한 수단과 과정으로 인식해야 한다. 통일 이후 지출되는 통일비용의 편익이 극대화되도록 시너지효과가 큰 산업이나 지역에 대한 사전적 투자를 우선 추진해야 한다. 예컨대 개성공단 및 금강산관광 특구 등을 통한 선택과 집중 전략을 적절히 활용할 필요가 있다. 남북관계 진전 추이를 봐가면서 중장기 차원에서 북한의 지하자원 공공개발과 기간산업 개발, 인프라 구축 등에 대한 투자도 적극 고려해야 한다.

남북경협 활성화를 통한 대북 SOC 투자와 철도·도로·통신 등의 산업 인프라 연결은 남한의 내수 진작과 신성장 동력 및 새로운 발전 공간 확보라는 측면에서 매우 긴요하다.

3. 북한주민과의 교류 확대

남북통일 이후 남북간 사회적 갈등 극복과 통일비용을 줄인다는 차원에서 북한주민들과 교류를 확대하는 노력이 필요하다.

정부와 민간의 역할에서 정부는 민간 경협의 지원자로서 법·제도적 장치를 마련하고, 정치·군사적 문제가 민간의 경협 활동에 걸림돌이 되지 말아야 한다. 또한 상호 신뢰 회복을 위해서는 상업적 거래와 순수 인도적 차원을 분리하여 대북 지원을 해야 한다.

특히 대북 인도적 지원 확대는 북한주민들의 민심 획득을 얻을 수 있는 기회이고, 북한이탈주민들이 남한 사회에 잘 적응할 수 있는 지속적인 프로그램을 개발하여 통일 이후의 사회 통합에 대비하여 통일비용을 절감할 수 있다.

독일통일의 경우에서 보는 바와 같이 정치 지도자의 결단도 있었지만, 그에 못지않은 것은 동독 국민이 서독을 선택하는 역할을 했기 때문에 가능했다는 점을 알아야 한다.

따라서 북한주민과의 교류 확대를 위한 남북경협과 인도적 지원 확대는 북한주민들의 일자리 창출과 함께 북한주민들의 인심 얻기 위한 방연으로 나아가야 한다.

4. 통일 이후 북한주민의 남한으로의 이동 자제 대책

통일 이후 북한지역의 주민들은 취업과 더 나은 경제활동을 위해서 남한지역으로 대이동을 할 수 있다. 이것은 남한지역에 다양한 혼잡비용을 초래하는 문제를 일으킬 수 있다. 따라서 예상하지 않았던 통일비용이 급격히 증가할 수 있으므로 사전에 예방할 수 있는 조치가 필요하다. 즉 통일 이후 북한지역에 거주하던 주민이 자신의 거주지에서 생활할 수 있도록 최소한의 생활을 보장해 주는 방안이 필요하다. 이것은 일종의 특혜 비난이 있을 수 있지만, 통일비용을 최소화하기 위한 차원에서 검토되어야 한다. 통일 이후 북한지역 주민이 본 거주지에서 벗어나면 최소한의 생활지원을 중단해야 한다. 또한 본 거주지에서 일단 벗어났던 주민들은 본 거주지로 돌아온다 할지라도 최소한의 생활지원을 하지 말아야 한다. 북한주민들이 최대한 자신들의 거주지에 머물면서 통일의 과도기를 버텨내야 통일에 따른 혼잡비용을 최소화할 수 있을 것이다.

5. 통일비용의 사전 준비와 통일의 다양한 시나리오 연구

통일은 오는 것이 아니라 만들어 가는 과정이므로 통일비용의 준비가 빠르면 빠를수록 좋다. 미리 통일비용을 준비함으로써 통일 과정의 문제점을 사전에 점검해 볼 수 있으며, 시행착오를 줄임으로써 통일비용을 효과적으로 사용할 수 있을 것이다.

독일의 경우 경제통합을 위한 항목별 고려와 시나리오가 한 번도 제시되지 않았다. 비용에 대한 청사진 없이 통합을 진행한 결과 통일 비용이 너무 올라갔다. 따라서 한국의 경우 통일비용을 극소화하기 위해서는 다각적인 시나리오 분석과 비용, 편익분석 연구 등 활발하고 충분한 연구가 우선적으로 진행될 필요가 있다.

제4절   소결론 및 정책제언

    통일비용의 개념은 통일과 관련하여 마래에 발생할 수 있는 경제적 비경제적 비용으로서, 이 개념은 계속 진화되고 있으며 전문가마다 사용하는 개념이 다르다.

    이와 같은 기존 통일비용에 대한 연구는 다음과 같은 특징과 한계를 갖고 있다.

    첫째, 통일비용의 편차가 크다. 이는 통일의 형태와 방법, 통일시기와 추정방법, 목표수준과 추정항목, 비용부담의 주체 등에 있어서 서로 다른 가정과 전제조건에 기초하고 있기 때문이다.

    둘째, 통일 전후의 비용 포함 문제이다. 특히 점진적인 통일의 경우 기존연구는 향후 예상시기를 5~30년으로 큰 시차를 두고 있어서 통일 이전의 여건 조성비용을 전체 통일비용에 포함시키는 지 여부에 따라 크게 차이가 난다.

    셋째, 통일비용의 추청은 일부 항목을 중심으로 부분 분석을 하고 있다. 즉 비경제적 비용은 계량화하기가 어려워 무시된 체 경제적 중심으로 분석되고 있다.

    넷째, 대규모 통일비용 투입에 대한 북한의 수용 능력을 고려하지 않아 목표소득이 현실적이지 못하고 과도한 측면이 있다.

    다섯째, 통일비용 부담의 신축성 결여와 국민들의 부담 의

사가 결여된 점을 지적할 수 있다.

통일비용 재원조달 방식은 국내재원과 국외재원, 공적재원과 민간재원 등이다. 이 조달 방식은 각각의 투입에 타당성 기준이 다르므로 선별적으로 우선순위를 부여하여야 한다.

통일비용을 조달하는 과정에 있어서는 비용분산과 세대간 형평성, 효율성과 형평성의 조화, 수익자 부담의 원칙 등을 유념하여야 한다. 통일비용 재원조달의 최소화 방안은 다음과 같다.

첫째, 통일비용에 대한 국민적 합의 도출이 중요하다. 통일에 대한 당위성은 국민들이 공감하지만 통일비용 지불의지는 매우 미흡한 것이 현실이다. 따라서 통일을 준비하는 과정에서 통일비용을 최소화하여 국민적 합의를 도출하는 것이 무엇보다도 중요하다.

둘째, 사전적 통일비용 지출을 확대해야 한다. 남북경협활성화는 남북소득격차의 축소와 향후 통일비용을 줄일 수 있는 방안이다.

셋째, 북한주민과의 교류 확대는 통일비용을 줄인다는 차원에서 중요하다. 특히 남북 경협과 대북 인도적 지원 확대는 북한주민들의 마음을 얻을 수 있는 기회이다.

넷째, 통일 이후 북한주민들의 남한 이주를 자제하는 대책을 세워야 한다. 남한으로의 이동은 다양한 혼잡비용이 발생하여 예상하지 못했던 통일비용이 급격히 증가할 수 있으므로 사전에 예방할 수 있는 조치가 필요하다.

다섯째, 통일비용의 사전 준비와 통일의 다양한 시나리오

가 있어야 한다. 미리 통일비용을 준비함으로써 통일 과정의
문제점을 사전에 점검해 볼 수 있으며, 시행착오를 줄임으로써
통일비용을 효과적으로 사용할 수 있다. 이를 위한 다각적인
시나리오 분석과 비용, 편익분석연구 등이 우선적으로 충분한
연구가 있어야 한다.

제7장

통일을 향한 국제협력 방향

정경영

한반도 통일은 남북간 민족 내부의 문제이자 분단을 유발한 국가들의 협력이 요구된다는 차원에서 국제문제이다. 한반도 분단은 우리 민족의 무능과 강대국 정치의 희생의 산물이었다. 본장에서는 통일의 담론이 부쩍 확산되고 있는 요즈음, 국제사회의 지지와 협조가 있을 때 통일은 더욱 탄력을 받을 수 있다는 측면에서 국제협력을 확보하기 위한 통일외교안보전략을 모색해보고자 한다.

개 요

    한반도 통일의 국제적 여건을 조성하기 위해서는 통일 한국의 비전을 제시하여 공감과 지지를 확보하는 것이 우선시되어야 한다. 또한 서독이 어떠한 통일외교를 전개하여 국제사회로부터 협력을 이끌어낼 수 있었는가를 알아보고, 한반도 통일에 대한 시사점을 도출하려 한다.

    이어서 통일 추진에 걸림돌로 판단되는 주변국의 한반도 통일에 대한 우려, 한반도 냉전체제, 북한의 피폐한 경제와 급변사태의 가능성, 동북아 지역 질서의 재편에 대해 논의하려 한다.

    마지막으로 이러한 통일의 걸림돌을 해결하기 위해 주변국의 우려 해소 방안, 한반도 평화체제 구축방안, 북한 개발역량을 제고시키기 위한 국제경제협력 방향 등을 논의하고자 한다. 또한 급변사태 발생시 통일로 전환하기 위한 국제협력 방안, 동북아 지역 내 갈등과 대립의 질서를 상호존중과 공동안보를 통한 통일의 유리한 여건조성을 위한 동북아 평화협력의 제도화 방안 등 통일외교안보전략을 제시하려 한다.

제1절 통일 한국의 비전

　　통일을 이루기 위해서는 정치, 안보, 경제, 사회·문화, 인류평화 측면에서 통일 한국의 비전을 제시하고, 이에 대한 주변국을 포함한 국제사회의 지지와 공감대 형성이 중요하다.

　　첫째, 통일 한국은 국민, 영토, 주권 수호를 통해 국가존립을 보장한다.

　　둘째, 통일 한국은 자유민주주의, 시장경제, 인간의 존엄성, 법치주의 등 인류의 보편적 가치를 지향한다.

　　셋째, 통일 한국은 핵을 보유하지 않을 것이며, 평화번영정책을 추진할 것이고, 다자안보협력을 안보정책 기조로 한다.

　　넷째, 통일 한국은 시장경제의 국제규범을 준수하며, 지역경제공동체를 지향하고, 물류와 통상, 금융의 허브로서의 기능을 수행한다.

　　다섯째, 통일 한국은 사회문화적인 측면에서 지식정보, 열린 문화공동체를 지향한다.

　　여섯째, 통일 한국은 국제 역할확대와 인류의 보편적 가치를 추구함으로써 세계평화와 인류공영에 기여한다.

제2절 서독 역대 정부의 통일외교와 시사점

1. 아데나워정부

서독의 기독교민주당 아데나워(Konrad Adenaue) 총리 (1949-1963)가 추진했던 '서방정책'과 사회민주당의 브란트 (Willy Brandt) 총리(1969-1974)가 추진했던 '동방정책'은 대결이 아닌 조화를 이루면서 독일통일에 기여했다. 보수당인 기민당과 진보정당인 사민당이 동독과의 관계를 어떻게 설정하여 추진하였는가를 놓고 볼 때, 한 곳으로 수렴하는 정책을 추진했다.[1]

아데나워 총리는 독일이 패전 이후 동서독으로 분리된 후 냉전상황에서 할슈타인원칙과 힘의 우위 정책을 내세우며, 인권, 민주주의, 자유, 시장경제 등 서방과의 연대를 중시하였다. 아데나워 총리는 1952년 봄 소련으로부터 독일통일 방안을 제안받았다. 소련이 독일의 북대서양조약기구(NATO: North Atlantic Treaty Organization) 가입을 저지하겠다는 의도하에 동서독의 평화통일을 적극 지지할 것이며, 통일된 독일은 소련의 반대편에 서지 않는다는 독일통일방안에 대한 소련의 제안을 아데나워 총리는 거부하였다.

---

1) 윤영관, 『독일통일의 단상』, 동북아공동체연구재단 주최 제10회 한반도통일경제기획회의, 2013.10.30.

2. 브란트정부

사민당의 브란트(Willy Brant) 총리는 분단 현실과 동독의
실체를 인정하고, 영토적 통일보다는 동서독간의 인적·경제
적·사회적 교류를 통한 화해와 통합을 강조하였다. 사민당의
이러한 정책은 미국과의 인식에 차이가 있었다. 미국은 동독에
대해 당나귀로 인식하여 당근과 채찍을 동시에 사용해야 한다
고 보는 한편, 브란트는 토끼로 비유하였으며, 토끼에게 놀라
지 않도록 먹을 것을 줘야 긴장을 풀고 접근해 오듯이 서독의
對 동독관계를 접근하겠다는 입장이었다.

3. 콜 정 부

기민당의 콜(Hermit Kohl) 총리는 1982년 겐셔(Hans-
Dietrich Genscher) 자유민주당과 연립정부를 수립하여 동방정
책을 받아들인다. 콜 총리가 전임 정부인 사민당의 동방정책을
수용한 데는 두 가지 이유가 있었다. 유연성의 정치, 국민존중
의 정치라는 측면과 주변 강국들은 통일 달성에는 관심이 없
고, 이미 존재하는 분단이라는 틀 유지에만 관심을 갖고 있다
고 인식하였다. 콜 총리는 결국 분단현상을 변경할 주체는 독
일 스스로라는 인식으로 냉전 상황에서도 주인의식을 갖고 통
일을 추진하였다.

4. 베를린장벽 붕괴 후 통일까지

콜 총리는 앞 정부의 동독과의 인적 네트워크를 물려받고 동독주민이 원하는 바를 주시하면서 사태를 주도해 나갔다. 특히 콜 총리는 결정적 순간에 동방정책을 버리게 되는바, 동독이 부도상태에서 서독정부에 경제지원을 요구했다. 이에 대해 콜은 높은 수준의 정치개혁을 요구하였으며, 동독주민들의 통일의지를 통일의 동력으로 활용하였다.

양 정당간의 對 동독정책을 수렴한 결과 동방정책은 ① 통합기반을 구축할 수 있었으며, ② 동독의 서독 경제에의 의존관계가 심화되었고, ③ 동독의 배후국가인 소련은 물론 동구유럽국가들과도 관계 개선이 이루어졌다는 데서 통일의 한 축이 마련되었다. 당시 고르바초프(Mikhail Gorbachev)는 개혁개방을 위해 경제적 어려움을 겪고 있을 때 도움을 줘서 통일을 성사시키는 데 필수조건인 신뢰관계를 구축할 수 있었다.

기민당의 서방정책이 결실을 맺는 데는 미국의 지지가 있었기 때문이다. 이에는 아버지 부시(George H. W. Bush) 대통령의 전폭적인 지지가 결정적인 역할을 하게 된다. 1989년 10월 23일 콜 총리가 부시 대통령에게 한 전화메시지는 부시 대통령을 움직였다. 콜 총리는 전화 통화에서 "서독이 서방을 떠나서 소련으로 기울어질 것이라고 보도하고 있는데 서독은 서방세계와의 연계를 통해서 통일을 추진할 것이라는 점을 분명히 할 것"이라고 하였다. 부시 대통령은 뉴욕타임즈지와의 기자회견에서 서방의 일부 국가들이 우려하고 있으나, 통일된 독일은 분명히 서방의 우방국가가 될 것이기 때문에 이를 미국은 전폭 지지한다고 선언하였다. 이로써 영국이나 프랑스가 공개적으로 반대하지 못하게 하는 계기가 되었고, 통일의 방향으로 가는 데 결정적 물꼬가 되었다. 이처럼 서방정책과 동방정책은 조화를 이루면서 독일통일로 가는 데 기여를 했다.

1989년 11월 베를린 장벽이 무너지자 소련이 분단된 독일을 관리했던 미국, 영국, 프랑스, 소련의 평화관리에 책임이 있다는 취지하에 4대국 회의를 제의하게 된다. 이에 대해 콜이 나서서 강하게 반대하여 제동을 걸었다. 독일의 운명은 독일인 스스로 결정해야 한다는 성명과 함께 국제적 개입의 움직임을 초기에 봉쇄하는 태도를 보였다.

결국 뒤에 가서 미국이 통일문제를 논의하는 어떤 국제적인 틀이 있어야 하는 것이 아니냐고 주장하면서 2+4를 제안하니까, 겐셔 외교부장관이 "4+2가 아니고 2+4임"을 확인하고 수용하게 된다. 동서독이 우선적으로 합의하고, 미·소·영·불 주변 4국이 추인하는 형식으로 2+4회담 방식을 받아들이게 된다.

통일된 독일이 나토에 잔류해야 한다는 것을 소련에 설득하기 위해서 동독지역에는 나토 지휘하의 군대를 주둔하지 않겠다는 것을 제안하여 이것이 수용되었다.

불시에 베를린 장벽이 무너지자 콜 총리도 처음에는 당황하였다. 곧바로 통일 10개 조항을 전격적으로 발표하게 된다. 통일 10개 조항을 발표하자 영국, 프랑스, 소련 등 모두 불쾌해 했다. 그러나 이 발표를 통해 콜 총리가 기선을 제압하고 국제적으로 통일문제를 본격 거론하는 모드로 나가게 되었다. 그러면서 동독주민들의 통일에 대한 기대심리를 자극하였던 것이다.

통일에 대한 반대를 심하게 한 영국의 대처(Margaret Thacher) 수상이 프랑스 미테랑(François M. Mitterrand) 대통령과 만나서 무언가 대책을 세우려 했지만 뚜렷한 아이디어가 나오지를 않았다. 그런 상황에서 콜은 미테랑이 요구하는 유럽경제통화동맹(EMU: The European Economic and Monetary Union)안을 찬성하여 마스트리히트 조약을 체결하였다. 이를 통해 유럽 통합의 리더 역할을 하고자 하는 미테랑의 요구를 들어주고 통일의 지지를 받아냄으로써 국제협력과 지원하에 통일을 완성하게 된다.

5. 시 사 점

서독의 통일외교가 우리에게 주는 시사점은 서독의 역대 정부가 전임 정부의 對 동독 및 통일외교정책을 결코 중단하지 않고, 계승 발전시켰으며 일관성을 갖고 추진하였다는 점이다. 한국의 경우, 진보 및 보수 정부를 겪으면서 대북정책과 통일외교정책이 중단되는 결과를 초래하였으며, 역대 정부의 대북정책만 있었을 뿐 통일정책과 통일외교정책이 단절되었다. 그 결과 미국을 등진 우리민족끼리 통일도, 한미동맹만을 중시하고 남북관계를 외면한 정책도 통일에 기여할 수 없다는 교훈을 얻게 되었다.

　　또한 통일의 주체는 동서독이 협의하여 합의하고 주변국이 추인하는 통일이었다는 점에서 남북한이 주체가 되어 한반도 평화체제에 대해 합의를 하고 정전협정 서명국인 미국과 중국이 추인하는 평화통일이 바람직하다.

제3절 통일의 걸림돌

1. 주변국의 통일 한국에 대한 우려

주변국은 한반도의 통일에 대해 우려의 눈으로 바라보고 있다. 따라서 한반도 통일에 대한 주변국의 이해와 우려, 그리고 한반도 통일이 주변국에 가져다 줄 편익을 분석할 필요가 있다. 한반도 통일문제에 대한 주변국의 우려를 불식시키고 통일의 이익을 강조함으로써 한반도 통일에 대해 보다 우호적인 국제환경을 조성할 수 있을 것이다.[2]

첫째, 미국의 입장에서 동북아지역에서 미·중간 패권경쟁이 지속될 경우 통일 한국이 지역 내 세력전이(勢力轉移) 또는 공백을 초래하는 것을 우려할 수도 있을 것이다. 아울러 북핵으로부터 비롯되기 시작한 최근의 핵무장론과 통일 한국이 북핵을 계승하려 할 경우, 미국의 비확산정책에 부정적인 요인으로 작용할 수 있다는 우려가 있다. 또한 한·일간 교착상태에 있는 관계가 통일 이후에도 전략적 유대 약화로 귀결될 가능성에 대해 우려하고 있다. 경제 분야에서도 미국 경제의 활성화와 자유무역의 확대라는 미국의 핵심이익에 통일 한국이 미칠 우려로, 이미 체결된 한미자유무역협정(FTA: Free Trade Agreement)

---

2) 박종철·고봉준·김성진·박영준·신상진·이승주·황기식, 『통일 한국에 대한 국제적 우려 해소와 편익: 지역 및 주변국 차원』, 통일연구원, 2012, pp. 127-254.

을 현재의 북한지역에 확대 적용하는 데 따른 조정비용이 발생할 수도 있다. 또한 북한지역의 재건과 한반도의 경제적 안정화를 위해 경제적 비용을 추가로 부담하는 것에 대해 부정적일 수도 있다. 마지막으로 한반도에 대한 평화배당금 논의가 확산되면서 미국의 對 통일 한국의 무기 판매가 감소될 가능성에 우려할 수도 있다.[3]

둘째, 중국은 한반도 통일 과정에서 발생할 수 있는 혼란과 통일 이후의 불확실성 때문에 한반도 통일을 가장 심각하게 우려하는 주변국가로 평가된다.[4] 먼저 정치안보적 우려사항으로 한반도 통일문제를 자국의 안보와 직결된 사안으로 인식한다. 접경지역인 중국 동북지역에 파급될 안보부담을 우려할 것이다. 통일 한국이 중국의 경쟁국인 미·일과 군사협력을 강화하는 것은 동북아에서 중국을 포위하려는 의도라고 깊이 우려하고 있다. 중국이 한반도 통일에 대해 가장 우려하는 것은 통일 이후에 한국이 미국과의 동맹관계를 지속하고 미군이 현 휴전선을 넘어 중국 접경지역까지 배치될 수 있다고 보기 때문이다. 또한 통일 한국이 고구려의 고토와 간도 등 중국 동북지역에 대한 영유권 주장을 제기할 가능성에 대해 적지 않은 우려가 존재한다. 한편 경제적 측면에서 중국은 한반도의 급진적인 변화를 초래하는 통일보다 현상유지를 바라고 있는 것으로 판단되며, 한반도 통일 이후 중국에 대한 한국의 투자가 감소할

---

3) CSIS, "A Blueprint for U.S. Policy toward a Unified Korea," August, 2002.
4) 박종철 외, 『통일환경 평가』, 통일연구원, 2010, pp. 404-516.

가능성에 대해서도 우려할 것이다. 또한 통일될 경우 북한의 풍부한 지하자원과 저렴한 노동력을 독점하기가 어려워지게 될 수도 있다. 더 나아가 사회적으로 중국 내 조선족의 친한화 가능성에 대한 우려. 한·중관계가 중·일관계처럼 협력보다는 경쟁과 갈등이 부각되는 양상을 보일 소지가 있다.

셋째, 일본의 경우에는 통일 한국이 미국과 일본과의 전통적인 동맹 및 우방관계에서 벗어나 친중적인 대외정책을 보이거나 혹은 통일 한국이 핵무장을 한 군사강국의 길을 택할 가능성에 대해 우려하고 있다. 경제적인 측면에서 한반도 통일 이후 일본이 부담해야 할 대북 경제지원의 규모가 필요 이상으로 커지게 될 것에 대해 심히 민감하다. 한국 주도에 의한 통일이 될 경우 한민족 네셔널리즘이 고양되면서 배타적 대외정책이나 민족주의적 감정에 편승한 일본 때리기(bashing)가 표면화될 가능성에 대해서도 우려하고 있다. 한반도 통일 이후 독도, 대마도 등의 영유권 주장을 강화할 가능성도 배제할 수 없다고 본다.

넷째, 러시아는 한반도 통일 과정과 통일 한국에 대해 정치적으로 러시아의 참여가 배제된 통일, 미국의 일방주의적 동북아 질서 형성 가능성과 통일 한국이 대량살상무기를 보유한 상태에서 반러동맹에 가담하는 것을 우려하고 있다. 경제적으로 통일 과정에서 주변국에 통일부담이 전가되는 것과 급속한 통일 과정으로 인한 역내 경제적 불안정 요인의 증가를 우려하고 있다. 사회적으로 통일 과정에서 대량의 난민이 유입되는 것을 우려할 수도 있다.

2. 한반도 냉전체제

두 번째 한반도 통일의 걸림돌은 한반도 분단의 고착화로 화해협력의 탈냉전의 시대사적 조류와 달리 냉전체제가 오히려 악화되어 가고 있다는 점이다. 1950년 6.25전쟁은 미국과 중국의 개입으로 지역분쟁으로 비화되었다. 1953년 7월 27일 유엔군사령관과 북한인민군최고사령관 및 중국지원군사령관간에 체결된 정전협정은 진정한 평화가 아닌 전쟁이 멈춰 있는 상태로 이러한 정전체제의 장기화는 한반도 냉전체제를 더욱 심화시켜 왔다. 정전협정 체결 이후 끊임없는 북한의 도발과 테러[5] 및 핵미사일 능력의 증대는 한반도의 평화체제 정착을 더욱 어렵게 하고 있다.

북핵문제를 해결하기 위한 6자회담으로 2005년 9.13합의가 이루어져 한반도 비핵화와 한반도 평화체제 구축을 위해 협의하기로 합의한 바 있다. 그러나 2007년 북한의 핵사찰 거부로 중단된 이후 오늘에 이르기까지 재개되지 못하고 있다.

3. 북한의 피폐한 경제

2011년 12월 17일 김정일 사망 이후 최고 권력자가 된

---

5) 국방부, 『2012 국방백서』, 국방부, 2012, pp. 306-309: 정전협정 체결 이후 2012년까지 북한의 대남침투도발 및 국지도발은 2,953건(간첩남파 등 침투행위 1,959건, 천안함 피격, 연평도 포격 등 국지도발 994건)에 달한다.

김정은은 조선인민군 최고사령관에 추대된 이후 노동당 제1비서와 국방위원회 제1위원장에 추대되어 당정군(黨政軍)을 장악하였다. 김정은의 북한은 개정 헌법에 핵보유국임을 명시하였으며, 핵무장 및 경제건설 병진 노선 전략을 추진하고 있다. 그러나 핵무장을 하면서 경제발전을 실현한다는 것은 그 가능성이 희박한 것으로 판단된다. 북한의 경제발전을 위해서는 외부로부터의 재정적인 지원이 필수적이나, 핵무장 능력을 강화하는 상황에서 중국을 포함한 국제사회의 경제지원을 더욱 기대할 수 없기 때문이다. 또한 평양과 지방간에 경제수준의 격차는 북한을 불안정사태로 몰고갈 가능성도 있다.

북한은 인민생활의 향상과 경제강국의 건설을 국정목표로 설정하여 13개 중앙급 경제개발특구에 이어 최근 평양을 포함 6개 경제특구를 발표하였으나, 아직도 뚜렷한 외자유치 실적을 거두지 못했다. 에너지난으로 공장 가동률이 40%에 머물러 있어 그만큼 생산활동도 부진하다.

또한 북한은 2001년 이후 13년 만에 최악의 식량난이 예상되며, 주민 전체가 필요로 하는 총량을 기준으로 1/3의 주민이 굶을 수도 있다는 전망이 나오고 있다.[6] 2014년도 식량 예상 수확량은 전년도 곡물 생산량 대비 15%가 감소되어 북한주민 전체가 필요로 하는 658만 5천 톤에 훨씬 못 미치는 448만 4천 톤에 불과할 것이라고 예측하고 있다. 또 최근 들어 국제사회의 대북지원이 감소되면서 어려움이 더욱 가중되고 있다.

---

6) 박세영, 「북 최악 식량난 조짐 -주민 32% 굶을 수도」, 『문화일보』, 2014년 6월 27일.

2008년 이후 수입량과 대외지원을 합친 북한의 곡물 대외조달량은 연간 35만 톤에 불과하며, 세계식량계획(WFP: World Food Program)은 최근 대북 식량지원을 기존 계획보다 30% 감축했다고 밝혔다.

이처럼 북한의 피폐된 경제는 통일시 막대한 통일비용을 요구하는바, 통일에의 걸림돌이 아닐 수 없다.

4. 북한 급변사태

북한이 붕괴할 것인가에 대한 논란은 그치질 않고 있다. 북한은 급변사태가 일어날 가능성이 없기 때문에 논의 자체가 불필요하다는 의견이 있을 수 있다. 구 소련이 해체되고 동구권이 몰락하는 상황에서도, 북한의 아사자가 수십만에 이르는 고난의 행군상황에서도 북한 체제가 소멸하지 않고 건재해 온 이유를 든다. 그러나 북한체제 내구성의 한계, 북한군 수뇌부를 빈번히 교체하는 정권 기반의 불안정성, 북한주민 통제 비용의 급상승, 피폐한 경제, 국제사회로부터의 고립 심화 등이 복합적으로 작용할 때 북한은 걷잡을 수 없는 사태로 발전될 수 있는 가능성을 배제할 수 없다.

특히 장성택의 숙청과 무자비한 처형은 김정은 체제가 폭압정치에 의해 단기적으로 안정을 찾을 수 있을지 모르나, 자력으로는 경제회생을 할 수 없는 상태에서 외부지원은 단절되고 통치력에 한계를 느낀 김정은의 철권통치가 가속화되는 상황에서 북한주민들의 고통은 가중되고, 인내는 바닥날 것이다.[7] 북한이 경제건설에 실패할 경우, 주민의 불만이 체제에 대한 폭동으로 확산될 가능성을 배제할 수 없다. 쿠데타 및 정변, 대량살상무기 통제 불능사태, 민중봉기 발생과 유혈진압, 그로 인한 대량난민 발생 등 급변사태는 한국에 일대 도전이자 통일의 기회라는 양면성이 있다.

5. 동북아 질서 재편

동북아의 불안정한 안보상황은 통일에 부정적인 영향을 미치고 있다는 측면에서 우려되는 바가 크다. 요동치는 지역질서는 현상유지세력과 현상타파세력간의 갈등과 대립이 심화되고 있는 형국이다. 미국은 중국의 부상을 견제하기 위해 아시아 재균형전략을 통해서 현상유지정책을 추진하면서 미일 및 한미동맹을 강화하고 있으며, 최근 미 육사에서 발표한 오바마 대통령의 외교정책[8]은 직접 개입을 자제하고 지역별 안보협력을 강화하겠다는 것으로 한·미·일 군사협력체제를 강조하는 배경도 지역 내 안정과 질서에 도전하는 세력에 공동 대응하기

---

7) 권양주, 「김정은 정권이 제일 두려워하는 시나리오」, 『조선일보』, 2013년 12월 19일.

8) President Obama's commencement address at West Point, May 28, 2014, http://www.whitehouse.gov/the-press-office/2014/05/28/re-marks-president-united-states-military-academy-commencement-ceremony/-e670-11e3-afc6-a1dd9407abcf_print.html.

위한 전략으로 판단된다.

중국은 공세적인 신형대국관계 전략을 주창하면서 미·중 관계의 새로운 역학관계를 모색하고 있다. 중국은 지속적인 국가발전을 위해서는 안정적 환경이 필수적이라는 판단하에 아시아교류신뢰구축회의(CICA: Conference on Interaction and Confidence-Building Measures in Asia)를 주관하는 등 주변국과 안정적 외교관계를 추구하면서도 동시에 핵심 이익을 수호하기 위한 동·남중국해에서 배타적 영향력 행사를 강화하고 있다.

일본의 퇴행적 역사인식과 급격한 우경화 노선은 적극적 평화주의와 집단적 자위권 추구로 나타나고 있으며, 한국과 중국 등 인접국과 갈등을 빚고 있다. 러시아 역시 강한 러시아를 주창하면서 크림 병합에서 보는 바와 같이 적극적 개입전략과 극동러시아 개발 강화를 포함한 신동방정책 추구 등 동북아 역내 국가들의 세력확장정책은 지역 내 고조되고 있는 영토분쟁과 군비경쟁, 방공식별구역 경쟁과 함께 조성되고 있는 안보지형이 한반도 통일에 불리하게 작용할 수 있다. 또한 재난, 환경, 국제범죄 등 관련국 모두가 공동으로 대처해야 해결할 수 있는 초국가적 위협이 지역안보에 심대한 도전이 되고 있다.

따라서 이러한 통일의 제한요소 또는 부정적인 요소를 기회요소와 긍정적 요소로 전환시키기 위한 총체적인 통일외교 안보전략이 절실히 요구된다.

제4절　통일외교안보전략

1. 주변국 우려 해소전략

　　주변국의 통일 한국에 대한 우려사항을 해소하기 위해서는 독일의 통일외교안보전략의 시사점과 주변국의 우려사항을 총체적으로 고려한 전략이 개발되어야 한다.

　　첫째, 통일 한국의 등장으로 인한 미국의 우려사항을 해소하기 위해서는 한·미 양국이 공유할 수 있는 보편적 가치가 북한지역까지 확대되는 데서 오는 편익에 대한 이해를 증진시킬 필요가 있다. 정치안보적 측면에서 한·미 양국은 전쟁억제뿐 아니라 통일에 기여할 수 있도록 로드맵을 함께 발전시켜 실행하여야 한다. 통일 한국을 이루는 데 실질적으로 기여할 미국을 고려한 한미동맹의 진화로드맵을 구체적으로 발전시킬 수 있어야 한다. 통일 한국 등장 이후에 과거와는 다른 새로운 이익 교환을 위해 한미동맹은 한반도 안보에 새로운 지원적 역할을 수행하고 지역안보협력에 견인차 역할을 수행해야 할 것이다. 이 외에 미국 주도의 세계 및 지역질서에서 미국이 수행해 주기를 원하는 역할에 대해서 우리의 방안을 구체적으로 제시할 수 있어야 할 것이다. 통일 한국이 책임 있는 비핵국가로서 중국에 대한 견제에 상당히 긍정적 영향을 미칠 수 있다고 설득할 필요가 있다. 경제분야에서는 미국 주도의 환태평양동반자경제협정(TPP: Trans-Pacfic Partnership Program)을 적극 수용하고, FTA의 현 북한지역으로의 확대로 경제교류를 활성화함으로써 경제적 실익을 보장받을 수 있음을 제시할 필요가 있다. 사회분야에서는 통일 한국 내의 미국에 대한 인식의 급격한 변화에 대한 우려를 불식시키기 위해서는 한미동맹의 호혜성을 대대적으로 홍보하는 한편, 양국의 사회·문화적 교류와 홍보를 지속 강화할 수 있도록 유도할 필요가 있다.

둘째, 중국의 우려를 해소하기 위해서는 통일 이후 한미동맹이 지속되고 미국이 38도선 이북지역까지 주둔하는 문제에 대해서는 통일 이후 주한미군이 철수하였을 때의 상황을 인식시킬 필요가 있다. 한반도에 힘의 공백이 발생하여, 한반도에 대한 영향력을 행사하기 위한 주변국간의 지역분쟁이 예상된다. 이를 예방하고 지역안정의 균형자로서의 역할을 고려할 때 주한미군의 지속 주둔이 필요하다는 것을 설득할 수 있을 것이다. 또한 주한미군이 평택 Camp Humphrey로 재배치됨에 따라 더 이상 이북지역으로 진출을 허용하지 않을 것임을 분명히 밝힐 필요가 있다. 영유권 문제는 1962년 북·중간 체결한 변계조약을 준수할 것이라는 점을 강조하고, 경제적 문제는 한반도의 불안정한 현상이 유지되는 것보다 통일된 한반도가 상대적으로 낙후된 동북3성의 경제발전을 촉진하는 계기로 작용될 것임을 설득할 필요가 있다. 또한 통일 한국은 개방적 민족주의를 지향할 것이며, 조선족은 중국의 공민이라는 시각에서 통일 한국과 중국간의 유대를 강화하는 연결고리로서의 역할을 주지시킬 필요가 있다.

셋째, 일본의 통일 한국에 대한 우려사항을 해소하기 위해서는 외교안보적인 측면에서 우리가 통일 이후에도 한미동맹이나 일본과의 다각적인 협력관계를 여전히 중시하게 될 것이라는 점을 분명히 해야 할 것이다. 통일 한국의 핵정책에 대해서 비핵평화국가의 정책방침이 통일 이후에도 지속될 것이라는 것을 천명할 필요가 있다. 경제적으로 북한의 풍부한 지하자원 개발과 인프라 건설에 한국과 함께 미·중·일 등의 국제자본이 참여하는 역할도 간과할 수 없으며, 결국 일본의 침체된 경제를 활성화는 계기가 될 수 있다. 특히 동북아 경제공동체를 구현함으로써 서로의 이익을 추구할 수 있음을 설득해야 할 것이다. 독도, 대마도 문제는 공동안보차원에서 항해의 자유를 보장하면서 실효적 지배를 하고 있는 해당국의 영토임을 존중할 것임을 밝힐 필요가 있다.

마지막으로, 러시아가 배제된 상태에서 통일 과정이 진행되거나, 최악의 경우 통일 한국이 핵무장을 하고 反 러시아동맹에 참여하는 것에 대한 우려에 대해서는 이는 한미동맹이 북한의 침략에서 기인했다는 역사적 경과에 대한 양해와 비핵평화정책은 통일 한국에도 지속됨을 강조할 필요가 있다. 또한 동북아의 갈등과 지역 안보문제를 해결하기 위해 러시아가 적극적으로 추진해 온 다자협의체 구성은 통일 한국도 러시아와 동반자관계로서 역할을 할 것임을 이해시킬 수 있을 것이다. 경제분야에서는 통일 과정에서 발생하는 비용이 전이될 것에 대한 우려를 하나 한국정부는 보다 점진적인 통일방안을 선호하고 있다. 한반도 통일은 러시아횡단철도-한반도종단철도(TSR-TKR:

Trans-Siberian Railroad-Trans-Korean Railroad)의 연결 및 가스관 건설과 같은 대규모 사업의 추진이 한반도뿐 아니라 동북아의 정치적 불안정성을 해소함은 물론 통일 한국은 새로운 시장으로서 러시아의 국익에도 크게 기여하게 될 것이다. 난민 발생문제는 상당 부분 통제가 가능하고 보다 제도화된 틀 내에서 극동 러시아 개발에 통일 한국의 노동력을 활용할 수 있을 것이다.[9]

2. 한반도 평화체제 구축

통일을 위해서는 한반도 냉전체제를 해체하고, 공고한 평화체제 구축[10]을 위한 체계적인 노력을 강구해야 한다. 한반도 평화체제란 무엇을 의미하는가? 평화학자 요한 갈퉁이 지적했듯이 평화는 소극적 평화와 적극적 평화로 구분된다.[11] 전자는 전쟁이 없는 상태이고 적극적 평화는 분쟁과 갈등의 구조적 요인을 제거하고 국가간 분쟁을 평화적으로 해결하는 것을 의미한다.

한반도 평화 창출(peacemaking)은 이 두 의미를 포함한 포

---

9) 박종철·고봉준·김성진·박영준·신상진·이승주·황기식, 앞의 책, pp. 127-254.
10) 하정열, 「평화통일과 한반도 이야기」, 『한반도 이야기』강의, 2010년 11월 26일.
11) 요한 갈퉁(Johan Galtung) 저, 강종일·정대화·임성호·김승채·이재봉 옮김, 『평화적 수단에 의한 평화』, 들녘, 2000.

괄적인 개념으로, 첫째는 휴전협정을 국제법적으로 평화협정보다 강력한 구속력을 가진 한반도 평화조약(peace treaty)으로 대체하는 것이다. 둘째는 남북간 실질적인 군축과 신뢰구축을 이루는 것이고, 셋째는 국제적 차원에서 한반도에서 냉전체제가 해체되고 한반도 평화를 보장하는 국제규범 등 법적·제도적 장치를 만들어가는 프로세스를 말한다. 우리는 인내심을 갖고 일관성 있게 한반도 평화의 조건을 만들어 나가야 한다.

한편, 평화협정 체결 이후에도 북한의 위협이 소멸되지 않는 한 유엔사는 존속되어야 한다. 유엔사는 북한의 침략이 발단되어 유엔 안보리 결의에 의거 창설되었다. 베트남전 당시 파리평화협정이 공산화의 화근이 되었다는 점을 상기한다면, 유엔사의 존폐문제와 평화협정 체결은 전제조건이 필요하다.[12]

북한 핵폐기, 남북한간 병력 감축 등 제도적 군비통제, 남북한 전쟁 포기 선언, 한반도 적화통일을 규정한 북한 노동당 규약 폐기, 미국과 일본의 북한과의 국교정상화 등의 사안들이 확실하고 실질적인 진전이 이루어졌을 때 평화협정 체결이 가능하다. 분단을 고착화한 평화체제가 아니라 반드시 통일을 지향하는 한반도 평화체제가 구축되어야 한다.[13]

---

12) 정경영, 『유엔사의 미래역할과 한국군과의 관계정립 방안』, 2007년도 국회 국방위원회 정책연구보고서, 2007.8.8.
13) Kwak Tae-hwan, "The Korean Peninsula, Peace Regime Building Initiative," Special Lecture at the Catholic University of Korea, Nov 7, 2011.

3. 북한 개발을 위한 국제협력

　북한이 비핵화 로드맵에 따라 비핵화를 위한 핵실험과 미사일 시험발사 유예, IAEA 요원의 입북과 핵사찰, 핵 불능화와 해체 등의 일련의 가시적인 조치를 추진할 경우 한국은 국제사회와 협력해서 북한 경제를 소생시킬 수 있도록 해야 할 것이다. 북한의 경제개발과 주민의 생활개선을 위해 국제사회와 협력해서 북한을 지원하는 북한판 신형 마셜플랜을 구체화하여 시행할 수 있을 것이다. 북한의 경제개발을 위한 북한의 최대 관심사는 외자유치를 통한 경제회생이다. 정부예산 1%를 한반도 인프라 펀드에 적립하여 통일의 마중물 역할을 해야 한다. 비교적 신속지원이 가능한 북한개발신탁기금도 조성해야 한다. 이렇게 모인 자금을 효과적으로 운용하기 위해 과거 독일 통일 과정에서 독일재건은행이 담당했던 것처럼 한국의 정책금융기관이 적극적인 역할을 수행해야 한다. 동북아개발은행 설립을 가속화하기 위해 국제통화기금(IMF: International Monetary Fund), 세계은행과 아시아개발은행을 대주주로 참여시키면서 국제 컨소시엄을 구축하여 북한개발에 적극 참여하는 것이다. 그러나 이를 위해서는 북한 당국이 선행해야 할 것은 시장경제체제가 작동이 될 수 있도록 북한의 법과 제도를 정비해야 한다. 북한의 각종 통계자료를 최신화하는 것도 북한의 인프라 구축과 산업경제를 활성화하기 위한 선결사항이다.

　또한 평양과학기술대학[14]을 통한 기술관료를 육성함으로

---

14) 동북아공동체연구회 편, 『제3의 지평: 동북아공동체와 한반도 미래

써 북한 인력개발에 적극 참여하는 방안도 이들이 개혁 개방의 견인차 역할을 수행할 수 있는 현실성 있는 대안이 될 것이다.

북한을 유라시아의 육교로 만들기 위해서는 인프라가 구축되어야 한다. 한반도 서부축선은 경의선 고속철도를 건설하여 대륙과 연결하고 또한 경부-경의 고속도로를 연결하는 것이다. 한반도 동부축선은 동해선 도로와 철도를 연결하여 나진, 핫산까지 연결하고, 그리고 남북러 가스관 사업을 구축하는 것이다. 평양에 들어오는 낙후된 순안공항 현대화도 지원하면 북한 관문에 대한 대외적 이미지를 개선하는 데 기여할 수 있을 것이다. 이렇게 되면 한반도는 섬이 아니라 진정한 유라시아 대륙의 관문이 될 것이다.

또한 한국광물자원공사가 북한 내 풍부한 지하 광물자원의 잠재가치를 돈으로 환산해 추정한 바에 이르면 6천 500조 원에 달한다. 우리나라의 24배에 이른다. 금 2,000톤, 은 5,000톤, 동 2,900톤, 아연 2,110만 톤, 희토류가 2,000만 톤, 석회석 1,000억 톤, 마그네사이트 매장량이 세계 3위, 흑연 매장량은 세계 4위이다. 특히 함경북도 무산철광은 매장량이 26억 7천만 톤으로 아시아의 최대 노천 철광이다. 무산철광 한곳만 잘 개발해도 남한의 철광석 수요의 40년 분이 나올 수 있다는 분석도 있다. 북한에 대한 자원개발은 선택과 집중이 필요하다. 한국이 국제협력을 통해 북한의 개발역량을 제고시키는 것은 그만큼 통일비용과 희생을 최소화하는 데 기여할 것이다.

전략』, 디딤터, 2012, p. 425.

4. 북한 급변사태와 국제협력

북한의 급변사태의 추이를 다음과 같이 단계화하여 고찰할 수 있을 것이다. 국가통제력이 급격하게 약화되는 급변사태 이전 단계, 국가 기능이 부재한 급변사태 단계, 외부의 개입과 내부의 참여로 정치적 안정이 회복되고 새로운 정치 리더십이 등장하는 급변사태 이후 단계로 구분하여 국제협력 방향을 논의하려 한다.[15]

제1단계 급변사태 이전의 국제협력이다. 북한 급변사태 관련 단계별 원인과 급변사태 관리를 위한 철저한 대비가 필요하다.[16] 급변사태 자체는 북한 내부의 국내문제일 수 있으나, 대규모 난민 발생은 한국 안보에 최대의 도전일 뿐 아니라, 정권 붕괴, 체제 해체, 국가 소멸 등은 동북아 역학관계에도 심대한 파장을 줄 것이다.

급변사태 이전의 최선의 전략은 급변사태가 발생하지 않도록 유엔안보리 결의를 통해 북한정권에 대한 제재를 포함한 예방외교 전개와 동시에 경제적 지원을 병행해야 한다. 그리고

---

15) Paul B. Stares and Joel S. Wit, "Preparing for Sudden Change in North Korea," Council Special Report 42, *Council on Foreign Relations*, January 2009; Robert D. Kaplan, "When North Korea Falls," *The Atlantic*, October, 2006; Bonnie S. Glaser and Scott Snyder, "Responding to Change on the Korean Peninsula: Impediments to China-South Korea-United States," *CSIS*, May, 2010 등을 참조하여 작성하였다.

16) 정경영, 「북한 급변사태와 한국의 국제협력」, *Strategy 21*, 통권 제25호, Vol.13, No.1(Summer 2010).

북한주민을 보호하기 위한 반란진압군과 북한주민들을 분리시키는 인도주의적인 개입방안에 대해서 검토해야 할 것이다.

급변사태가 발생할 징후가 보일 때는 한국과 미국은 북한 급변사태로 인해 한반도는 물론 동북아의 긴장과 불안이 증폭되지 않도록 유엔안보리 상임이사국이자 북한의 동맹국인 중국과 긴밀한 협의가 필요하다. 인도주의적인 개입이 불가피할 경우 중국과 전략대화를 통해서 중국이 지켜야 할 레드 라인에 대한 합의를 통해서 동시 개입에 따른 지역 분쟁으로 비화되지 않도록 하는 것이 중요하다. 한미 양국의 개입이 중국 등 주변국 이익을 해치지 않을 것임을 분명히 할 필요가 있다. 한미공동의 목표와 결과를 외교계통으로 제시하고 자유민주 통일정부를 수립하며, 북한의 정치·군사분야를 통합하는 포괄적 계획을 수립해야 할 것이다. 한국의 국가안보실과 미국의 국가안보회의(NSC: National Security Council)는 물론 양국의 국방부와 외교·국무부간의 긴밀한 협의와 관련국과 유엔 등 국제기구와 치밀한 외교안보협력을 추진해야 할 것이다. 인도주의적인 개입을 위한 유엔안보리 결의안을 통과시키기 위한 노력은 물론 인도주의와 군사 및 정치적 이슈를 분리시키는 것이 중요하다. 또한 북한지역에서 인도주의적인 지원활동에 혼란이 없도록 한·미는 물론 국제 인도주의적인 단체의 지원활동이 통합되도록 해야 할 것이다.

두 번째 단계로서 북한급변사태가 발생하였을 경우 급변사태관리수단은 외교와 제재를 병행하면서 한국군이 주도적으로 개입하여 소요진압 인민군과 북한주민을 분리시키는 안정화작전을 실시하는 단계이다. 민족자결주의에 의해 유엔 안보리 결의하에 미군은 정보감시 및 침투자산을 제공하고, 한국군이 주도적인 작전을 수행해야 한다. 또한 북한 급변사태가 발생할 때 최우선적으로 핵을 포함한 대량살상무기(WMD: Weapons of Mass Destruction)에 대해 미국을 포함한 국제감시하에 안전이 보장된 상태에서 해체해야 할 것이다. 그 과정에서 한국과 미국의 최대의 과제는 중국의 개입을 어떻게 차단할 것인가이다. 미 7함대를 동중국해와 서해로 전개하고, 전략항공기의 북중 국경지역 일대의 정찰 감시와 개입 차단은 물론 북·중간 연결된 철도와 도로상의 주요 목지점에 특수전 병력을 투입하여 중국군의 개입을 차단하는 등 총체적인 대비책이 강구되어야 할 것이다. 북한지역에서 안정화작전은 한미 양국군은 물론 국제기구, 국내 및 국제 NGO 등의 제반 작전요소를 통합 운용되도록 리더십을 발휘해야 한다.

세 번째 단계로서 급변사태 이후 재건을 위해서는 급변사태로 인한 새로운 불만세력의 우호세력으로의 전환문제와 북한 난민에 대한 통제대책을 위한 대대적인 노력이 필요하다. 우호적인 세력에 대해서는 파격적인 시혜를 하고, 집요하게 저항하는 세력은 분리하여 통제하며, 인프라 구축과 사회복지시설을 확대하면서 정상화시켜 나가야 할 것이다. 급변사태 이후 작전의 주안은 북한군의 무장해제, 경제재건 및 사회통합이 될 것이다. 통일 한국은 비핵 평화정책과 선린우호정책을 추진할 것이고, 통일한반도는 갈등과 분쟁의 진원지로부터 평화와 안정, 공동번영의 허브가 될 것임을 국제사회에 천명해야 할 것이다.

5. 동북아 평화협력의 제도화

동북아의 갈등과 대립, 적대의식의 심화는 통일의 여건조성에 극히 부정적인 영향을 미칠 것이다. 이를 해소하기 위해 한·미·중·일·러·북한·몽골로 구성된 동북아평화협력구상을 제도화하는 것이다. 동북아정상회담은 매년 정례회담을 통해 동북아 지역안보이슈에 대해 정책방향과 지침을 제공하고, 외교·국방장관 대화에서는 구체적인 이행방안을 협의한다. 산하에 지역협력사무국, 신뢰구축위원회, 지역 위기관리시스템을 구성한다. 한중일 3국협력사무국이 모체가 되어 지역협력사무국으로 확장하여 규정, 원칙, 규범, 의사결정절차 등을 발전시킨다. 신뢰구축위원회는 각국의 정책입안자, 국회의원, 안보전문가, 다국적 기업인, 언론인 등으로 인식공동체를 구성한다. 그리고 군비경쟁이나 일방적 외교안보정책보다 안보협력이 자국의 안보를 보장하고 비용이 적게 든다는 것에 대해 국민적 공감대를 형성할 필요가 있다. 또한 이들은 동북아 역내 국가 카운트파트와 네트워크를 구축하여 지역차원에서 안보인식공동체를 구축하는 것이다. 다음으로 고위급은 물론 초급장교들의 역내 국가간 상호방문, 동북아 안보대학원 창설, 역내 국가간 핫라인 구축 등 군사교류협력을 활성화함으로써 신뢰를 구축하는 것이다.[17)]

지역 위기관리시스템을 구축하기 위해서는 우선적으로 조

---

17) 정경영, 『한국의 구심력 외교안보정책』, 지식과 감성, 2014, pp. 237-258.

기경보 등 위기조치센터를 운용하고, 인도주의적 지원 및 재난 구조(HA &DR: Humanitarian Assistance and Disaster Rescue), 비전투요원 후송작전(NEO: Non-combatant Evacuation Operations), 대해적작전(CPO: Counter-piracy Operation) 등 모의연습을 실시하며, 신속대응팀(TF)은 우발사태지역에 즉각 전개할 수 있도록 군부대는 물론 경찰, NGO로 구성하는 것이 바람직하다.

이러한 동북아 국가간 신뢰구축과 협력안보의 제도화는 유리하고 안정적인 전략환경을 조성함으로써 한반도 통일에 기여할 것이다.

제5절   소결론 및 정책제언

한반도 통일문제는 국제정치학에서 논하는 남의 나라 문제가 아니며 우리의 문제라는 인식이 요구된다. 동시에 주변국은 물론 국제사회의 지지와 협력하에 통일외교를 추진할 때 탄력을 받을 수 있다.

독일통일외교에서 중요한 교훈은 서독의 역대 정부에서 보수 및 진보정당이 집권했을 경우에도 전임 정부의 對 동독 및 통일외교정책을 결코 중단하지 않고, 계승 발전시켰으며 일관성을 갖고 추진하였다는 점이다. 주변국의 지지와 협력은 독일통일에 결정적으로 기여를 하였다.

주변국의 통일 한국에 대한 우려를 해소하고, 한반도 냉전체제를 평화체제로 전환하기 위해서는 남북이 주체가 되어 남북한 군사적 신뢰구축은 물론 군축과 함께 정전협정 당사국인 미·중과 긴밀히 협력하여 남북평화협정을 체결해야 할 것이다.

또한 북한의 피폐한 경제를 끌어올리기 위해 국제 및 지역 금융기구와 협력하여 북한의 개발역량을 제고시킴으로써 통일비용을 최소화하는 전략이 요구된다. 그리고 최악의 경우 북한의 붕괴 등 급변사태 발생시 지역분쟁으로 비화되지 않도록 하면서 국제협력을 통해 통일의 전기로 활용할 필요가 있다. 동북아의 대립과 갈등의 냉전질서를 상호존중과 공존의 협력질서로 전환시켜 통일의 안보환경을 조성하는 통일외교안보전략

등이 어우러질 때 동방의 등불이 되어 인류문명의 길잡이 역할을 하는 하나된 한민족으로서 신나는 통일시대가 열려질 것을 확신한다.

제8장

남북한 군의 성공적인 군사통합 준비

하정열

평화통일을 위해서는 남북한 군 간의 평화적인 군사통합이 전제가 되어야 한다. 그러나 지금 한반도는 북한의 무력적화통일을 앞세운 핵과 미사일 등 비대칭무기의 위협과 다양한 도발 등 군사적인 위협으로부터 위기가 고조되고 있으며, 군사적인 대립과 갈등은 평화통일의 걸림돌이 되고 있다. 따라서 남북한 군의 평화적인 통합을 위한 준비가 무엇보다도 중요하다.

평화통일을 달성하기 위해 평화적인 군사통합의 필요성과 군사통합의 유형을 분석하고, 독일의 통일 과정에서 성공적인 군사통합을 이룬 동서독군의 군사통합의 과정과 교훈을 도출하여 우리의 준비방향을 제시해 보기로 한다.

개   요

    한반도의 통일과정에 있어서 군사통합의 문제가 평화통일을 성공적으로 수행하는 데 핵심적인 요소가 될 것이다. 따라서 우리는 향후 한반도의 평화정착과 통일논의가 진전될 경우에 대비하여 과도기의 남북한의 평화체제 정착방안과 통합기의 군사통합방안에 대한 세부적인 준비가 필요하다.

    군사통합의 문제는 평화통일의 국가전략 개념을 바탕으로 정치, 경제, 사회, 문화적인 분야의 통합과정과 연계하여 보완적으로 추진되어야 성공할 수 있다. 적대관계를 해소하고, 군사적 신뢰구축 및 군비통제 과정을 거쳐 평화적으로 통일할 수 있는 단계적 통합방안을 최적의 통합유형으로 상정하고 준비해야 한다.

    군사통합의 유형을 분류해 보면 크게 '형태적인 군사통합'과 '과정적인 군사통합'으로 분류할 수 있다. '형태적인 군사통합'은 과거 베트남, 독일, 예멘의 군사통합을 종합해 보면 전쟁을 통한 통합형, 합의에 의한 통합형, 합의 후 내전을 통한 통합형으로 구분할 수 있으며, 과정적인 군사통합은 급진적 통합과 점진적 통합으로 구분할 수 있다.

    독일 통일과정에서 군사통합의 교훈은, 첫째 급격한 흡수통합의 경우는 그 후유증이 크다는 점이며, 둘째 통일촉진의 환경을 최대로 조성해 가면서 전략환경을 적시적으로 활용해야 한다는 점과, 셋째 군사통합에 대한 대책을 조기에 수립하여 이를 완벽하게 수행해야 한다는 점이다. 서독연방군은 통일 및 군사통합 시기를 사전에 충분히 예측하지 못함으로써 군사통합에 대한 준비를 소홀히하였다. 그 결과 군사통합에 대한 종합계획을 수립할 수 없었고, 통일이 임박해진 상황에서도 군사통합에 대한 군 내부의 공감대를 형성하기가 어려웠다.

남북 군사통합의 후유증을 최소화하기 위해서는 남북한의 군사통합은 기본적으로 평화적 방식에 의한 국가통일이 전제되어야만 하며, 군사통합의 형태는 내전을 방지하고, 지휘체제를 확립하기 위하여 일원화된 지휘권을 확립해야 할 것이다.

따라서 남북군사통합을 위해서는 철저한 사전 준비가 필요하며 남북한의 특성 등을 감안한 독자적인 군사통합 모형을 발전시켜 나가야 한다.

제1절 군사통합의 필요성과 유형

1. 성공적인 군사통합의 필요성

남북한의 군사통합 문제는 과거 6.25전쟁으로 인한 동족 상잔의 아픔이 아물지 않고 있고, 북한에는 '선군정치'(先軍政治)를 내세우는, 이념적으로 무장한 군부가 정치권력을 장악하고 있음으로 해서, 향후 남북한의 통일 과정에 있어서 가장 커다란 걸림돌로 작용될 가능성이 클 것으로 예상된다. 결국 한반도의 통일 과정에 있어서 군사통합의 문제를 어떻게 해결하느냐가 평화통일을 성공적으로 수행하는 데 핵심적인 요소가 될 것이다. 따라서 우리는 향후 한반도의 평화정착과 통일논의가 진전될 경우에 대비하여 과도기의 남북한의 평화체제 정착방안과 통합기의 군사통합방안에 대한 세부적인 준비가 필요하다.[1]

이러한 군사통합의 문제는 평화통일의 국가전략 개념을 바탕으로 정치·경제·사회·문화적인 분야의 통합과정과 연계하여 보완적으로 추진되어야 성공할 수 있을 것이다. 우리는 서로 대치하면서 오랫동안 유지된 적대관계를 해소하고, 군사적 신뢰구축 및 군비통제 과정을 거쳐 평화적으로 통일할 수 있는 단계적

---

1) 제7장은 이 장의 집필자인 하정열의 저서와 논문의 내용을 재정리한 것으로 반드시 필요한 부분을 제외하고, 인용부호나 주석을 생략하였음을 밝혀둔다.

통합방안을 최적의 통합유형으로 상정하고 준비해야 한다.

이를 위해 군사통합에 대한 이론적 배경의 분석을 통해 한반도에 적용 가능한 최적의 대안을 탐색하고, 과거 분단국가의 군사통합 사례를 분석하여 한반도의 군사통합에 적용 가능한 교훈을 도출하고자 한다. 특히 짧은 시간에 평화적으로 군사통합에 성공한 독일의 군사통합 사례에 대하여 보다 심도 깊은 분석을 통해 적용 가능한 교훈을 도출하고, 검증된 군사통합 방안을 구현하기 위하여 단계별 실천과제와 분야별 세부 통합방안을 모색하고자 한다.

2. 군사통합의 유형

군사통합은 통일이라는 과제와 불가분의 관계를 맺고 있으며, 그 하위개념의 하나로 추진되고 있다. 따라서 통일협상의 전개에 따라 그 방법이 달라질 수 있다. 군사통합 분야에 대한 이론적 논의나 연구가 미흡한 현 상황에서 군사통합에 대한 개념적 정의 또한 다양하고 불명확한 실정이다. 이러한 군사통합의 유형을 분류해 보면 크게 '형태적인 군사통합'과 '과정적인 군사통합'으로 분류할 수 있다.

'형태적인 군사통합'은 과거 베트남, 독일, 예멘의 군사통합을 종합해 보면 전쟁을 통한 통합형, 합의에 의한 통합형, 합의 후 내전을 통한 통합형으로 구분할 수 있으며, 과정적인 군사통합은 급진적 통합과 점진적 통합으로 구분할 수 있을 것이다. 이들 유형에 대한 상황과 특성들을 구체적으로 살펴보면 다음 〈표 8-1〉 및 〈표 8-2〉와 같다.

〈표 8-1〉 형태별 군사통합 유형

유 형	상 황	특 성	사례
전쟁을 통한 통합형	전쟁 또는 무력개입에 의한 통일	• 피합병국의 무조건 굴복, 무장해제 • 주도국 군제 중심의 군사통합 • 피합중국 군제의 폐기 및 인력, 장비에 대한 보상 불고려	베트남
합의에 의한 통합형	합의에 의한 일방적 흡수 통일	• 피합병국의 무조건 굴복, 무장해제 • 주도국 군제중심의 군사통합 • 피합병국 군제의 일부 가용 및 인력, 장비에 대한 보상 고려	독일
합의 후 내전을 통한 통합형	합의에 의한 대등적 합병 통일	• 군사당국간 대등한 군사통합 합의 • 군제에 대한 상호 합의 • 무력 갈등요인의 제도적 내제	예멘

〈표 8-2〉 과정별 군사통합 유형

유 형	특 성	비 고
급진적 통합	• 피합병국 군제의 전면폐기 • 주도국 중심의 일방적 군사통합	• 상대방 불인정 • 조건부 인정
점진적 통합	• 피합병국 군제 일부 수용 • 주도국 군제 보완형의 군사통합	• 상대방 인정

과정별 군사통합의 형태로 통상적으로 급진적인 군사통합일 경우에는 피합병국 군제의 전면 폐기를 통해 통합 주도국 군제 위주의 일방적 방법을 채택하고, 점진적인 군사통합의 경우에는 피합병국 군제의 장점들 가운데 일부를 수용하여 통합 주도국의 군제를 보완하는 형태를 취하게 된다.

남북한의 통일도 현재의 군사적인 대치상태에서 장기적으로 상호간 협력적인 평화공존기(平和共存期)를 거쳐 통일 협상과정에 돌입하면 위의 형태 중 어느 하나의 형태로 나타날 수 있다. 남북한간의 관계가 대치국면에서 점진적으로 협력적 평화공존을 거쳐 통일로 지향된다고 가정한다면, 군사통합을 위한 평화로운 통일 환경을 조성하는 일은 매우 중요하다.

제2절   동서독군 군사통합 과정과 교훈

　　한반도의 군사통합 연구에 있어서 참고할 수 있는 외국의 군사통합 사례로는 앞에서 언급한 베트남, 독일, 예멘의 3개국을 들 수 있다. 그러나 여기서는 지면의 제한상 우리가 모델로 삼을 수 있는 독일의 군사통합과정을 중점적으로 분석하고자 한다.

　　동서독이 어떻게 그렇게 갑자기 통일을 할 수 있었느냐 하는 질문에 많은 독일인들은 고르바초프의 역할과 동독의 평화적인 혁명(Die friedliche Revolution in der DDR) 및 복지국가 서독의 힘이 독일통일을 가져오게 한 원동력이라고 지적한다.[2] 독일이 통일되기 전 동서독 관계를 분단고착화 정책의 산물이라고 평가하던 사람들이 많았다. 그러나 기능주의적 접근을 바탕으로 한 동서독인의 대화와 교류방식이 결국 분단고착을 타개하고 통일의 밑거름이 되었다는 것은 아무도 부인할 수 없다.[3] 즉 독일은 동서독간의 신뢰를 바탕으로 한 대화와 교류가 통일을 이룩하는 데 큰 역할을 했다는 것과, 또 준비가 안 된 상황에서 통일이 되면 통일독일에서와 같은 문제점들이 제기될 수 있다는 것을 우리들에게 교훈으로 알려주고 있다.[4] 동

---

2) 정용길, 「분단국가의 통일사례가 한반도 통일에 주는 교훈에 관한 연구」, 『행정논집』 제22호, 동국대학교, 1994, p. 213.
3) 위의 책, p. 241.
4) 위의 책, p. 242.

서독의 군사통합은 실질적인 통일을 위한 정치·경제·사회통합의 일환으로 통일 과정의 최종단계에서 약 2년 동안에 걸쳐 3단계로 진행되었다.

1. 군사통합 과정

1989년 11월 9일 국경개방 이후, 동독인민군은 작전부대 내의 최소 상주병력률을 80%로 낮추고 서독에로의 자유여행과 대민 접촉 및 서독 TV시청을 허용하였다. 그러나 이러한 조치는 동독군의 자기 정체성을 근본적으로 혼란스럽게 하는 결과를 초래하였다. 1990년 3월 18일 동독에서 최초의 자유민주주의 선거가 실시되어 동독에 민주정부가 수립되고, 6월 13일 서독 국방부장관은 통일 독일에는 통합된 단일군이 존재해야 된다고 발표하였다. 이에 따라 서독 국방부는 군사통합시 수행해야 할 450개 과제를 염출하였다. 1990년 7월 1일 서독연방군과 동독인민군은 각 부대, 기관별로 자매부대를 지정하여 최초로 상호교류를 시작하게 되었는데 동·서독군은 공식적인 접촉 이후 서로의 극단적인 차이점을 인식하게 되었다.

1990년 7월 15일과 16일에 실시된 소련 코카서스의 독·소회담에서 콜 서독 총리와 고르바쵸프 소련 대통령은 ① 통일 독일의 동맹국 선택의 자유, ② 1994년까지 동독 주둔 소련군의 철수, ③ 통독군의 정규병력 규모를 37만 명으로 감축 등 독·소 간의 광범위한 조약체결을 합의하였다. 이에 따라 서독연방군은 본격적인 통합준비작업을 위해 국방부 각 부서에 '군사통합실무반'을 편성하였고, 8월 17일에 '연락사령부'(Verbindungsgruppe)를 동독국방부로 파견하여 인수작업을 준비하였다.

1990년 8월 23일부터 연락사령부는 동독 국방부와 접촉을 유지하면서 인수작업을 개시하고, 서독 국방부는 8월 25일에는 서독지역에 '동부사령부'를 편성하여 사령관에는 요르크 쉔봄(Joerg Schoenbohm) 육군중장을 임명하였다.

1990년 8월 말부터 9월 사이에 서독군은 동독군 각급 부대에 현장 확인팀을 파견하여 군사통합에 필요한 자료를 수집하고 군사통합계획을 수립하여 동독군의 인수를 준비하였다. 9월 10일에는 서독 국방부장관이 동독군 병력에 관한 계획에서 동독군 5만 명을 인수할 계획을 발표하였으며, 9월 19일에는 연방군 동부사령부 선발대를 파견하였다. 9월 24일에 동독은 바르샤바조약기구에서 탈퇴를 서명하였고, 동독 국방부장관은 동독 장군 및 제독에 대해 10월 2일부로 전역명령을 하달하고, 9월 30일에는 동독 국경수비대를 해체하였다. 또한 그는 일반명령을 통해 동독 군인 10만 3천 명을 10월 3일 00시부로 근무 해제시킴으로써 동독 인민군은 공식적으로 해산되었다. 1990년 10월 3일 연방군사령부는 동독 인민군 소속 직업 및 장기군인 약 5만 명과 의무복무자 4만 명을 인수하였으며, 약 2,000여 명의 서독연방군 간부를 동부사령부로 파견, 예하 동독부대의 지휘관 및 참모로 배치하여 구 동독군의 지휘권을 인수하였다.

초기 개편작업이 진행되는 과정에서 연방군 동부사령부는

동독군의 지휘체계를 그대로 활용하였고, 동독군의 합참의장, 각 군 총장을 고문으로 활용하면서 계획된 일정에 따라 개편작업을 시행하였다. 공산주의 군대의 특성상 모든 정보는 최상급 지휘관에게 집중되었으므로 동독 인민군을 해체하는 데 이들의 도움이 필수적이었다.

연방군 동부사령부는 1991년 4월 1일 개편된 동독의 육·해·공군에 대한 지휘권을 연방군 육·해·공군 본부에 인계하였고, 1991년 조직개편을 완료하고 각군 총장과 합참차장, 의무사령관에게 지휘권을 인계하여 정상적인 연방군의 지휘체계를 확립하였다. 동독인민군을 통합하여 52만 1천 명으로 급격히 증가한 장병의 관리는 동독군의 인수과정과 겹쳐 어려움이 많았다. 또한 이를 37만 명으로 축소 조정해야 하였으므로 구 동독군뿐 아니라 서독군 출신 장병의 감축도 필연적으로 뒤따랐다. 급격한 감축을 통한 사회문제를 해소하기 위하여 국방성은 1994년 말을 목표연도로 하는 단계적인 감축작업을 시행하였다.

2. 군사통합 교훈

독일연방군과 세계적인 군사 분야 전문가들은 독일의 군사통합을 가장 성공적인 통합으로 평가하고 있다. 이러한 성공은 어떻게 달성된 것일까? 우리에게 주는 시사점은 무엇인가? 독일의 군사통합 사례분석이 한반도에 주는 시사점을 종합하면 다음과 같다.

첫째, 급격한 흡수통합의 경우는 그 후유증이 크다는 점이다. 통합의 후유증을 최소화하기 위해서는 점진적이고 단계적인 평화통일의 방법이 강구되어야 할 것이다. 남북한의 경우에는 체제간의 현격한 차이를 그대로 둔 채로 단기간에 군사통합을 실시한 독일식의 흡수통합보다는 북한체제의 변화를 유도하면서 점진적으로 양 체제를 통합하는 평화적이고 점진적인 통합방안을 모색해야 할 것이다.

둘째, 통일촉진의 환경을 최대로 조성해 가면서 전략환경을 적시적으로 활용해야 할 것이다. 독일과 유사한 전략환경에 처해있는 대한민국의 입장에서는 기존의 대미·대일 우호관계를 더욱 공고히하여 이들을 통일의 적극 지원세력으로 활용하고 중국과 러시아는 북한의 위협을 견제하면서 우리 측의 입장을 대변할 수 있도록 적극 활용하는 방안을 지속적으로 추진해야 할 것이다. 특히 한반도 통일이 각 국가의 국익에 조금이라도 도움이 될 수 있는 방안을 강구하여 제시하고, 주변 4개국이 어느 한 나라도 결정적인 시기에 통일의 반대세력이 되지 않도록 치밀한 계획하에 모든 역량을 동원하여야 할 것이다.

셋째, 군사통합에 대한 대책을 조기에 수립하여 이를 완벽하게 수행해야 한다. 서독연방군은 통일 및 군사통합시기를 사전에 충분히 예측하지 못함으로써 군사통합에 대한 준비를 소홀히하였다. 그 결과 군사통합에 대한 종합계획을 수립할 수 없었고, 통일이 임박해진 상황에서도 군사통합에 대한 군 내부의 공감대를 형성하기가 어려웠다. 그러므로 한반도의 통일도 착실한 준비가 필요하다는 결론이 나온다. 먼저 남북한간에 신

뢰를 쌓고 통일 후에 나타날 문제점을 하나하나 제거해 나가며 통일에 대비하는 작업을 해야 한다.[5]

  결론적으로 통합후유증을 최소화하기 위해서는 남북한의 군사통합은 기본적으로 평화적 방식에 의한 국가통일이 전제되어야만 하며, 군사통합의 형태는 내전을 방지하고, 지휘체제를 확립하기 위하여 일원화된 지휘권을 확립해야 할 것이다.

---

5) 정용길, 위의 책, p. 243.

제3절 우리의 준비 방향

1. 남북한 군사통합 여건 분석

한국군이 1948년 창군된 이래 안보위협의 대상은 북한군이었다. 6.25전쟁과 그 이후 지속된 대남적화책동으로 북한의 위협이 현실화될 가능성은 이미 입증되었다. 이러한 북한의 위협에 직면하여 한국이 취해 왔던 전략은 미국의 방위우산을 바탕으로 한 수세적인 방어전략이었다. 그러나 1980년대 이후 자주국방의 기틀을 구축해 가면서 공세적 억제전략으로 수정하였다. 즉 전력을 입체적으로 통합운용하여 전쟁 초기에 적의 남침을 저지 방어한 후, 공세를 가한다는 전략이었다. 어떻게 보면 한반도에서 전쟁이 발발할 경우에는 대규모의 속도전에 의한 단기속결전이 될 것으로 예상되는바, 공세적 억제전략은 한계를 지니고 있다.

또한 한국의 경우 전·평시 지휘체계의 일원화 및 효율화라는 대명제를 달성하기 위해서는 국민통제에 의한 전쟁지도 기능의 제도화, 자주국방 능력의 확보, 전시 정보의 획득 및 처리 능력 개선, 연합작전 능력의 제고 등 해야 할 일이 산재해 있다.

한편, 북한군의 성격을 파악하기 위해서는 먼저 북한군이 어떠한 전쟁관을 견지하고 있는가를 알아야 한다. 북한군은 레

닌의 '전쟁불가피론'과 모택동의 '인민전쟁론'에 바탕을 둔 전쟁관을 모태로 하고 있다. 김정일 역시 '전쟁은 그 본질에 있어 특별한 폭력수단에 의한 계급투쟁의 연장'이라고 역설하였으며, 자신들이 수행하는 전쟁은 정의의 전쟁이고, 서구의 국가 등이 수행하는 전쟁은 제국주의 전쟁으로서 부정의의 전쟁으로 규정하였다.[6]

북한은 '하나의 조선' 논리에 의하여 대남적화전략을 끊임없이 추구하고 있다. 즉, 한국 내의 불만세력과 통일전선을 형성하면서 북한 자체의 전쟁준비를 강화한 후 '결정적 시기'[7]가 조성되면 '폭력혁명' 또는 '무력에 의한 전쟁'으로 한반도를 북한의 체제로 통일하는 데 목표를 두고 있다. 북한은 결정적 시기가 도래할 때 외부의 지원 없이 전쟁을 수행할 수 있는 능력을 확보해 나가기 위해 1962년 '4대 군사노선'[8]을 채택하였다.

북한의 대남 군사전략은 '기습 및 전후방 동시 공격으로 대 혼란을 조성하고 전쟁의 주도권을 장악하기 위해 전차와 장갑차로 구성된 기동부대를 종심(從心) 깊숙이 고속기동시킴으로써 미군이 증원되기 이전에 남한 전역을 석권한다'는 단기 속전속결 전략이다.

---

6) 장경모, 「북한의 전쟁관 분석」, 『정신전력연구』, 제20호, 국방정신교육원, 1997, pp. 119-139.

7) 여기서의 결정적 시기는 한국사회의 내부 혼란, 주한미군 철수, 한국군의 약화 등 정치·군사적으로 북한에 유리한 상황이 조성되는 시기를 의미한다.

8) 4대 군사노선은 '전 군의 간부화', '전 군의 현대화', '전 인민의 무장화', '전 국토의 요새화'로서 이는 북한 전체를 하나의 거대한 군사조직체로 만들겠다는 발상이었다.

북한의 총 병력은 2013년 기준으로, 인구의 약 5%가 되는 117만 명이며, 인구대비 병력 수에 있어서 이스라엘에 이어 세계에서 두 번째로 높게 군사화가 이루어진 것으로 나타나고 있다. 북한 지상군은 4개의 전방군단, 4개의 기계화군단 등을 포함한 총 20개의 군단과 33개 보병사단 등 170개의 사·여단으로 편성되어 있다. 주요 장비로는 전차 3,800대를 포함하여 야포 12,500여 문을 보유하고 있다. 해군은 전투함 및 지원함 등 990여 척을 보유하고 있으며, 공군은 전투기 870여 대와 지원기 840대 등을 보유하고 있다.

　　결론적으로 남북한간의 군사제도 및 군사적 특성을 요약해 보면, 〈표 8-3〉에서 볼 수 있는 대로 남북의 군사제도나 군사적 특성에서 공통점이 거의 없을 뿐만 아니라, 병력규모나 전력구조 등 모든 여건에서 유사한 점은 거의 찾아볼 수 없는 상이한 체제로 되어 있다. 이는 앞으로 남북한간의 군사통합을 어렵게 하는 장애 요인뿐만 아니라 군사통합 과정에서 갈등과 진통이 예상됨을 시사하고 있는 것이며, 이전의 분단국 통합사례를 한반도에 그대로 적용하기에는 무리가 있고, 일반적인 보편성이 없다는 것을 확인할 수 있는 것이다. 따라서 남북한간의 군사통합 방안은 한반도 상황과 남북한만이 갖는 특수성을 감안한 새로운 군사통합의 유형으로 접근해야 할 것으로 판단된다.

<표 8-3> 남북한 군사제도 및 군사적 특성 비교

구 분	북 한	대한민국
병력규모	약 117만 명(인구대비 5.0%)	약 63만 명(인구대비 1.30%)
전력구조	• 육·해·공 구성비 85.5:5: 9.5	• 육·해·공 구성비 80:10.5:9.5
무기체계	• 전차: T-54, T-62 • 미사일: FROG/SCUD • 수상함: PT, FF • 잠수함: W급, R급 • 전술기: MIG 15~35	• 전차: M48~K-2 • 미사일: H.J~백곰 • 수상함: PKM~이지스함 • 잠수함: 209급, 214급 • 전술기: F-5~F-15K
복무기간	• 7~13년 *	• 22~26개월 **
군대위상	• 노동당의 무장력 • 군사위원장의 사병화 • 타 직종에 비해 상대적 　우위 신분	• 국민의 군대 • 군대의 전문직업화 • 타 직종에 비해 대등한 신분
특성	• 인구 대비 과다한 사력 • 공격형 전력 유지 • 국가 견인의 선군사상	• 방어형 전력 유지 • 의무적 방위 집단 의식

* 자료: 국방부, 『국방백서 2010』, IISS, 『MILITARY BALANCE』, 2012; 통일부통일교육원, 『2012 북한개요』, 통일부통일교육원, 2012.3 참조. 재 작성.
** 북한은 점진적으로 3~5년으로 단축 예상.

2. 군사통합 대비 한국군 준비 방향

가. 전쟁 억지를 위한 완벽한 군사대비태세 확립

대한민국은 국가이익을 수호하고 증진하는 방향에서 변화하는 상황에 냉철하게 대응해야 한다. 한국군은 한반도에서 전쟁을 억제해야 하며, 억제 실패시는 반드시 승리해야 하고, 한반도의 평화통일을 힘으로 뒷받침해야 한다. 화해협력정책은 튼튼한 안보태세에 바탕을 두고 남북한간에 화해와 교류협력을 실시하여 한반도에 평화를 정착시키는 정책적 노선이다. 튼튼한 안보태세가 확립될 때만 평화를 파괴하는 무력도발을 억지 및 응징할 수 있을 것이다.

남북한 군사적 신뢰구축 노력은 구조적 군비통제를 시작할 정도의 신뢰구축을 이루지 못하고 있다. 117만 명의 북한군대에서 오는 군사적 위협만이 아니라, 남북한은 대립되는 이념과 체제에서 서로에게 정치적 위협을 가하고 있다. 특히 탈냉전으로 그 체제가 시대착오적임이 드러난 북한의 경우 구조적 위협이 더욱 심각하다. 결국 남북한간에는 상호적인 위협과 공포가 여전히 상존하고 있는 것이다. 다만 그 균형이 대한민국에 유리하게 작용하고 있을 뿐이다. 따라서 굳건한 국방력은 전쟁을 예방하기 위해 필수적이다. 강력한 대북 억제력 없는 대화는 매우 위험하다. 평화정착을 위해서는 튼튼한 안보태세를 확립해야 한다. 북한의 남침이나 무력도발을 격퇴할 수 있는 튼튼한 국방력을 유지할 때 북한도 무력통일을 포기할 것이다.

나. 군사통합 정책 및 전략 수립 추진

한반도의 통일문제는 남북한이 양 체제를 평화적으로 관리하면서 평화체제를 구축하고 이를 제도화시키는 일련의 과정이라 할 수 있다. 다시 말하면 평화통일을 달성하기 위해서는 군사통합도 점진적이고 단계적으로 추진해야 할 필요가 있다. 군사통합은 정치적 통일에 의하여 부수적으로 손쉽게 달성되는 것이 아니라, 통일 과정에서 가장 어려운 과제의 하나로 인식되어야 한다. 그리고 군사통합이 어떻게 이루어지느냐에 따라서 통일국가의 각종 대내외적 정책이 커다란 영향을 받을 것이다. 따라서 이러한 군사통합 문제를 가장 효율적이고 합리적으로 해결하기 위한 준비가 절실하며, 남북한의 특성 등을 감안한 독자적인 군사통합 모형을 발전시켜야 할 것이다.

남북한은 군사적 측면에서 상호 호환성이 없으므로 동서독의 군사통합 과정과 매우 비슷한 문제를 안고 있다. 특히 남북한은 병력규모가 과다하므로 통일시 병력의 대폭적인 감축이 불가피하다. 그 규모는 위협의 정도에 따라 인구 대비 약 0.5~1% 수준이 적당할 것이다.

통일 한국군의 목표는 '외부의 군사적 위협과 침략으로부터 국가를 보위하고, 지역의 안정과 세계평화에 기여한다'는 개념을 포함하면서 보다 포괄적인 개념으로 정립되어야 할 것이다. 통일 한국군이 단계적 통합 과정을 거쳐 이룩한 통일 한국의 생존과 번영을 보장하고, 동북아 5강으로서의 균형자 역할을 원만히 수행하기 위해 선택할 수 있는 최선의 전략개념은 '공세적 방어전략'(攻勢的 防禦戰略)이 될 것이다.

다. 군사통합 전문인력 및 기구 발전

군사통합이라는 과제의 해결은 결코 쉽지 않다. 서독군의 경우에는 군사통합 준비 및 초기 통합 과정에서 사전준비 부족으로 1년여에 걸친 진통을 겪었으나, 결과적으로 군사통합을 성공적으로 추진하였다. 예멘군은 준비 부족으로 초기에 군사통합에 성공하지 못해 다시 내전을 치루는 과오를 범하였다. 통일의 형태가 어떠한 모습으로 우리에게 다가오든 한반도에서의 군사통합은 독일의 군사통합보다 훨씬 복잡하고 어려울 것으로 전망된다. 그러므로 한국군은 지금부터 군사통합에 관한 인력을 확보하고 국방부의 기능에 군사통합준비 및 계획기능을 추가하여 꾸준히 이에 대한 대비를 해야 한다.

이러한 기능을 수행하는 데는 1개과 규모가 적당할 것으로 판단된다. '군사통합준비과(가칭)'는 통일시점에서의 주변환경을 예측하여 '군사통합종합계획(안)'을 수립해야 한다. 그리고 군사통합 관련 전문인력의 확보도 중요하다. 지속적으로 독일 등 군사통합의 사례를 연구하여 교훈을 체득해야 한다. 필요시는 독일 등에서 전문과정교육을 받게 하고, 북한학 전공자를 확대하는 것도 좋은 방안일 것이다.

3. 남북한 군사통합 핵심 추진 사항

가. 군사통합 추진 기구의 운용

한반도의 군사통합 과정에서 군사통합 추진기구를 성공적으로 운용하기 위해서는 우리는 서독연방군이 군사통합 과정에서 동부지역사령부를 창설하여 동독군의 인수 및 개편업무

를 성공적으로 수행한 후, 동부지역 군단을 창설하는 데 모체
부대로서의 역할을 수행한 과정을 주의깊게 살펴보아야 한
다.9) 왜냐하면 남북한 군의 성공적인 통합을 위해서는 군사통
합 추진기구의 설치 및 운용에 관한 사항을 사전에 계획하여
준비해야 하기 때문이다.

독일통일시 동부지역사령부는 선발대를 조기에 파견하여
인수부대의 상황을 비교적 상세히 파악함으로써 1990년 10월
3일 지휘관 및 참모가 현지에 도착한 이후 곧바로 부대를 장악
할 수 있었다.10)

한국군이 수적으로 우세한 북한군을 효율적으로 흡수하
여 통합하기 위해서는 독일연방군보다 더욱 치밀한 계획과 사
전준비가 요구될 것이다. 특히 북한군의 부대 수가 한국군에
비해 월등히 많으며, 지형이 험난하고 지휘축선의 유지가 제
한되며, 적개심이 강하여 쉽게 승복하지 않을 것을 상정해야
한다.

따라서 우리가 북한군을 성공적으로 통합하기 위해서는
'북부사령부'를 설치하여 신속하게 북한군의 지휘권을 장악해
야 한다. 그리고 북한인민군의 지휘권을 인수한 후에는 군사통
합 과도기에 북한지역 군사행정의 관할, 북한군의 해체 및 개
편, 병력과 장비 및 시설의 관리 등 군사통합의 실질적인 업무

---

9) 독일국방성은 1990년 7월 소련과의 협상이 종료된 후 동부지역사령
부의 임무를 동독 인민군을 인수하여 부대안전과 지휘체계를 보장하고, 부대
를 단계적으로 해체하며, 새로운 연방군부대를 창설하는 것으로 정리하였다.

10) Dieter Farwick, *Ein Staat-Eine Armee*, Report Verlag, 1992,
pp. 30-33.

를 수행토록 해야 할 것이다.[11]

나. 부대인수 및 병력통합

한국군과 북한군이 통합되는 단계에서 가장 어려운 문제
는 북한지역에 산재한 부대의 인수와 한국군의 약 두 배에 달
하는 북한군 병력의 통합일 것이다. 부대와 병력의 정확한 인
수문제는 통합 이전 단계에서 통합 이후의 부대구조와 병력 규
모가 확정되었을 경우에 순조로운 추진이 가능할 것이다.

그러므로 한국군은 군사통합 이전 단계부터 부대 및 병력
인수에 관한 포괄적인 계획을 수립하고, 통합 접촉 단계부터는
우리의 입장을 명확히 제시할 수 있어야 군사통합을 주도적이
고 평화적으로 추진할 수 있을 것이다.

독일연방군은 1,460개의 대대급 이상의 동독군 부대를 인
수하고 89,000여 명의 병력을 흡수함으로써 성공적으로 군사
통합을 실시할 수 있었다.[12] 부대 및 병력의 인수가 기대하였던
것보다 더욱 성공적으로 추진될 수 있었던 것은 동독 국민들이 서
독군의 동독 인민군에 대한 흡수통합을 환영하였으며, 서독연방군
이 인수 협상 단계에서부터 동독군 부대 및 장병에 대한 인수조건
을 명확히 제시하고, 이를 규정화하여 일관되게 추진하였던 것이
주효하였다.[13]

---

11) 서독연방군은 동독 인민군을 성공적으로 인수하기 위해 대대급 이상
의 지휘관과 여단급 이상의 주요 참모들은 서독연방군 장교로 보직하였다.
12) Joerg Schoenbohm, *Zwei Armeen und Ein Vaterland*,
Siedler Verlag, 1992, pp. 31-35.
13) 하정열, 『한반도 통일 후 군사통합 방안』, 팔복원, 1995, pp. 269-270.

통일 한국의 안보환경과 군사전략에 의거하여 결정될 통일 국군의 군구조와 군사력의 규모에 따라 현 남북한 군의 부대와 병력은 대폭적인 축소조정 및 감축이 불가피할 것이다. 통일 국군의 부대 및 병력 통합의 기본원칙은 사실상 북한인민군을 완전히 해체한 상태에서 소수의 필요한 부대와 병력을 한국군이 선별하여 흡수하는 형식이 되어야 할 것이다.

부대의 인수는 통합 이후에 반드시 필요한 핵심부대로 제한하고, 부대의 지휘관과 핵심참모는 한국군의 장교로 임명하여 통합의 초기 단계부터 지휘체계를 확립해야 할 것이다. 부대의 인수 과정에서는 부여된 임무를 재검토하여 필요시 임무조정을 통해 부대 규모를 축소 조정하는 방안도 적극적으로 검토해야 할 것이다(표 8-4 참조).

\<표 8-4\> 병력분류 및 처리기준

구 분	분 류 기 준	처 리
즉시 전역	• 상좌급 이상 전 간부 • 대대급 이상 지휘관 및 주요 참모 • 정치, 심리요원 • 50세 이상 장기 복무자 • 탈영병 및 전역희망자 • 해체부대 소속자	지휘권 인수시 즉각 조치
관찰 후 전역	• 중좌급 이하 간부 요원 • 기타 전투부대 요원	재편성 단계시 조치
흡 수	• 자질이 우수한 요원(사상, 능력) • 핵심기술과 기능 보유 요원 • 한국군 편입 희망 요원 선별 흡수	통합 최종단계시 조치

물론 국군 중심의 통합군 건설은 단기적인 것이며, 장기적으로는 남북한 출신 장병들이 형평성 있게 통일 국군의 임무를 수행해야 할 것이다. 그리고 통일 국군에 편입한 인원뿐만 아니라 전역하는 인원에 대해서도 세심한 배려를 통해 '한민족의 통일 국군'이 될 수 있도록 해야 한다. 특히 북한 인민군에서 편입한 인원이 소외감이나 반감을 갖지 않고 쉽게 적응할 수 있도록 제도적이고 인간적인 세심한 배려가 필요하다.

독일의 경우에는 동독인민군을 흡수 통합하는 과정에서 동독인민군 출신 장병들은 일정기간 동안 급료·진급·의료혜택 등 거의 모든 분야에서 차별 대우를 받았다.[14] 그것은 동서독 간의 경제적인 격차와 체제의 차이에서 오는 필연적인 조치였다. 그러나 이러한 조치로 인해 동독 인민군 출신 장병들은 상대적인 열등감과 피해의식을 갖게 되었으며, 이로 인해 갈등요인이 장기간 해소되지 않았다.[15] 남북한 군의 통합도 이와 유사한 상황에서 이루어질 것으로 예상되는바, 독일의 시행착오를 신중히 검토하여 통일 한국 시대에 부합되는 사전준비가 있어야 할 것이다.

그리고 한국군 장병들의 북한지역 파견근무의 회피 가능성 등도 고려하여, 이들에게 충분한 파견 근무수당과 우대수당 등의 적절한 인센티브를 줄 수 있도록 제반 조치를 취해야 한다. 이러한 효과적이고 통합적인 조치를 통해서만 통일 국군은

---

14) 동독군 출신의 보수를 조정하기 위해서 '동부지역임금협약' (Tarifgebiet Ost)을 기준으로 하였다.
15) Dieter Farwick, 앞의 책, p. 267.

'하나의 군대'로 육성되고 군 내부의 통합을 원활히 이루어 낼 수 있을 것이다.

다. 장비·물자 및 시설의 통합

군사통합 과정 중 북한군의 장비, 물자와 시설을 어떻게 통합할 것인가를 구상하는 과정에서 우선적으로 고려해야 할 사항은 군사통합 이후의 통일 한국군의 모습이다. 즉 통일 한국군의 전력규모와 적정 무기 보유수준을 책정한 후 북한인민군의 장비와 물자의 활용 방안을 종합적으로 계획해야 할 것이다. 왜냐하면 남북한이 보유하고 있는 무기 및 장비의 규모와 통일 후 적정 무기 보유 수준을 비교함으로써 감축 소요량을 결정해야 하기 때문이다.

그 중 핵심문제는 한국군의 무기체계를 기준으로 북한의 무기체계를 전량 폐기할 것인가 아니면 북한의 무기체계를 어느 정도 수용할 것인가를 결정하는 것이다. 독일군의 경우에는 통일 독일군의 규모가 대폭 축소되는 과정에서 동독군의 무기체계를 대부분 폐기하는 것을 원칙으로 채택한 결과 동독군의 무기체계를 폐기하는 데 엄청난 비용이 사용되었다.[16] 한국군의 경우에도 통일 이후 군사력의 규모가 획기적으로 축소되어야 하고, 한국군의 무기체계가 대부분 앞서 있는 데다 미국형의 무기체계를 가지고 있어 북한 무기체계와 호환성이 없으므로 동서독의 무기통합 과정과 매우 유사한 문제점이 노출될 가

---

16) Joerg Schoenbohm, 앞의 책, pp. 221-226.

능성이 높다.

무기체계의 일원화는 관리 및 유지가 용이하고, 비용이 절감되며, 교육훈련이 용이하다. 그러나 외국군의 무기체계를 중심으로 한 자주국방 능력이 취약할 경우에는 전략과 교리 및 기술이 종속될 가능성이 높으므로 자주적인 국방정책을 추진하는 데 제한사항으로 작용할 수 있다. 반면 무기체계의 다변화는 관리 및 유지가 어렵고, 상대적으로 비용이 증가하며, 통합된 전투력의 발휘가 제한될 가능성이 높다. 따라서 한국군에 비해 상대적으로 발전된 북한의 핵심 무기체계와 기술만을 인수 활용하고, 나머지는 폐기하거나 후진국에 수출하는 방안을 강구할 필요가 있을 것이다.

즉 북한 인민군은 한국군에 비해 미사일, 방사포와 화생방 무기 분야에서 자주적인 생산기술과 능력을 보유하고 있으므로, 그러한 무기체계와 기술을 발전적으로 흡수하고, 군사통합 초기에는 상대적으로 우수한 공군과 해군의 장비들도 상당 부분 수용하는 것이 바람직할 것이다.

무기체계와 장비·물자의 통합은 어느 한 쪽만 남기고 다른 쪽을 전량 폐기하는 일방적인 방법보다는 상호 장점을 계승하고 문제점을 보완하는 절충형의 통합이 효율적일 것이다. 따라서 한국군의 무기체계를 기준으로 하되, 북한군의 최신 무기체계와 북한이 자체 개발하여 사용하고 있는 품목은 선별적으로 선택해야 할 것이다.

통일 독일군의 경우에는 이러한 작업을 연방군 차원에서만 국한하지 않고, 모든 공공 및 사설 기관이 적극 참여하여

무기와 장비의 감축 및 폐기의 법률적·경제적·기술적인 차원에서 해결방안을 모색하였다.[17] 그러한 교훈을 참고하여 통일 한국군의 경우에도 재활용의 가능성을 충분히 활용하며, 비용을 최소화시킬 수 있는 슬기로운 폐기 절차와 방법을 모색해야 할 것이다.

군사시설의 경우에는, 동독군은 부대주둔지와 훈련장 등으로 과다한 면적의 토지와 시설을 사용하였고, 환경문제를 전혀 고려하지 않아 군사통합 이후 이 문제를 해결하는 데 어려움이 많았다.[18] 우리도 통합 한국군의 부대 배치 계획에 따라 계속사용, 잠정사용, 폐기 등으로 구분하여 처리하여야 할 것이다.

라. 핵과 미사일 등 핵심 비대칭무기의 처리

북한군은 핵, 화학무기와 미사일 등 대량살상무기를 생산하고 보유하고 있는 것으로 추정된다. 핵무기는 플루토늄(PU)을 약 50kg 이상을 추출한 것으로 추정되고 있으며, 이를 활용하여 핵무기 8~15개를 생산하여 보유하고 있고, 우라늄 농축(HEU)은 시험중인 것으로 추정되고 있다. 북한은 수 차례의 핵실험을 실시하였으며, 앞으로도 생존과 전략적인 목적으로 핵무기의 경량화, 소량화, 다종화를 지속적으로 추진할 것으로 판단한다.

---

17) Die Bundeswehr, *Weissbuch 1994*, Druckerei Bachem GmbH, 1994, pp. 17-19.
18) Die Bundeswehr, 위의 책, p. 18.

화학무기는 2,500~5,000톤을 보유하여, 화학탄을 62만 발에서 125만 발까지 보유한 것으로 추정되며, 생물무기는 약 13종의 균체를 보유하고, 유사시는 배양하여 사용할 것으로 예상되고 있다.

북한은 SCUD, 노동, 대포동, 대포동개량형 등 각종 미사일을 보유하고 있으며, 사거리 1만Km 이상의 탄도탄 미사일을 개발중인 것으로 추정된다.

북한은 핵 관련 시설 약 30개, 화학 관련 시설 16여 개 등 약 65개의 대량살상무기 시설을 북한 전역에 분산, 운용하고 있는 것으로 추정된다(표 8-5 참조).

<표 8-5> 대량살상무기 시설 현황

구 분	계	핵	화 학	생 물	미사일
수	65	30	16	10	9

이러한 대량살상무기는 가능한 군사통합 이전 혹은 초기 단계에서 조기에 폐기되어야 한다. 정부는 화학무기금지협약, 생물무기금지협약 등과 같은 국제 군비통제 활동에 군사적인 신뢰구축 과정에서 북한이 참여하도록 적극 유도해야 한다. 또한 남북군사회담 과정에서 국제기구와 협조하여 핵심기술자를 초청하여, 군비통제 관련하여 협조된 처리작업을 조기에 진행해야 할 것이다.

만약, 불가시는 군사통합 초기 단계에서 장악하여 위험요인을 우선적으로 제거해야 할 것이다. 우선 핵무기는 국제 공조하에서 6자회담 등 다자회담을 통해 군사통합 이전에 제거 및 처리토록 최대한 노력하고, 불가시는 군사통합 초기단계에서 확실한 통제하에 제거해야 한다. 화생무기는 화학무기금지기구(OPCW)[19]와 협조체제를 유지하면서, 한국군이 단독 처리토록 해야 할 것이다. 미사일은 한미 미사일 협정과 주변국의 미사일 위협을 고려하면서 단계별로 처리해 나가야 할 것이다. 이와 병행하여 북한군의 핵심 공격무기와 장비를 조기에 장악하여 조치해야 한다. 우선 DMZ 북방 30km 이내의 미사일 및 포병부대를 조기에 장악하여 사격을 통제하고, 북한군의 전투기, 전투함정, 잠수함, 미사일, 포병화기, 전차, 장갑차 등 핵심 기동 및 화력장비를 조기에 장악해야 할 것이다. 그리고 북한군이 수도권을 위협할 수 있는 주요 무기체계를 회수하고, 주요 탄약고를 봉쇄 조치해야 할 것이다.

마. 내면적 통합을 위한 제도의 확립과 교육의 실시

군사통합이 진행되는 통일의 시점에서 남북한 군이 해결해야할 가장 중요한 문제 중의 하나는 이념으로 무장된 양측 장병들의 정신교육이라고 판단된다. 우리보다 규모가 크고 사상무장이 철저한 북한군을 재교육하는 데 어려움이 예상되므로, 독일군의 통합과정을 교훈삼아 많은 준비를 해야 할 것이다.

---

19) 화학무기금지기구(化學武器禁止機構, Organization for the Prohibition of Chemical Weapons: OPCW)는 1997년 4월 발효된 《화학무기금지협약》(CWC)에 따라 설립된 국제기구이다.

통일 독일군의 경우 통합 후유증으로 나타날 수 있는 이질성의 극복 차원에서 동독인민군 출신 장병들을 조기에 동화시키기 위하여 각종 동화프로그램을 구상하였으며,[20] 이를 통해 동독 인민군 출신 간부들의 창의성을 제고시키고 독일군의 전통을 한 단계 높은 차원에서 계승 발전시키기 위해 노력하였다.[21] 이러한 과정에서 서독군은 정복군(征服軍)이라는 인상을 피함으로써 동독인들의 감정을 완화시키기 위해 노력하였다. 구 동독군의 인수 및 재편성을 책임지고 있던 당시 쇤봄(Joerg Schoenbohm) 동부지역 사령관은 서독에서 온 휘하 장병들에게 "우리는 승자의 자격으로 패자의 앞에 서는 것이 아니라 동족의 자격으로 동족 앞에 선다. 따라서 우리는 새로운 전우를 위하여 협조하고 인내하며 넓은 아량을 갖추어 포용해야 한다"고 강조하였다.[22] 이러한 정신에 입각하여 구 동독군의 통일 연방군으로의 흡수통합은 조용하고, 신속하게 이루어졌다. 무력충돌이나 한 건의 인명사고 없이 그야말로 완벽하게 이루어진 역사상 유례가 없는 평화적인 통합이었다.[23]

그러나 남북 분단 이후 6.25전쟁이라는 동족상잔을 겪으면서, 60년이 넘는 동안 이질적인 체제 속에서 반목하며 살아온 남북한의 경우에는 통합이 된다면 더욱 복잡한 상황이 발생할 것임은 누구도 부인할 수 없을 것이다. 특히 북한군의 경우

---

20) 동화교육은 부대교육과 소집 및 집체교육으로 구분하여 실시하였다.
21) Dieter Farwick, 앞의 책, pp. 53-54.
22) 하정열, 앞의 책, pp. 141-142.
23) 독일국방성은 "동일한 교육, 동일한 사고, 동일한 행동, 동일한 지휘"라는 목표를 세우고 교육계획을 수립하고 시행하였다.

에는 북한 체제유지의 핵심세력으로서 타 직업에 비해 상대적 우위의 신분이 보장되어, 간부는 북한에서 선망의 대상이었기 때문에 군사통합 이후 통일 국군으로 흡수 통합되는 북한군 출신 장병들의 상대적인 불만은 크리라 예상된다. 이러한 동화교육의 초점은 자유민주주의 이념과 원리, 시장경제 체제의 원리, 다원주의 가치관 등 통일된 한국사회에서 적응에 필요한 이념과 가치관에 두어야 한다. 통일 국군에 편입된 북한 인민군 출신 장병들에 대한 인간적인 대우와 세심한 관리가 매우 중요하다. 이와 병행하여 남한 출신 장병들에 대한 재교육도 함께 고려되어야 한다. 이것은 '하나의 군대'를 형성하는 내적 통합으로 이어지게 되며, 이로 인해 통일국군은 내외적으로 단합된 강군으로 태어날 수 있을 것이다.[24]

4. 군사통합 후 통일 한국군 건설 방향

통일 한국의 국가목표를 지원하는 국방목표는 '외부의 군사적 위협과 침략으로부터 국가를 보위하고 지역의 안정과 평화에 기여'하는 데 두어야 할 것이다. 이러한 국방목표를 달성하기 위한 국방정책과 군사전략은 통일 한국의 국력과 위상에 걸맞는 규모의 군사력을 육성하는 것이다. 여기서 군사력이란 단순히 군대의 규모만을 의미하는 것은 아니며, 가상적국과의

---

24) 동독 인민군의 법적 지위와 급료관계를 규정한 통일조약은 해당조항의 불명확성으로 인해 동독군뿐만 아니라 서독군에게도 많은 논란을 일으켰다.

관계에서 한 국가가 보유하고 있는 실질적인 힘의 총체를 의미하는 것으로, 군사적인 잠재능력도 포함하는 전쟁수행능력의 총괄적인 개념이라고 할 수 있다.[25]

국방정책은 국가안보목표와 국가 능력간의 관계를 가장 효과적으로 연결하는 정책으로 파악할 수 있다. 군사전략은 일반적으로 가장 유리한 조건에서 부대가 교전할 수 있도록 하는 포괄적인 정책이라 할 수 있다.

통일 한국의 국방정책과 군사전략은 적절한 군사력 건설과 연계되는바, 그러한 군사력의 구체적인 수준, 규모, 운용방식 및 성격 등의 문제를 연구 발전시켜 구체화해 나가야 한다.

통일 한국군의 자주국방태세확립이라는 명제를 고려할 때, 통일 한국군의 전력증강 방향은 남한의 무기체계를 중심으로 구성하되, 북한의 우수한 무기체계와 관련된 기술은 흡수하는 전략을 추진해 나가야 할 것이다.

첫째, 핵무기 개발능력을 보유해야 할 것이다. 통일 한국이 핵무기를 보유하는 것은 국제법상 난관이 많으나, 핵무기를 제조할 수 있는 기술의 축적은 억제효과를 달성할 수 있을 것이다. 통일 당시의 북한의 핵 개발능력을 고려하여, 통일 한국은 북한의 핵무기 기술과 관련 시설을 흡수하고, 우수한 브레인과 기술을 국가차원에서 보호하면서 이를 육성·발전시켜야 한다.

둘째, 주변국의 위협에 효율적으로 대처하면서 유사시 억

---

25) 제정관, 『남북한 군사통합방안과 통일국군 건설방향』, 경남대학교대학원 박사학위논문, 1998, p. 180.

제와 보복 능력을 보유하기 위해서는 적정 수준의 정밀 유도무기체계를 구비하여야 한다. 정밀유도무기는 적의 선제타격을 허용한 후 짧은 시간에 정확하게 적에 보복을 가할 수 있는 수단이므로, 통일 후에는 북한이 보유하고 있는 유도무기와 기술을 적극적으로 흡수하여 개발하여야 한다.

셋째, 조기경보 분야의 능력을 배양하여야 한다. 주변국은 기습능력을 구비하고 있어, 원하는 목표와 시간에 공격할 수 있는 능력을 갖추고 있으므로 자주적인 정보획득 능력의 확보가 중요하다.

넷째, 통일 한국의 주변국에 대한 독자적인 억제력과 자주적인 작전능력을 구축하기 위해서는 수준 높은 C4I체계의 구축이 요구된다.

다섯째, 통일 이후의 한국 해군은 지역 차원의 해양협력에서 한 차원 더욱 발전시켜, 주변국의 잠재적인 해상위협에 대처할 수 있도록 해상 작전수행능력을 제고시켜야 한다.

여섯째, 통일 한국군의 공군력은 통일 당시의 전력을 극대화하면서 점진적으로 작전영역을 확대해 나갈 수 있도록 발전시켜야 할 것이다.

제4절 소결론 및 정책제언

　　군사통합은 정치적 통일에 의하여 부수적으로 손쉽게 달성되는 것이 아니라 통일 과정에서 가장 어려운 과제의 하나로 인식되어야 한다. 그리고 군사통합이 어떻게 이루어지느냐에 따라서 통일국가의 각종 대내외적 정책이 커다란 영향을 받을 것이다. 따라서 이러한 군사통합 문제를 가장 효율적이고 합리적으로 해결하기 위한 준비가 절실하다. 남북한의 특성 등을 감안한 독자적인 군사통합 모형을 발전시키는 일은 통일 이후의 국가번영과 안정의 초석이 될 것이다.

　　군사통합은 국가주권의 통합이 이루어지는 최종단계에 이르러서야 진행될 수 있을 것이며, 통일 시나리오에 따라 매우 다양하게 나타날 수 있을 것이다. 화해·협력정책의 결과에 따라 남북한간에 신뢰가 구축되고 안전보장조치가 성숙한 수준에서 통합이 추진된다면, 남북 군사협의기구를 통해 통일 한국군을 창설하는 평화로운 군사통합의 과정을 거치는 것이 순조로운 과정일 것이다. 즉 한반도의 평화통일을 성공적으로 달성하기 위해서는 정부의 통일방안에 맞추어 단계적으로 군사통합을 추진해야 하며, 통합 이후에는 자주적인 방위역량을 갖추어 국가이익을 보장해야 할 것이다.

　　통일 한국군의 목표는 '외부의 군사적 위협과 침략으로부터 국가를 보위하고, 지역의 안정과 세계평화에 기여한다'는 개념을 포함하면서 보다 포괄적인 개념으로 정립되어야 할 것이다.

　통일 한국군이 단계적 통합과정을 거쳐 이룩한 통일 한국의 생존과 번영을 보장하고, 동북아 5강으로서의 균형자 역할을 원만히 수행하기 위해 선택할 수 있는 최선의 전략개념은 '공세적 방어전략'(攻勢的 防禦戰略)이 될 것이다.

제9장

북한이탈주민정책과 통일역군 준비
—통일과정 관리를 위한 전문가 육성 및 활용

안찬일*

2만 7천여 명 탈북자시대를 맞으며 이들을 중심으로 실천적 통일 역군을 양성하여 통일에 대비하여야 한다. 북한이탈주민의 숫자가 김정은 체제로 들어와 잠깐 주춤하지만 북한이 본격적인 체제전환으로 가지 않는 한 탈북자의 행렬은 줄어들지 않을 것이다. 또 북한의 현 체제가 언제까지 지속되리란 보장도 없다. 통일은 반드시 다가올 것이며 통일시대 북한 재건의 사전 준비와 인재양성은 시급한 과제이다.

* 1992년 탈북, 국내탈북자 제1호 박사. 중앙대 초빙교수.

개   요

    2만 7천여 명 탈북자시대를 맞으며 정부의 탈북자 정책은 새로운 개념으로 전환이 요구된다. 현재의 탈북자 정책은 탈북자들의 남한사회의 적응과 정착에 초점이 맞추어져 있다. 그러나 통일의 시대를 맞이하면서 탈북자들을 통일의 역군으로 활용할 수 있는 적극적인 정책전환이 요구된다.

    지금까지의 탈북자 연구는 주로 이들의 남한사회 정착에 초점이 맞추어져 있었으나 이제 그 단계는 초월할 때가 되었다. 현재 탈북자들은 북한의 각계각층 및 광범위한 지역출신들로 구성되어 있고 이들 중 많은 사람들이 북한사회에서 중요한 역할을 수행한 사람들이 많다. 또한 젊은 인재들이 탈북 이후 대한민국의 우수한 교육제도에서 공부하고 양쪽 사회를 잘 알고 있기 때문에 그 누구보다도 통일과정에서 북한의 조기 안정화 및 체제전환에 기여할 수 있다. 따라서 이들을 활용한 북한체제의 전환전문가로 활용할 수 있는 교육 및 전문가육성 체제 구축이 절실히 요구된다.

    북한의 변화는 크게 두 가지로 예측되고 있다. 첫 번째는 중국식 개혁 개방을 통해 점진적으로 변화하는 것이고, 두 번째는 스스로 체제 지탱력을 상실하면서 급속하게 붕괴하는 것이다. 이 두 가지 상황 모두 북한의 재건세력을 필요로 한다.

현재 탈북민들의 전문교육은 통일아카데미를 통한 인텔리군 양성과 통일대학원대학교 설립을 통한 전문교육이 이루어지고 있다. 이렇게 양성된 전문인력들을 활용하여 이제는 북한체제 전환과정에 있어 안정화 및 시장경제체제 구축 전문세력으로 활용할 수 있는 정책 전환이 요구된다.

통일 이후 북한 체제를 재건하는 데는 바로 남북을 두루 경험한 일군들이 필요하다는 것은 자명한 사실이다. 정부는 지금부터 북한이탈주민들을 통일일꾼으로 키워내는 일을 체계적으로 시작할 필요가 있다.

탈북민 군단보다 더 북한재건의 적임자는 없다. 그들이야말로 두 체제를 경험하고 두 체제에서 교육받은 '통일형 인간'들이다. 이들에게 통일의 쟁기를 쥐어주고 북한 재건의 기회를 안겨주어 21세기 초반에 한반도 통일의 역사적 위업을 완성해야 할 것이다.

제1절 서 론

　　본 장에서는 2만 7천여 명 탈북자시대를 맞으며 이들을 중심으로 통일 대안세력을 길러내자는 제안을 실천하기 위한 방안 연구가 그 목적이다. 북한이탈주민의 숫자가 김정은 체제로 들어와 잠깐 주춤하지만 북한이 본격적인 체제전환으로 가지 않는 한 탈북자의 행렬은 줄어들지 않을 것이다. 또 북한의 현 체제가 언제까지 지속되리란 보장도 없다. 통일은 반드시 다가올 것이며 통일시대 북한 재건의 인재는 절대적으로 필요하다.

　　과거 탈북자 연구는 주로 정착에 초점이 맞추어져 있었으나 이제 그 단계는 초월할 때가 되었다. 본 연구는 북한의 각 지역에서 온 주민 및 탈북대학생들이 대한민국의 우수한 교육 제도에서 공부하고 자기 고향으로 돌아가 북한의 민주화·시장화·선진화를 실현하는 역군의 역할을 어떻게 해야 하는지에 대해 분명한 대안을 제시하고자 한다.

　　통일시대는 먼 미래가 아니다. 통일시대 마중물의 주역은 북한이탈주민이라고 생각한다. 북한이탈주민들은 분단시대가 낳은 미완의 존재다. 분단이라는 민족의 비극이 없고, 북한의 정상적인 통치와 경제발전을 이룩했다면 북한이탈주민은 발생하지 않았을 것이다. 따라서 통일이 되면 북한이탈주민도 사라질 것이고, 오히려 북한의 신개발지, 신천지를 찾아 북한으로 이주하는 남한이탈주민이 생길지도 모른다.

통일을 멀리 있는 목표로, 혹은 이루어지기 어려운 '희망사항'으로 생각하는 경향이 지배적이지만 그렇지 않다. 우리보다 25년 여 앞서 통일을 이룩한 독일의 경우 어느 누구도 통일이 그렇게 빨리 다가오리라 계산한 사람은 아무도 없었다고 할 때 우리도 통일을 요원하다고 여기기에 앞서 통일을 착실하게 준비해 나가야 할 것이다.[1]

독일은 "긴급수용법" 외에 인도주의 차원에서 내독간 정치적 정상화가 이루어지기 훨씬 전에 비밀리에 변호사를 통한 정치범 석방 거래를 추진하였으며, 서독으로 추방된 정치범의 동독 거주 가족들의 서독 이주 주선, 탈출로 인해 동독에 남겨진 어린이와 배우자의 서독 이주 주선 등을 추진하였다.[2] 만약에 5년 후에 통일이 갑자기 찾아온다고 가정했을 때 우리는 과연 어떻게 대처할 것인지 아직 분명한 청사진이 없다. 물론 통일의 형식에 따라 대응방식 또한 다양하겠지만 정치·경제·사회적으로 심각한 붕괴상태인 북한을 재건하는 일은 당면과제가 아닐 수 없다.

북한이탈주민들은 북한 재건의 대안세력이 될 수 있다. 그

---

1) 동·서독 분단 이후 점차 많은 동독주민들이 일상생활의 억압으로부터 해방 및 보다 안정된 삶을 향유하기 위해 서독으로 이주해 오거나 탈출을 감행함에 따라 서독정부는 이들이 기본법이 정한 국민의 권리(예컨대 제11조 거주이전의 자유)를 향유하도록 하는 동시에 사회적·경제적으로 새로운 체제에 조속히 동화되도록 1950년 8월 22일 "긴급수용법"(Notaufnahmegesetz: Gesetz über d Notaufnahme von Deutschen in das Bundesgebiet)을 제정했다.
2) 1963년부터 1989년 동안 총 33,755명의 정치범을 석방시켰으며, 25만 명의 이산가족이 재결합할 수 있도록 했다. 정치범 석방을 위한 대가로 현금을 지불하지 않고 1인당 1977년까지는 4만 마르크, 1977년부터 1989년까지는 1인당 95,847마르크에 해당하는 물품을 제공했다.

들은 자기 고향, 자기 부모형제를 구해야 할 사명을 한 몸에 안고 있는 '구세주'들이기 때문이다. 북한의 변화는 크게 두 가지로 예측되고 있다. 첫 번째는 중국식 개혁 개방을 통해 점진적으로 변화하는 것이고, 두 번째는 스스로 체제 유지력을 상실하면서 급속하게 붕괴하는 것이다. 이 두 가지 상황 모두 북한의 재건세력을 필요로 한다.

해방 직후 북한건국과 6.25전쟁 이후 북한재건을 이룩한 것은 북한으로 들어온 지식인 집단이었다. 소련군과 김일성은 소련에서 교사, 초급장교, 초급행정관리 460여 명을 데려다 북한의 '조선민주주의인민공화국'을 세웠다. 또 6.25전쟁을 전후하여 모스크바를 비롯하여 동유럽 사회주의 나라들에서 유학한 인텔리집단 2,000여 명이 북한의 사회주의 근대화를 이룩하는 데 결정적 기여를 하였다. 현재 2만 6천여 명이 넘는 북한이탈주민들은 통일대안세력으로 부상할 수 있다.

이들 중 1,000여 명이 우리 남한의 우수대학에서 공부했거나 졸업했다. 북한의 그 어떤 엘리트들보다 우수하다고 할 수 있다. 이들은 어린 나이에 사선을 넘는 역경을 체험하였으며, 두 체제를 살아본 고귀한 경험을 체득하였고 나아가 대한민국의 우수한 교육제도에서 지식을 쌓았지 않았는가. 이들이 자기 고향으로 돌아갈 기회가 주어진다면 적어도 한 개 군(郡)과 시(市) 이상을 도맡아 대한민국을 롤모델로 시장경제화·민주화할 수 있다는 것은 자명한 사실이다. 단지 청년인텔리뿐 아니라 2만 7천여 명 북한이탈주민모두가 통일의 대안세력으로 준비해야 할 것이다.

제2절 북한이탈주민의 발생원인과 현황

1. 탈북자의 북한 유출요인

북한주민들의 탈북, 특히 이들의 남한사회로의 이주는 일제강점기에서 해방 직후까지 거슬러 올라갈 수 있으며 본격적인 월남은 6.25전쟁 발발로 인해 급격하게 발생했다. 해방 직후에는 주로 정치·사상적 동기와 식량 부족으로 인해 15만~74만 명 정도가 탈북한 것으로 추정되며, 6.25전쟁 발발 직후에는 공산주의가 싫어서나 북한정권의 정치·사상적 탄압 때문에 45만~65만 명이 탈북한 것으로 추정하고 있다. 이처럼 해방과 6.25전쟁으로 인한 대량 탈북사태 이후 1990년대 초반까지 북한이탈주민의 수는 급격하게 줄어들었다. 1990년부터 1994년까지 86명만 탈북해서 넘어왔고, 1999년까지 100명을 넘지 않았다.

그러나 1990년대 중반 이후부터 북한주민들의 대량 탈북사태가 발생하기 시작했다. 북한 경제 악화와 그 후 찾아온 1990년 중반의 기근, 느슨해진 국경 단속으로 중국으로 탈출하는 길이 열렸고 그 수는 2,000여 명으로 늘어났다. 2001년에는 583명이 남한으로 건너왔고, 그 다음 해에는 그 수가 1,138명으로 거의 배로 늘었다. 2007년까지 대략 10,000여 명의 북한이탈주민이 남한으로 왔고, 2010년 12월에 그 수는

20,360여 명에 이르렀다.[3] 탈북자 수는 2010년부터 북한 국경 단속이 심해지고 탈북 처벌이 강화되어 2010년에는 북한이탈주민 수가 줄었지만, 매년 2,500에서 3,000여 명 정도로 유지되거나 증가할 것으로 예상되고 있다.

1990년대 중반 이후 탈북자의 입국 추세는 급격한 경사도를 보여주고 있다. 2006년 이후로는 1년에 2,000여 명 이상이 입국하고 있으며, 2008년, 2009년에는 각각 3,000여 명에 육박하였다. 이와 같은 추세는 가까운 시일 내에 바뀌지는 않을 것으로 보인다.

6.25전쟁 이후 북한주민들의 대량 탈북사태는 냉전시대의 종말을 상징하는 구 소련의 붕괴와 김일성 사망 이후인 1990년대 중반부터 시작되었다. 그 원인은 복합적이고 다양하지만, 크게 내부적인 요인과 외부적인 요인으로 정리할 수 있다. '내부적'으로 1990년대 초반에 계속된 북한의 마이너스 경제성장과 1995년 이후 계속된 수해와 가뭄으로 인한 식량난은 북한의 식량배급 체제를 위협하였고, 사회질서 및 기강을 해이하게 만들어 이 때부터 탈북이 본격화되기 시작했다. 한편, '외부적'으로는 외국 유학생, 해외 근로자, 조선족 보따리 장수, 탈북-재입북-재탈북하는 사람들을 통해 북한과 외부 세계 사이의 정치·문화적 차이를 인식하게 되면서 탈북자가 늘어났으며, 이미 탈북한 가족이 인적 물적 네트워크를 통해 다른 가족을 탈북시키는 현상도 늘어나게 되었다.

---

3) 통일부, 『통일백서』, 통일부, 2011 참조.

탈북자들은 분단 이후 지속적으로 유입되었으나, 1990년대 이후 그 수와 형태에 변화가 나타나고 있다. 초기 탈북자들은 군사분계선을 넘어온 군인 출신이 주류를 이루었으나, 1990년대 이후 유학생, 외교관, 무역 종사자, 고위 인사 등 출신 성분이 다양화되고 있다. 출신 성분의 다양화는 탈북 경로에도 변화를 가져왔다. 1994년 이전 기존 탈북 경로는 해상과 육상을 통하여 북한에서 직접 입국하는 비율이 45%이며, 외국을 경유하는 비율은 55%로 나타난다. 그러나 탈북자 입국 규모가 급격히 증가한 1990년대 중반 이후를 살펴보면 외국을 경유한 입국자가 95% 이상을 차지하고 있다(표 9-1 참조).

<표 9-1> 북한이탈주민 입국 현황(2014. 3월말 입국자 기준)

구분	단 체 명	단체장	설립	목적 및 활동 내용
1	(사)NK인포메이션	허창걸	2002	북한문화와 경제정보 확보 전달, 취업활동과 정체성교육 활동 진행
2	(사)북한민주화위원회	홍순경	2007	탈북자권익 옹호와 인권개선, 북한민주화투쟁 선도
3	(사)북한전략정보서비스센터	이윤걸	2010	북한내 인적 네트워크 구축, 북한엘리트 이용 정보수집 분석사업
4	(사)자유북한방송	김성민	2004	단파라디오 이용 북한에 자유문화 및 정보전달
5	(주)통일방송	임영선	2009	북한정보서비스, 남북한통일문화 창조활동 진행
6	(사)세계북한연구센터	안찬일	2010	북한체제전환 등 학술연구, 세계북한전문가들과 네트워크 학술연구
7	(사)성공적인통일을 만들어가는 사람들	김영일	2006	인재발굴과 배양, 교육지원활동 북한 연구 조사활동 추진
8	(사)자유북한운동연합	박상학	2008	북한삐라보내기 및 자유주의 운동전개, 북한인권개선 투쟁 전개
9	(사)북한전략센터	강철환	2007	북한정보 분석, 북한조사활동과 학술 연구 활동
10	북한개혁방송	김승철	2007	북한에 자유전파를 보내는 대북단파방송

				전개
11	NK지식인연대	김흥광	2008	북한 출신지식인 집단, 학술연구 및 북한 정보 전달 활동
12	탈북인단체총연합	한창권	2008	정착지원과 홍보활동, 북한인권 촉구 및 일자리 창출활동
13	탈북난민인권연합	김용화	2007	탈북자정착지원, 중국내 탈북자 인권보호 운동, 직장알선사업 진행
14	북한인권보호연합	김지성	2011	인권개선, 탈북자 인권보호, 외국탈북자 인권 개선
15	북한인권탈북청년연합	한남수	2007	인권개선, 강연 및 세미나 지원, 북한인권 캠페인 진행
16	북한인민해방전선	장세율	2010	북한민주화와 인권, 북한해방을 위한 실질적 투쟁 준비활동
17	(사)탈북민자립지원센터	강철호	2008	탈북자 정착지원활동, 학습지원활동, 여성 사회적응 지원활동
18	(사)하나여성회	이애란	2010	여성정착지원, 멘토링활동과 여성취업활동 진행
19	남북사랑회	정창룡	2008	정착지원, 취업교육활동과 상조서비스 활동
20	탈북여성연대	강학실	2006	북한민주화와 인권개선 활동, 리더십 강화활동 진행
21	둥지	김창신	2005	정착지원, 학자금 및 수술지원금 지원활동
22	평화의 집	장철봉	2004	정착지원과 친목도모, 각종인권행사 활동
23	함께 일하는 사람들	김대성	2008	경제교육활동과 창업지원 활동, 정착교육을 통한 탈북자 인권개선
24	탈북민정착지원종합상담센터	박정순	2005	정착지원, 상담을 통한 탈북자 애로사항 해결활동
25	(사)새문화복지연합회	이수홍	2009	탈북자 복지향상, 행복플러스활동 및 고려예술단 활동
26	자유동포재단	임천용	2008	정착지원 및 자원봉사활동, 안보교육 및 북한자유화 방안 연구활동
27	자유탈북민협회	박영학	2008	탈북자 정착 및 자원봉사 나눔활동을 통한 겨레하나되기 봉사
28	천수회	강영철	2006	정착지원과 친목도모, 의료봉사활동으로 하나되기 봉사
29	(사)새터민회	최정녀	2008	정착지원과 봉사활동으로 탈북사회 하나되기 활동
30	(사)북한전통음식문화연구원	이애란	2008	북한전통음식연구와 보급으로 밥상으로 통일하기 활동
31	(사)탈북예술인단체총	정팔용	2010	평양민속예술단공연으로 통일문화창조,

	연합회			통일분위기 조성활동
32	(사)6.25국군포로가족회	유영복	2008	국군포로 가족 출신들의 정착지원 및 북한인권 개선활동
33	(사)탈북문화예술인총연합회	김영남	2006	문화예술공연으로 탈북자사회 활동 및 통일문화조성사업 진행
34	경평축구단	이광수	2007	스포츠활동으로 정착 및 친목 도모하고 통일문화 창조활동
35	세계탈북인총연합회	안찬일	2010	전세계에 분포되어 있는 탈북자들의 단결 도모, 북한개혁 개방 촉구
36	한민족대안학교	최옥란	2008	정착지원 및 탈북자 인권개선
37	탈북노인동우회	강우갑		셀버세대의 화합과 봉사, 친목도모활동
38	삼흥학교	채경희	2010	탈북청소년 교육 및 문화프로그램으로 청소년 정착활동
39	북한이탈주민대전광역시연합회	김민정	2007	탈북자 정착지원과 친목도모 및 북한 인권개선 활동 및 지역봉사
40	탈북문예인협회	정수반	2004	북한노래 및 무용공연으로 통일문화 창조 및 봉사활동
41	펴양통일예술단	방분옥	2007	통일의 선구자 활도 및 예술공연으로 북한소식 전달 통일준비 활동
42	새코리아청년네트워크	남강룡	2008	청년 대학생들로 인권활동 및 토일준비 친목도모 화합의 장 마련
43	평양예술단	김영남	2005	북한문화예술공연으로 통일시대 준비
44	통일무지개봉사단	최순복	2008	사회봉사 및 북한문화 전달 활동, 탈북자들의 화합의 장 마련활동

자료: 북한이탈주민지원재단

2. 탈북자의 한국 유인요인

2001년 이래 탈북자들의 외국공관 진입 등을 통한 이른바 '기획망명'이 국내외 신문방송매체의 관심거리가 되면서 국경지대에 대한 감시와 중국의 탈북자 검색과 강제북송이 강화되었다. 이에 따라 중국으로 월경하는 '새로운' 탈북자들의 수는 상당수 감소한 것으로 보이며, 중국에서 한국으로 직접 입국을 시도하는 것도 힘들어졌다. 몽고나 러시아를 통한 한국행 역시 점점 어려워지면서(The New York Times, 2005), 탈북자들은 주로 태국, 캄보디아, 라오스, 베트남 등 동남아 국가를 통해 한국으로 향하고 있다(Haggard & Noland, 2006). 그림들은 최근 북한이탈주민의 남한사회 이주경로를 보여주고 있다(그림 9-1 참조).

<그림 9-1> 90년대 이후 북한이탈주민의 남한사회 입국 경로

자료: 『연합뉴스』, 2004.7.27.

한편, 주목해야 할 문제 중의 하나는 북한주민들의 탈북 이후 정착지가 비단 한국 사회만은 아니라는 점이다. 위에서 보듯이, 영국, 독일 등 유럽 국가에 이주하여 정착한 북한이탈주민들의 수가 점점 증가하고 있다. 대체로 이들은 남한사회에 적응 및 정착하지 못한 주민들이라는 점에서 탈북에 이은 '탈남 현상'이라는 점에서 중요한 문제이다.[4] 이렇게 볼 때, 북한이탈주민은 한국만이 아니라 유럽 등 제3국으로 분산 이주하고 있으며, 이는 북한이탈주민의 문제가 단순히 남북관계의 문제로 한정할 수 없는 국제적인 문제가 되고 있음을 의미한다. 탈북자는 남북한의 정치적 경제적 이해관계 속에 있는 '한' 민족의 영역을 넘어서, 입국 경로에서는 동아시아 전반에 영향을 미치고 있으며, 이들의 이주는 세계 전역으로 퍼져나가고 있다(표 9-2 참조).

<표 9-2> 난민신분 탈북자 국가별 거주현황

국 가	인 원	국 가	인 원
영국	581	덴마크	9
독일	146	스웨덴	8
네델란드	32	아일랜드	6
호주	25	스위스	4
미국	25	키르키스스탄	3
캐나다	23	이스라엘	2
노르웨이	14	합계	892
러시아	14		

자료: 북한이탈주민 지원재단.

인류사를 살펴볼 때 동일한 민족이 공존하는 분단된 국가에서 앞서가는 우월한 체제를 동경하여 자기 체제를 버리는 것은 역사에서 흔히 있는 일이다. 분단 이후 북과 남은 초기 체제경쟁에서는 북한이 앞섰지만 1974년부터 남한은 북한의 추

---

4) 이 문제, 즉 남한 사회 부적응으로 인한 북한이탈주민의 제3국으로의 이주는 본 연구의 핵심 논제가 아니기 때문에 여기서 다루지는 않을 것이다.

종을 불허하며 현재는 30여 년 이상의 간격을 넓혀놓은 상태다. 체제경쟁에서 우리 대한민국이 앞서기 시작한 1970년대 중반부터 적지 않은 북한이탈주민들이 대한민국을 선택하기 시작하였는데 당시 남한은 그들을 가리켜 '귀순용사'5)라고 불렀다. 냉전의 해체가 시작되고 북한 사회주의 모순이 서서히 두각을 나타내던 시기에 사선을 넘어 대한민국을 선택한 탈북자들은 1975년부터 1980년까지 5년 동안 약 20여 명을 상회했다. 당시 북한 사회에는 빵은 어느 정도 보장되었어도 자유가 메말랐고 인민들은 다른 '천지'를 갈망하기 시작하였다. 바로 이 시기는 김일성에서 김정일로 세습이 이루어지던 시기로 많은 인민들이 정치범 수용소로 끌려가고 국가안전보위부 등 폭압기구들의 통제와 감시는 절정에 달하고 있었다. 우리 한국 정부는 이와 같은 북한의 내부사정을 통찰한 기반 위에서 북한주민들에게 방송과 전단 등으로 심리전 공세를 펼쳤다. 남한의 비약적인 경제성장을 나타내 주는 전자공업, 선박공업, 자동차공업 등을 보여주는 전단들은 북한주민들의 의식에 큰 혼돈을 가져다 주었다.

---

5) 이미 역사에 묻힌 용어지만 '귀순용사'란 말은 실패작이라고 할 수 있다. 국어사전을 찾아보면 '귀순'이란 의미는 "적이나 나라의 배반자가 반항심을 버리고 북종하거나 순종하는 것"이라고 명시하고 있는데, 이는 주관적으로는 틀린 말이 아니지만 객관적으로 보면 잘못된 표현이다. 북한에서는 일제시기 항일유격대를 투항시키기 위한 일본군의 심리전 요원들이 주로 "귀순하라"를 용어를 사용했기에 귀순에 대한 부정적 시각이 대단한데 그 말을 우리가 사용한 것은 탈북자의 유인이란 측면에서 실수인 셈이다. 반면 북한은 동 시기에 월북자를 '의거자'라고 했는데 국어사전은 의거를 "정의를 위하여 거사함, 또는 그런 거사"라고 적고 있다.

당시 휴전선상에서는 서로 방송이 자유롭게 진행되고 있었는데 그 또한 북한 군인들에게 커다란 염전사상을 심어주고 자유에 대한 동경을 촉발하였다. 물론 우리가 여기서 강조하지 않을 수 없는 것은 유인요인이란 것이 북한주민들과 군인들에게 하나의 촉진변수(reinforcing variable) 형태였지, 인과적 요인이 되는 결정적 원인변수(causal variable)는 아니라는 사실이다. 즉 북한 사회의 억압과 통제가 자유에로의 갈망을 촉진시켰지만 보다 중요한 것은 북한체제에 희망과 미래가 없었기에 북한이탈주민들은 목숨을 걸고 사선을 넘을 수밖에 없었다는 것이다(그림 9-2 참조).

대한민국 정부는 1979년 1월 "월남귀순용사 특별보상법"을 마련하여 탈북자들에게 직장과 주택을 무상으로 제공하였으며 대학진학 등 많은 혜택을 제공함으로써 유인책을 더욱 강화하게 된다. 그러나 1980년대 중반을 넘어서며 탈북자들의 수가 점점 증가하면서 유인책은 사라지기 시작했다. 정부는 1993년 6월 북한이탈주민을 국가유공자[6]에서 생활능력이 결여된 생활보호대상자로 전환하였다(표 9-3 참조).

그러나 북한 내부 사정으로 북한이탈주민들의 수는 기하급수적으로 늘어나 오늘의 2만 7천여 명 시대에까지 이르게 된 것이다.

---

6) 최근 월남귀순용사 출신들 중 국가유공자 박탈과 관련한 '위헌소송'을 준비하고 있는 이들이 있는데 정부가 아무런 설명도 없이 기득권을 빼앗았기에 어느 정도 명분이 있다는 설이 지배적이다.

<그림 9-2> 북한이탈주민 정착지원 체계도

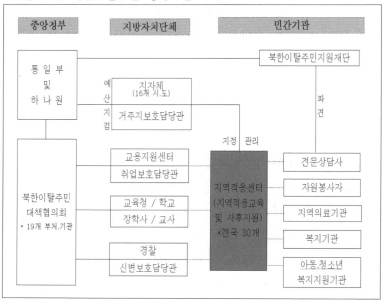

<표 9-3> 북한이탈주민 입국 동향

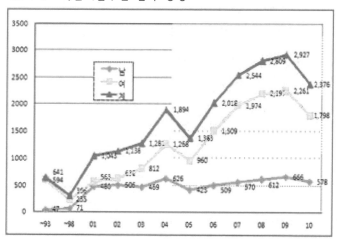

제3절 탈북자 인텔리군 양성과 준비단계

1. 아카데미를 통한 인텔리군 양성

아카데미는 대학 교육중이거나 졸업한 20~30대 청년 탈북 인텔리들을 대상으로 진행되고 있다. 현재 '세계탈북한인총연 맹'[7]은 통일문화연구원 및 조선일보와 공동으로 2014년 초부 터 "통일과 나눔아카데미"를 진행하고 있는데 탈북청년학생들 로부터 큰 호응을 불러일으키고 있다. 이에 앞서 한반도미래재 단과 공동으로 통일지도자아카데미를 진행하였는바 아직도 성 과적으로 진행중에 있다. 벌써 제1기를 전반 학기에 마치고 태 국의 방콕으로 졸업여행을 다녀왔으며, 제2기도 11월 말까지 교육을 완료하고 베트남으로 졸업여행을 다녀왔다. 현재는 제 7기가 진행중이다.

통일을 공부하기 위해 통일국가를 찾아가는 통일지도자들 은 정말 감격과 환희에 젖어 하노이 공항에 내렸다. 하노이를 비롯한 베트남의 여러 곳을 둘러본 통일지도자들은 분명한 한 가지를 공부하였는데 그것은 한반도에서 통일은 무조건 남한 식, 즉 자유민주주의 방식으로 이루어져야 한다는 것이었다.

---

7) 세계탈북인총연맹은 2010년 11월 26일 핵심 엘리트 탈북자들이 결 성한 탈북자 최초의 국제단체로 세계 각지에 분포되어 있는 탈북자들을 결집 하여 북한의 민주화를 촉진하고 북한의 재건을 준비한다는 사명하에 활동하 고 있다.

베트남의 경우 사회주의 체제에 의해 통일되다보니 아직 북베트남 지역은 개발이 안 되고 오랜 사회주의 문화가 잔존하다보니 문명도입의 속도가 매우 느렸다.

현재 세계탈북인총연맹 외에도 다른 여러 탈북단체들에서도 다양한 아카데미를 운영하고 있으므로 수많은 탈북 청년학생들이 아카데미 프로그램을 이수하고 있다. 한반도의 분단에서 세대의 교체는 매우 중요하다. 6.25를 경험한 세대들은 총부리를 맞대고 싸웠기 때문에 적대감을 버리지 못한 데에서 통일을 쉽게 말하기 어려웠다.

하지만 현재의 젊은 세대들은 다르다. 다만 그들은 이기적 사고 때문에 통일에 방관자가 되고 있다. 탈북 청년들의 경우 북한에서 고통의 순간을 체험하였고 제3국을 통해 한국으로 입국하는 과정에서 나라 없는 백성의 슬픔도 뼈저리게에 학습하였다. 바로 이런 사고가 그들에게 열정과 투혼의 기백을 창출하게 만들고 있다(표 9-1 참조).

현재 여러 탈북단체들이 진행하는 아카데미는 예산부족으로 매우 짧게 진행되고 있으며 교육내용도 보충해야 할 부분이 너무 많다. 오히려 정부보다 기업 쪽에서 탈북지도자 아카데미에 투자하는 것이 미래 준비 차원에서 바람직스러울 수 있다. 우리 기업들은 통일되면 북한으로 과감하게 진출해야 한다. 탈북 인텔리들은 북한에서 대학을 졸업하고 온 경우도 많은데 광산개발과 산업인프라 분야의 전공을 살려 앞으로 북한으로 진출할 경우 우수한 전문가로 활용할 수 있을 것이다.

예를 들어 청진광산금속대학 졸업생 정도면 함경북도 일

대의 광산과 광맥상태에 대해 너무 잘 알고 있으며 원산경제대학을 졸업한 탈북자라면 강원도 일대의 경공업분야는 물론 북한 전 지역의 경제구조에 대해 손금 보듯 꿰뚫고 있다는 것이다. 특히 법률전문가를 많이 양성하는 것이 중요하다. 북한의 경우 법과대학이 설치된 대학은 김일성종합대학이 유일하다. 따라서 법률가 양성은 매우 부진할 수밖에 없다.

현재 탈북 청년학생들의 경우 법과대학 진학률은 매우 높은 편이다. 이들을 잘 훈련시켜 북한에 법치주의를 실현하는 데 활용한다면 사회통제망 확보와 안전망 구축에 기여하게 될 것이다. 이처럼 북한의 각 지역과 각 분야를 잘 알고 있는 탈북 청년인텔리들을 잘 준비시켜 놓는다면 북한의 재건에서 자기 몫을 톡톡히 해 낼 것이다.

탈북 청년엘리트들을 국내에서만 교육시키지 말고 세계로 내보내 넓은 안목과 지식을 길러주는 일은 통일준비에서 매우 중요하게 나서는 과제다. 베트남을 둘러보면서 한국말을 유창하게 하는 엘리트들을 여러 명 만났는데 그들은 호치민이 전쟁 중임에도 북한의 평양으로 유학 보냈던 인재들이었다. 호치민은 1960년대 중반부터 많은 청년학생들을 평양의 김일성종합대학으로 유학 보내 공부시키면서 전쟁 후의 사회건설을 준비하였던 것이다. 북한에서 가장 취약한 것 중 하나는 외국어를 하는 인재들이 절대적으로 부족하다는 것이다. 탈북청년 엘리트들이 우리 한국의 우수한 교육제도에서 공부하는 것만으로도 충분하지만 외국으로 나가 외국어까지 많이 공부한다면 북한 재건에서 막중한 역할을 수행할 수 있게 될 것이다.

미국정부 등이 몇몇 영어연수 프로그램을 진행하고 있지만 나머지 영어권으로의 진출은 전부 탈북자 자신들이 비용을 지출해야 하기 때문에 사실상 어려운 과제다. 한때 북한이탈민들이 영국 어학연수의 붐이 일었던 이유도 이러한 것에 연유된 것이다. 영어의 나라 영국으로 건너가면 영어가 단숨에 해결되는 것으로 인식한 수많은 탈북자들과 탈북 대학생들이 영국행 비행기에 올랐지만 언어는 단지 그 나라에 간다고 해결되는 일은 아니다. 결국 다시 되돌아오는 숫자가 늘어나는 결과를 가져왔다.

지원프로그램 어디에도 탈북대학생들의 지원내용은 찾아보기 어렵다. 세계북한연구센터도 2011년 NED 측에 통일지도자 아카데미 지원을 요청하였지만 성사되지 않았다. 물론 첫해여서 성과를 지켜보고 지원한다는 NED 측의 설명에 기대를 걸고 다음을 기약하고 있다. 미국을 비롯한 국제단체들에 통일준비와 북한 민주화 자금을 기대는 모습은 처량한 현실이다. 한국정부와 기업들이 통일을 준비하면서 이들에게 투자한다면 반드시 그들은 대가를 돌려줄 것이다(표 9-4 참조).

기업들이 새로운 연수 프로그램을 개발하고 해외연수 비용까지 대주는 정책을 개발한다면 통일준비에서 아주 훌륭한 방식이 될 수 있다. 탈북 인텔리들에게 투자하는 것이 당장 생산비용으로 회수되는 것은 아니지만 통일이란 거시적 관점에서 보면 가장 효과적인 투자가 될 수 있다. 어차피 우리 기업들은 통일 후 북한에 진출해야만 한다. 북한에는 산업재건을 위한 기반이 충분하며 인력도 북한 인력은 다른 인력에 비해 우수하다는 평가를 받고 있다.

<표 9-4> NED의 연도별 북한이탈 주민단체 지원 내용

구 분	단 체 명	활동내용	지원금액
2005	자유북한방송	대북단파라디오방송	395,333
2006	(사)북한민주화운동본부)	정치범수용소해체	75,000
2007	자유북한방송	대북단파라디오방송	216,200
	(사)북한민주화운동본부	정치범수용소해체	25,000
	탈북여성인권연대	탈북여성인권보호	37,000
2008	(사)북한전략센터	북한정보 및 학술	19,318
	북한개혁방송	대북라디오단파방송	124,917
	자유북한방송	대북라디오방송/정보교환	216,200
2009	NK지식인연대	북한지식정보 및 학술	70,000
	북한개혁방송	대북라디오단파방송	175,000
	자유북한방송	대북라디오단파방송	150,000
	백두한라회	북한인권개선활동	30,000
	북한인권탈북청년연합	대학생청년인권	30,000
2010	북한개혁방송	대북단파라디오방송	185,000
	NK지식인연대	북한정보 및 학술	120,000
	(사)북한전략센터	대북정보 및 학술	45,000
	북한인권탈북청년연합	탈북청년대학생들 인권	40,000

자료: NED홈페이지, http://www.ned.org 참조.

2. 통일대학원대학교 설립과 전문화

현재 한국의 대학들에서 북한학과가 퇴출되고 있는 현실
은 매우 유감스러운 일이다. 북한학과는 지난 1990년대 중반
탈냉전 분위기를 타고 동국대학을 출발로 전국의 여러 대학에
생겨났다. 그런데 그 동안 6개까지 늘어났던 북한학과가 이제

고려대학과 동국대학 등 두 곳만 남겨놓게 되었다. 지난 2011년 11월 20일 동국대학 측은 2013년도부터 북한학과 학부과정을 연계 전공화할 방침이라고 밝혔다(중앙일보 2011년 11월 21일자). 동국대학의 북한학과 폐지 방침은 다행히 철회되었다. 국내 최초로 설립된 북한학과라는 상징성 때문인데, 관동대와 선문대 북한학과가 폐지 또는 개편된 데 이어 2010년엔 명지대학 북한학과가 정치외교학과로 통폐합된 상태다. 이 같은 분위기에도 전문대학원은 굳건히 자리를 지키는 편이다(표 9-5 참조).

<표 9-5> 대학별 북한학과 설치 현황

학 교	설 립(년)	현 황
고려대학	1997년	운영중
관동대학	1996년	2006년 폐과
동국대학	1994년	폐과추진-존립선회
명지대학	1995년	2010년 정치외교학과로 통폐합
선문대학	1998년	2008년 동북아과로 개편
조선대학	1998년	1999년 폐지

국내에서 학부과정과 연계되지 않은 유일한 북한학 전문대학원인 북한대학원대학교는 남북관계가 어려워진 2008년 이후에도 석·박사 과정 평균 경쟁률이 2~3대 1을 유지하고 있다. 이들 대학원들은 외교 및 안보의 인적수요 유지에 따라 재학생을 유지하고 있으며 많은 전문가들을 양성함과 동시에 전문가집단으로서의 역할도 잘 수행하고 있다.

학부가 사라지는 것에 반해 전문대학원이 잘 되고 있는 이유에 대해 전문가들은 통일과 외교안보에 대한 사회적 관심이 높아지면서 해당 분야 연구인력을 육성할 수 있는 전문대학원은 더 늘리는 것도 좋다는 의견을 제시하고 있다. 독일의 경우 1960년대부터 통일논의가 활발해지면서 '동독학'(東獨學)이 생겨나 인기를 끌었던 교훈을 되새길 필요가 있다. 북한대학원대학교가 북한 전문가들을 양성하는 곳이라면 통일대학원대학교는 말 그대로 통일전문가들을 양성하는 곳이다. 북한 전문가와 통일전문가는 무엇이 다른가. 북한전문가는 외교, 안보 분야 등 폭이 넓지만 통일전문가는 북한을 상대로 사회통합과 지역통합, 국가재건 등 폭이 좁은 반면 북한을 더욱 깊이 알아야 하는 특성이 존재한다.

바로 탈북 대학생들이 통일대학원대학교의 인적 자원이 될 수 있다. 현재 전문대학원대학교의 설립규정은 무척 엄격하다. 하지만 정부가 통일준비란 차원에서 통일대학원대학교 설립을 허가해준다면 통일전문가 양성에서 새로운 전환이 마련될 수 있다. 특히 탈북 대학생들의 취업률이 매우 저조하고 어차피 그들을 통일이란 대사변에 활용하고자 한다면 보다 준비된 전문가로 키워내는 것이 필수적이라고 볼 때 통일대학원대학 설립은 적절할 수 있다.

현재 약 1,000여 명이 대학교에 재학하고 있으며 연 졸업 인원만도 수백 명에 달해 대학원 수요 보장에는 아무런 문제가 없다. 탈북 대학생들은 졸업해도 석사과정 이상 입학은 어려운 실정이다. 비싼 등록금 때문이다. 통일대학원대학교를 설립하여 탈북대학생 졸업생들을 수용하고 약간의 장학금만 지원해도 통일인재 양성은 순조롭게 진행될 수 있다.

북한에 투자를 희망하는 기업들, 그리고 수복의 사명을 지니고 있는 이북5도청 등과 연계하여 통일대학원대학교를 설립하는 방안을 검토해 볼 수 있다. 북한은 현재 남한과 해외 동포들의 투자로 평양과학기술대학을 운영하고 있는데 그와 같은 투자비 유치라면 통일대학원대학교 설립과 운영도 어렵지 않을 것으로 보인다.

　　현재 민주평화통일자문회의를 비롯하여 많은 정부 및 민간 기관에서 탈북 대학생들에게 적지 않은 장학금을 주고 있어 고무적인데, 차라리 이들에게 주는 장학금을 통일대학원대학교 설립에 공동 투자한다면 더 큰 통일준비 성과를 창출해 낼 수 있을 것이다.

제4절 북한이탈주민 2만 7천여 명 시대와 활용방안

1. 북한체제 안정화 세력으로서의 활용방안

북한이탈주민들의 경우 향후 3~4년 안에 1,000명 '인텔리 군단'을 형성하게 될 것이다. 이들은 북한의 특정지역에서 온 인재들이 아니라 평양은 물론 함경남북도, 평안남북도, 황해남북도, 양강도, 자강도, 개성시, 강원도 등 북한지역 방방곡곡에서 왔다는 사실이 더 중요하다. 언젠가 북으로 돌아갈 경우 자기 지역, 자기 고향을 재건하는 일에 발 벗고 나서는 일군이 될 수 있다는 것이다. 이렇게 하자면 탈북자들의 준비과정이 필수적이다. 다음과 같은 방침을 새겨들을 필요가 있다. 서강대학 김영수 교수는 탈북자들의 우리 사회 정착과 대안세력으로서의 과제에 대해 크게 여덟 가지로 강조하고 있다.[8] 이 중 네 번째 즉 우수한 북한이탈주민을 발굴하여 미래 인재로 키우는 노력이 필요하다는 대목이 중요하다.

---

8) 북한이탈주민을 보는 우리 사회의 시각과 태도를 정확하게 파악하는 실태조사가 선행되어야 관련 정책의 방향과 내용을 정확하게 수립할 수 있다. 북한이탈주민의 정체성을 확립하고 긍정적 이미지를 만들어내는 특별한 노력과 방안이 필요하다. 북한이탈주민을 대상으로 하는 전문 자원봉사자 양성의 제도화가 필요하다. 우수한 북한이탈주민을 발굴, 미래 인재로 키우는 교육적 노력이 필요하다.

평양의 조급함이 눈에 띄게 드러나고 있다. 북한 내부를 들여다보면 집권층은 크게 두 갈래로 갈리고 있다. 엘리트집단의 균열 원인은 간단하다. 하나는 권력의 이양 과정에서 지분의 배분 때문에, 또 하나는 정책과 노선의 차이를 놓고 이전투구를 준비하고 있다. 북한 내부는 균열이 불가피하다. 그렇다고 그것이 체제붕괴라고 속단하는 것은 아니다. 붕괴도 무시할 수 없다고 봐야겠지만 북한 집권층이 자신들의 위기가 무엇인지 잘 감지하고 있는 사실에 주목할 필요가 있다.[9]

　　2012년 러시아의 국제관계연구소(IMEMO)는 특별보고서를 통해 2020년경 북한이 붕괴되면서 한국에 흡수통일될 것이라는 보고서를 내놓았다. 특별보고서는 북한 붕괴의 원인으로 2012~2020년에 일어날 김정은의 권력 이양을 꼽았다. 보고서는 김정일 사망 후 방향성 상실 위기에 봉착한 권부 실세들이 해외에 정치·경제적 연줄이 있는 관료집단과 그렇지 못한 군·공안기관 엘리트들이 둘로 쪼개져 주도권 다툼을 벌이면서 북한 붕괴가 올 것이라고 분석했다. 또한 2020년도가 되면 북한이 한국의 통제에 들어갈 수 있도록 국제사회의 감시하에 북한에 임시정부가 세워지고 북한군의 무장해제와 경제 현대화 작업이 본격화될 것으로 보고서는 전망하고 있다. 보고서는 "이 과정에서 북한 경제가 점차 한국 경제에 흡수될 것"이라며 "북

---

　　9) 현재 북한의 고위층 엘리트 대부분이 만약의 사태를 예상하며 최대 30만 불(이민 최소비용)의 외화를 모으기 위한 비밀작업이 진행된다고 최근 탈북한 탈북자들이 전하고 있다. 노동자, 농민들은 생계가 막막해 차라리 죽는 편이 낫다며 쥐약을 먹고 자살하는데 그 쥐약을 '행복약'이라고 부른다고 한다. 너무 대조되는 모습이 아닐 수 없다.

한 내 구체제 지지자 100만여 명은 중국과 러시아로 탈출할 것"으로 예상했다. 하지만 현재 북한의 장마당을 통한 시장화의 급속한 전환을 놓고 볼 때 과연 구체제 지지계층이 그때까지 존재할지가 의문이다.

당 관료와 군부의 갈등은 예정되었던 것이다. 2010년 9월 3차 당대표자회를 기점으로 선군시대 기득권을 누렸던 김일철 전 무력부장과 조명록 차수(2010년 11월 사망), 오극렬 국방위 부위원장, 김영춘 차수, 김격식 대장 등이 한 발 뒤로 밀려나고 대신 황병서와 현영철 무력부장, 이영길 총참모장, 김영철 정찰총국장 등이 권력의 전면으로 부상하였다. 그 동안 김정은은 이 두 파워집단 사이에서 밸런스 조절에 부심하였으며 지난해 장성택 처형으로 김정은 시대 권력재편 제1막은 일단락되었다.

김정은은 군부보다 국가안전보위부를 발판으로 3대 세습의 기반을 다지고 있기에 굳이 군부를 우대할 이유가 없다. 결국 현재 북한의 경제 여건상 군부의 우대(군수공업 포함)를 줄이는 것만이 경제회복의 탈출구이기 때문에 군부 소외는 불가피하다. 소외되는 군부가 스스로 양보할지가 북한 권력밸런스의 관건이라고 할 수 있다. 결국 연평도 포격과 천안함 폭침 등은 대남도발이면서 동시에 기득권을 상실해 가고 있는 북한 군부의 노동당에 대한 도발이라고도 볼 수 있는 것이다.

살아생전 장성택은 김경희의 후원과 김정은의 부상에 발맞추어 지난 2009년 군부가 독식하고 있던 주요 외화벌이 회사들을 총정리하였다. 이 때도 군부는 거세게 반발하였지만 인민무력부장 김일철이 옷을 벗고 총참모장 김영춘이 입을 다물면서 군부의 외화벌이 회사들은 수십 년간 키워온 알토란 같은 지분을 피눈물을 뿌리며 내놓지 않으면 안 되었다. 북한에서도 돈이 곧 힘이 된 지 꽤 되었다는 점을 놓고 볼 때 외화원천을 잃어버린 군부가 영향력을 행사하기는 어렵게 된 것이 오늘 현실이다.

2009년의 화폐개혁도 무리수란 것을 잘 알면서도 군부의 힘을 빼기 위한 불가피한 개혁이었다는 것이 정설이다. 군부에 외화가 집중되어 있었기 때문이다. 우리는 북한에서도 리비아와 같은 시민혁명이 일어날 것이란 것에 대해서도 대비해야 한다. 리비아와 북한은 크게 다르지 않다. 지정학적 조건만 빼면 국내정치(장기집권)와 군사제일주의, 족벌정치와 부정부패, 빈곤 등 다방면에서 두 체제는 공통점이 너무 많다. 그런데 왜 북한에서는 아직 혁명의 고고성이 들리지 않고 있는가. 지구의 한쪽을 뒤흔들고 있는 혁명의 광풍이 아직 북한을 외면하는 이유를 밖에서 찾는 것은 무의미하다. 리비아의 경우 지난 2012년 2월 21일, 시위대에 대한 무자비한 진압에 저항하는 공군 대령 두 명이 전투기를 몰고 말타에 착륙하여 정치적 망명을 신청하였다. 이들은 혁명에 직접 동참하지는 못했지만 카다피에 반기를, 즉 배반의 대열에 가담한 것이다.[10]

---

10) 그뿐 아니라 법무장관 잘릴과 내무장관 유니스 장군, 검찰총장 알-압바르 등이 이미 2월 중순 경리비아 시위대에 합류하였으며 석유장관 겸 리비아국영석유공사 사장 가넴과 외무장관 쿠사가 리비아를 탈출하였고 쿠사는 곧 영국으로 망명하였다. 또한 마무드, 만수리, 알카라위, 알카프시 장군 등 군부의 고위급 장성들과 소수의 조종사 및 해군 함장들이 반군에 가담하면서

수령절대주의 정치문화가 아직 건재하고 있는 북한에서 혁명바이러스를 기대하는 것은 시기상조다. 북한은 이른바 항일투쟁과 6.25전쟁을 통해 인민들에게 배반에 대한 징벌의 가혹성을 꾸준히 교양해 왔다. 실은 김일성 그 자신이 1940년 일제의 토벌에 더 이상 견딜 수 없어 혁명을 포기하고 소련령으로 도망치는 배반의 경험자요, 동시에 선험자다. 또 6.25전쟁 초기 북진하는 미군과 국군의 기세에 쫓겨 국경에 집결한 북한 노동당과 최고사령부는 다시 중국으로 건너가 빨치산을 해야 한다며 '배반의 전략'을 꿈꾸기도 했다.

자신들은 배반의 선구자이면서 인민들의 배반에 대해서는 추호의 용서를 모르는 것이 북한의 정치다. 또한 북한 인민들 속에 내재화되어 있는 가부장적 정치문화는 아직 체제에 저항하고 집권세력에 항거하는 배반의 문화 그 한계의 벽을 넘어서지 못하게 만드는 '구속의 그늘'이다. 하지만 북한주민들의 배반의 빈곤도 이제 외부 세계의 끊임없는 노력으로 극복의 언덕을 향해 일어서고 있다. 또 배반을 정당화할 명분도 증대하고 있다. 먹여주고 입혀준다던 사회주의는 벌써 20여 년 가까이 인민들을 방치한 채 자기 역할을 상실해 가고 있다.

배반의 빈곤 극복이 곧 혁명바이러스 풍요로의 진화다. 김정일 정권은 1990년대 중반부터 '모기장식 체제단속'을 주장하며 북한 인민들이 외부로 시선 돌리는 전향을 가로막아 왔다. 그러나 북한 체제에 환멸을 느낀 20여 만 명 이상 주민들

리비아 혁명은 가속화되었다.

이 탈북의 행렬에 동참하였으며 그것은 일종의 '무언의 혁명' 내지는 결연한 '집단적 배반'이었다. 혹자들은 황장엽 선생에 대해서도 '왜 북한에서 저항하지 탈북을 택했느냐?"고 반문하는데 이것이야말로 북한 체제에 대한 무지의 소치가 아닐 수 없다. 북한에는 군부에 '강경 5인방'[11]이 있고 당과 정부에 '반골 5인사'가 있다.

반골 5인사는 김정일 체제 등장 후 북한 현대사에서 추앙되어야 할 인물들이며 북한에 민주혁명이 일어나 승리할 경우 가장 높이 추대되어야 할 '배반의 원조'들이라고 볼 수 있다. 우선 첫 번째 반골 인사는 황장엽 선생, 두 번째 인사는 1974년 김정일이 내각 자금을 퍼다 마구 김일성 우상화에 뿌릴 때 "아니되옵니다" 하며 가로막았던 김경련 정무원 재정부장, 세 번째는 1976년 5월 노동당 정치국 회의에서 김정일 세습의 폐해를 과감하게 주장하다 회의장을 벗어나면서 체포되어 함경북도 화성수용소로 끌려간 김동규 전 부주석이다. 네 번째 인사는 김일성에게 중국식 가족 및 개인영농을 권고하다 숙청된 김환 전 노동당 경제비서, 마지막 다섯 번째는 서울 방문 이후 북한의 경제개혁을 주장하다 숙청된 김달현 부총리다. 황장엽 선생도 이들처럼 북한에서 '바른 말'하였더라면 쥐도 새도 모르게 끌려가 개죽음 당했을 것이다.

---

11) 군부의 '강경 5인방'은 전 인민무력부장 현영철 대장, 국방위 부위원장 오극렬 대장, 총참모장 리영길 대장, 정찰총국장 김영철, 제4군단 사령관 리성국 중장이다. 이들은 신통하게도 오극렬을 제외하곤 김정은 시대 들어와 발탁된 인물들이다.

황 선생을 제외하고 나머지 4인사는 북한주민들 속에 알려질 정도이지만 황 선생은 탈북 그 자체로 전 세계에 김정일 체제의 모순을 알렸으며 그의 민주화전략은 오늘 모든 탈북인 사회의 텍스트가 되고 있다. 이렇게 놓고 볼 때 북한에서 배반의 혁명은 그렇게 척박하지만은 않다고도 할 수 있다.

　북한이탈주민들이 북한의 대안세력이 되고자 한다면 먼저 우수한 인재로 자신을 키워야 한다. 북한으로 돌아가 누구와 맞서도 이론, 실천 등에서 타의추종을 불허할 만큼 자신 있을 때 통일일군이 될 수 있다. 북한에는 현재 대안세력이 부재하다는 측면에서 동유럽 국가들과 비슷한 점들이 존재한다. 현재 2~30 대의 탈북청년학생들은 향후 5~6년 후면 훌륭하게 성장할 수 있다. 이들은 모두 대통령 및 국회의원 선거의 소중한 경험을 가지고 있다.

　반면, 현재 북한의 권력정점을 형성하고 있는 세력들은 모두 김일성의 가계이거나 이른바 항일빨치산 세력, 전쟁희생자 가계들이다. 이들은 모두 기득권 수호에 매몰되어 있을 뿐 북한 체제의 미래에 큰 관심이 없다. 따라서 북한 정권에는 미래가 없으며 그 체제는 수명을 눈앞에 두고 있다고 할 수 있다. 김일성과 소련군은 광복 후 소련에서 460여 명의 인텔리들을 데려다 북한 정권을 수립하였는데 그들의 교육수준은 대학 졸업 이상인 경우는 거의 없었다. 이란과 이라크, 또 아프가니스탄과 같은 나라들의 전쟁과 점령정치의 교훈이 그것을 잘 말해주고 있다. 군사적으로 일정 지역을 점령해도 지역 주민들은 점령군에 대한 이중적 태도를 절대로 버리지 않는데 이는 그들에게 민주화의 확신과 신뢰를 설명하는 데 한계가 있기 때문이다. 하지만 북한이탈주민 출신 지도자들은 바로 자기 지역 인재이기에 그의 말은 몇십 배의 설득력을 가지기 마련이다. 북한이탈주민들은 북한에 정당정치를 어떻게 이식할 것인지, 중앙과 지역에서 선거를 어떻게 할 것인지, 지역 및 사회통합은 어떤 방법으로 이룩할 것인지, 특히 시장경제를 도입함에 있어 무엇부터 출발해야 하는지 우리 탈북자들은 머리에 수 십 개의 그림들을 담아놓고 있다. 따라서 기회만 주어진다면 북한이탈주민들은 물불 안 가리고 북으로 달려가 새조국 건설의 주인으로 어깨를 들이밀 것이다.[12]

2. 시장경제 구축세력으로서의 활용방안

한국은 제2차 세계대전 이후 눈부신 경제성장과 민주화를 이룩한 모범국가로 평가되고 있다. 그러나 북한은 민주화의 근처에도 못 가보고 몰락해 가고 있다. 한국이 근대화와 민주화의 언덕을 넘어 이제 선진화의 문턱에 서 있는 것과 큰 대조를 이룬다고 할 수 있다. 북한은 지금 '장마당경제'라고 하는 사회주의도, 그렇다고 자본주의 방식도 아닌 어정쩡한 경제 상황에

---

12) 황장엽, 『북한의 민주화와 민주주의 전략』, 시대정신, 2008, p. 80-81. 여기서 황장엽은 "탈북자들이야말로 북한민주화 투쟁에 앞장설 수 있고, 한국의 민주주의를 수호하는 데서 헌신성을 발휘할 수 있는 소질을 지닌 귀중하기 그지없는 애국적 혁명인재들입니다. 이런 소질을 이끌어주는 자체의 지도적 조직이 필요합니다"라고 강조하고 있다.

놓여 있다. 여기에 중국의 경제잠식이 본격화되면서 북한경제는 매우 위태로운 상황으로 치닫고 있다. 북한 당국자들은 중국의 경제 잠식을 두려워하면서도 체제붕괴만은 막아야 한다는 다급한 생각으로 중국의 경제침투를 허용하고 있지만 언젠가 그것이 '칼끝의 꿀'이 되리란 사실에 가슴치게 될 것이다.

장마당경제는 북한 당국과 인민대중을 이반시켜 이제 인민들은 당국, 즉 북한 정권과는 크게 상관없는 '통치의 방관자'로 전락하고 있다. 당연히 노동당의 중앙집권적 지배는 빠르게 해체되고 있으며 이와 같은 북한의 장마당은 상인계층을 증대시키면서 북한에 새로운 경제환경을 조성해 가고 있다.

북한 장마당경제는 사실상 말이 장마당이지 당국으로부터 버림받은 북한주민들의 생존경쟁의 혈투가 벌어지는 곳이라고 해야 더 정확할 것이다. 북한 장마당에서 수요와 공급의 논리는 지켜지기 어렵다. 공급보다 수요가 높고 공급은 제한적일 수밖에 없기 때문이다. 북한의 경제체제는 일명 '궁정경제'라고 불리는 '수령기업집단'이 잠식한 가운데 군수공업 위주로 명맥을 유지하고 있다.

대부분의 북한이탈주민들은 북한 경제 재건의 첫 출발이 농업의 개혁과 경공업의 발전이라는 순서에 동의하고 있다. 우선 먹는 문제가 풀리고 입고쓰는 생필품이 풀려야 경제가 살아날 수 있다는 지극히 평범한 논리이며 이는 중국에서 입증된 경제개혁 모범사례다. 북한은 군수공업에 치중하는 중공업 우선 정책으로 인민경제를 파탄시켰지만 아직도 그 환상에서 깨어나지 못하고 있다. 북한이탈주민들이 북한 시장경제 구축세력으로서의 역할은 이미 시작된 지 오래다. 그 첫 번째 시도가 바로 북한 내 가족들에 대한 송금활동이다.[13] 이탈주민들은 한국에 들어와 자리잡은 뒤 먼저 북한에 있는 가족·친척들과 네트워크를 형성하며 그 다음 신뢰가 어느 정도 구축되면 송금을 시작하게 된다. 북한으로 들어가는 자금은 말 그대로 북한의 장마당경제 형성에 커다란 에너지가 되어 북한 당국을 위협하고 있다. 북한의 상인계층을 형성하는 데 이탈주민들의 역할은 크게 돋보이고 있다.

다음으로 이렇게 형성된 장마당 경제는 '장마당 통신'이란 또 다른 언론을 형성하여 북한 인민들에게 시장경제 학습을 시키고 있다는 것이다. 요즘 북한에는 세 개의 언론이 존재하는데 첫째는 노동당 최고위층이 보는 '참고통신', 둘째는 하층 인민들이 보는 '장마당 통신', 그리고 나머지 하나는 아무도 관심 돌리지 않는 일반 선전선동수단인 '로동신문'과 '민주조선' 등이다. 담배말이 종이나 화장실의 그것으로 사용되는 공식 언론은 언론으로서의 기능을 상실한 지 오래다. 장마당 통신은 구전 외에 남한의 DVD, CD, USB 등 다양한 미디어 홍보 수단들로 이루어져 있으며 이의 수요는 무섭게 급증하고 있다.

최근 여러 움직임을 통해 북한은 개방의 가능성을 드러내고 있다. 김정은은 일본과의 국교정상화로 탈출구를 모색하고 있다. 북한의 개방은 오래전부터 부분적으로 시도된 바 있다.

---

13) 탈북자들의 북한 내 가족들에 대한 송금은 이미 오래전부터 개시되어 2010년 한 해만도 1,000만 달러가 넘는 자금이 송금된 것으로 알려지고 있다(『조선일보』, 2011년 2월 7일 1면 보도자료 참고).

2002년 9월 12일의 신의주특별행정구와 2002년 10월 23일의 금강산관광지구 설정, 또 2002년 개성공업지구 개방도 이와 같은 맥락에서 개방의 특단 조치라고 평가해야 할 것이다.[14] 또 북한은 이와 같은 경제개방의 성과를 촉진하기 위해 2002년 7월 1일 이른바 경제관리 개선조치도 발표하였다.

7.1경제관리 개선조치는 북한 경제를 북한식의 '시장경제', 즉 가격경제로 이전하려 한 전제조치로 평가할 수 있는 주목되는 조치였다.[15] 김정은 후계자 등장 후 북한은 우선 중국을 향해 문을 여는 조치들을 연속해서 취하고 있다. 2012년 10월 북한 접경지역인 중국 지린성의 창춘시 기업들이 북한 근로자 2,000여 명을 고용할 것이라고 밝힌 것도 일단 북한이 중국에 대해 문호를 더욱 넓힌다는 뜻으로 받아들여야 할 것이다.

이는 외국에 대한 인력 차출에서 북한이 보여준 최대 규모의 사례로 앞으로 이와 같은 문호개방은 더욱 확대될 전망이다. 또 라선시의 개방의지도 여러 차례 강조하고 있다. 2010년 11월 1일 연변대학에서 열린 '2010년 두만강 학술 포럼'에서 북한 대표단은 라선지구 개발을 위한 대외 개방의지를 강하게 표출하였다. 이날 주제발표에 나선 북한 사회과학원 경제연구

---

14) 80년대와 90년대 시도된 북한의 개혁 개방 조치들이 경제정책 전환이란 관점에서 나온 것이라면 2000년대 이후 북한의 개혁 개방 조치들은 위기관리 내지는 새로운 선택을 위한 개혁 개방이란 진단이 있다.

15) 북한은 7.1조치 이후 경제특구 확대(2002. 9~11), 농민시장의 종합시장으로의 개편(2003.3), 개혁용어 사용(2003.6), 수입물자교류시장(대외교역시장)의 개설(2005.6), 가족단위 영농제 시범실시(2004.1), 기업국가납부금 축소 및 현금보유한도 확대(2004.1), 외국인투자환경 개선(2005.11) 등의 조치를 꾸준히 취했다.

소 김상학 연구원은 두만강 삼각주를 중심으로 한 동북아시아의 경제협력이 주변국들의 공존을 이끌어낼 수 있음을 강조하면서 라선지대가 두만강 유역의 새로운 발전 동력이 될 수 있다고 지적하였다. 그는 이어 외국인 투자가 라선지대 투자 관련법을 개정하고 주변 도로와 철도를 확충, 보수하는 등 교통망을 이미 정비했으며 세계 어느 곳과도 연결될 수 있는 통신망을 갖추는 등 북한이 라선 개발을 위해 공들여온 내용을 조목조목 설명했다.

그러면서 "1989년 라선지구 경제무역지대 건설 청사진이 마련된 이후 20여 년간 총체적으로 볼 때 응당한 수준까지 진척되지 않았나"고 긍정적으로 자평했다. 계속하여 그는 "라선을 포함한 두만강 삼각주 개발은 막대한 자금과 기술이 필요할 뿐 아니라 국제적으로 공조해야 할 사업"이라며 "라선지구 개발을 위한 접경국들의 협력이 절실하다"고 촉구했다. 또 지속적으로 투자환경을 개선하고 국제적인 협력을 강화해 적극적으로 라선지대를 개발해 나갈 것이라며 대외 개방의지를 강하게 피력했다. 북한은 이례적으로 이 회의에 사회과학원 고정웅 과학지도국장 등 17명의 학자를 대거 파견해 개방의지를 표명했다. 북한의 개방 가능성은 도처에서 포착되고 있다. 이집트의 이동통신 회사 '오라스콤'은 2010년 9월 말 현재 휴대전화에 가입한 북한주민들의 수가 30만 명을 넘어섰다고 발표했는데 약 1년 후 가입자 수는 70여 만 명으로 크게 늘어났다.[16)]

---

16) 현재 북한의 이동통신 가입자 수는 280만 명을 넘어서고 있다.

자유아시아방송에 따르면 '오라스콤 텔레콤'은 2010년 11월 8일 발표한 '2010년 3/4분기 실적보고서'에서 "북한 내 휴대전화 사업체인 '고려링크'를 통해 휴대전화를 사용하는 북한주민은 2010년 9월 30일을 기준으로 30만 1천여 명에 이른다"고 전했다.

'오라스콤 텔레콤'은 2010년 7월부터 9월까지 3개월 동안 11만 6천 600명이 새로 '고려링크'에 가입해 상반기까지 가입한 약 18만 5천 명과 비교해 63% 이상 증가한 것으로 나타났다. 북한 내 휴대전화 가입자의 1인당 한 달 평균 통화시간은 320분으로 지난 분기보다 7분이 줄어 화폐개혁의 후유증이 아직 큰 것으로 분석되고 있다. 한편 '고려링크'의 3/4분기 세전 영업이익은 약 750만 달러로 이전 분기의 1천 280만 달러보다 41% 이상 하락한 것으로 보인다.

'오라스콤 텔레콤'은 평양을 중심으로 여러 도시에서 휴대전화 가입자가 계속 늘어나고 있으며 음성과 문자서비스의 이용도 꾸준히 늘어나고 있다고 주장하고 있다. 특히 '오라스콤 텔레콤'은 평양 등 12개 주요 도시와 42개의 작은 도시, 22개의 공공 도로에 휴대전화 서비스를 제공함으로써 북한 전역의 75%가 휴대전화를 사용할 수 있으며 연말까지 89개의 소형도시로 서비스를 확대할 계획이라고 밝혔다.[17]

---

17) 현재 북한에는 휴대전화 수요를 충족시키기 위해 8개의 주요 도시에 30개의 판매 대리점과 25개의 영업소가 운영되고 있다. 북한의 유일한 이동통신회사인 '고려링크'는 이집트의 '오라스콤 텔레콤'이 75%, 북한이 25%를 각각 투자해 지난 2008년 설립했다.

이처럼 북한이 현대적 통신망을 주저 없이 확대하고 있는 이유는 이제 폐쇄의 한계를 인식하고 주민들의 커뮤니케이션을 허용하겠다는 의지로 풀이할 수 있다. 현재 상태대로 휴대전화망이 확산될 경우 북한 내에서의 의사소통은 물론 대외정보 유입도 막을 수 없을 것이다. 물론 대외정보라고 할 때 대부분 중국을 거쳐 유입되겠지만 최소한 중국만큼만 정보유통이 허용된다면 북한은 개방의 문을 거의 열었다고 해도 과언이 아니다. 현재 북한의 사회 통제망을 분석해 보면 당과 공안기관의 권력에 의한 통제와 감시망이 거의 와해되어 있다. 20여 년째 계속되고 있는 극심한 식량난으로 인해 과거 사회주의 지배층(중간간부)이 대부분 몰락했으며 오히려 그들은 상인계층에 기생하는 '동요계층'으로 전이하고 있다.

중간 간부층들은 자신의 정치적 권력을 남용하여 경제적 생계수단을 획득하기 위한 노력이 현저하게 증대하고 있으며 여러 계급의 정치-행정 간부는 뇌물받기, 권력을 이용한 약탈, 국가 재산의 오용 및 횡령, 암시장 거래에서의 불법적 개입 및 조직적 범죄 공모 등 수단으로 정치권력을 경제권력으로 바꾸어 가고 있다.[18]

여기서 북한의 이중전략이 드러나게 되는 것이다. 북한의 상황은 주체사상에 따른 수성(守成)의 의지와는 별개로 개혁과 개방요구가 사회 저변에서부터 무섭게 솟구치고 있는 것이다.

---

18) 마찬가지 이유에서 간부들의 일반주민에 대한 보상과 처벌능력이 현저하게 약화됨으로써 공장 기업소 공공기관 주거 지역 등에서 간부들의 일반주민에 대한 복종과 규율 역시 유지능력이 고갈되고 있다.

북한에서 개방은 '강제된 선택'[19]이라고 할 수 있다(표 9-6 참조).

<표 9-6> 북한 사회계층의 구분과 특징

구분	위와 비율		혁명의지			지식과 재산	
	지위	비율(숫자)	체제	계획경제지지	개혁개방지지	지식유무	재산유무 정도
최고위급 간부	극상	0.01% 이내 (3천명 미만)	높다	보통	반대	보통	$ 100,000 이상
고위급 간부	보통	0.1% 정도 (2만명 정도)	보통	보통	높다	아주 많다	$ 10,000 이하
재력가 계층	극하	0.01% 이내 (일천명 정도)	아주 낮다	반대	아주 높다	아주 많다	$ 100,000 이상
중하위급 간부	낮다	9% 정도 (200만 정도)	낮다	관심 없다	아주 높다	많다	$1,000 좌우
정치범 계층	극하	1% 정도 (20~30만)	아주 낮다	아주 반대	아주 높다	없다	$ 0

※ 색 부분은 전형적인 중산층계층임을 표시

    케네스 퀴노네스(Kenneth Quinones)가 지적한 대로 북한은 주체사상의 유연성의 확대와 '현대화', '적응', '재활', '복구' 등의 이름으로 개혁·개방과 구분되는 '변화'라는 용어를 사용하고 있는 것이다. 즉 주체사상은 '선군사상'이라는 실천이데올로기 등장 이후 가치불변의 원칙에서 유연성을 암묵적으로 허락하였으며, 김정일에서 김정은으로 이어지는 3대 세습

---

19) 이는 북한 정권의 외형적 개방 거부와 인민대중의 본질적 개방요구를 합리적으로 반영할 수 없는 현실을 표현하는 가장 적절한 표현이 될 수 있다. 정영철은 이를 '이중전략'이라고 표현하고 있다.

과정에서 당 지도부가 재편되면서 당과 군부의 이념적 재해석권의 범위를 넓혀주고 있는 것이다. '체제전환'이라는 표현을 쓰기에는 어렵지만 권력은 이동하면서 순화된다는 진리를 잘 드러내 보여주고 있는 것이다. 이제 주체사상은 수성으로서 자기의 낡은 가치를 보존하려 하기보다는 개방을 통해 자기실험을 거치고 보다 발전된 통치이념으로 거듭나야 하는 절박한 상황 앞에 서게 되었으며 3세대 지도자 김정은과 그의 참모들은 어느 정도 그 필요성을 공감하고 있다고 평가할 수 있다.

제5절 소결론 및 정책제언

　세계적으로 비핵화의 압력을 거세게 받고 있는 북한체제
는 불안의 절정에 도달해 있으며, 따라서 정치경제적으로 정상
작동되지 않는 것으로 판단된다. 3년 안에 북한의 운명이 결정
되리란 전망도 나오고 있다. 이익은 사유화하고 손실은 사회화
한 김정은 정권의 당연한 귀결이다. 통일을 구체적으로 준비해
야 하며 말로만 하는 것이 아니라 행동으로 그것을 보여줄 때
가 되었다.

　통일 이후 북한 체제를 재건하는 데는 바로 남북을 두루
경험한 일군들이 필요하다는 것은 자명한 사실이다. 정부는 지
금부터 북한이탈주민들을 통일일꾼으로 키워내는 일을 체계적
으로 시작할 필요가 있다. 언젠가 통일시기가 도래한다면, 이
들이 북한으로 돌아가 거기서 민주주의를 건설하는 데 매우 유
용한 자원으로 활용될 수 있기 때문이다. 북한이탈주민들은 통
일을 21세기의 혁명으로 인식해야 한다. 오늘날 한국보다 더
든든한 통일기지, 통일후원자는 없다. 북한이탈주민들은 목숨
걸고 자유를 찾아 죽음의 강을 건너고 운명의 사막을 지나왔듯
이, 앞으로는 통일을 위해 최선을 다해 준비하고 노력해 나가
야 할 시점이다. 독일의 경우처럼 통일은 어느 날 갑자기 찾아
올 것이다.

　준비된 자만이 통일시대를 살아갈 자격이 있다. 박근혜 대

통령은 '통일대박론'을 주창해 통일의 비전과 가능성을 더욱 높여주었다. 얼마 전까지만 해도 우리 민족에게 통일은 실향민들에게 고향을 찾아주고 분단국가의 오명을 벗어난다는 '명분의 통일' 그 이상도 이하도 아니었다. 하지만 이제 통일은 명분의 통일이 아니라 민족의 내일과 번영을 보장하는 필수적 과제, 실리적 대세로 직면했다. 통일을 거부하는 자는 민족의 내일을 가로막는 자요, 통일을 회피하려는 자는 시대의 낙오자임을 7천만 민족이 준열하게 꾸짖고 있다.

통일이 될 경우 나에게 돌아올 이익은 무엇인가. 통일이 되지 않을 경우는 또 어떤가. 이렇게 잔머리를 굴리는 사람이 있다면 그는 분명 19세기 초 개항을 놓고 고민하던 시대착오적 수구분자 내지는 변화에 비겁한 덜 떨어진 박약아임이 분명하다. '대통으로 세상보기'란 북한 속담이 있다. 남과 북은 좁은 대통 구멍으로만 서로를 바라보며 살아온 것은 아닌지 반성과 성찰의 시간을 가져야 할 것이다. 상이한 체제에서 상반된 모습만을 바라보며 서로를 짓부수어야 할 적으로 생각한 시간은 반세기로 족하다.

우리는 통일이 환희와 열망으로 다가와 냉혹한 현실로 자리잡게 된다는 것을 지금부터 깊이 인식해야 한다. 이상적인 청사진만 바라보고 환희의 물결 속에 뛰어들려는 사람들은 차라리 통일의 대열에 끼지 말고 조용히 있어야 할 것이다. 순간적인 환희의 만끽을 사양하고 냉혹한 통합의 프로세스에 자신의 모든 것을 희생하려는 사람들만이 통일에 참여해도 얼마든지 통일위업은 달성될 수 있다.

하지만 모두 함께 가는 것이 더 좋지 않을까. 북한은 "돈이 있는 사람은 돈을 내고, 지식이 있는 사람은 지식을 바쳐" 이와 같은 상투적 구호를 좋아하는데 제발 그 구호의 진실성을 실사구시적으로 보여주기 바란다. 북한은 무엇을 바치기보다 차라리 훼방하지 말았으면 하는 것이 현재의 상황에서 모두의 바람일 수 있다. 또 그들은 바칠 어떤 것도 없지 않은가. 통일은 사람이 하며 북한의 재건도 사람이 한다. 북한이탈주민군단보다 더 북한재건의 적임자는 없다고 생각한다. 그들이야말로 두 체제를 경험하고 두 체제에서 교육받은 '통일형 인간'들이다. 이들에게 통일의 쟁기를 쥐어주고 북한 재건의 기회를 안겨주어 21세기 초반에 한반도 통일의 역사적 위업을 완성해야 할 것이다.

약어 및 참고문헌

약 어

CPO: Counter-piracy Operations, 대해적 작전
FTA: Free Trade Agreement, 자유무역협정
HA &DR: Humanitarian Assistance and Disaster Rescue, 인도주
　　　의적 지원 및 재난구조
IMF: International Monetary Fund, 국제통화기금
NATO: North Atlantic Treaty Organization, 북대서양조약기구
NEO: Non-combatant Evacuation Operations, 비전투요원후송작전
NGO: Non-Government Organization, 비정부기구
NSC: National Security Council, 국가안보회의
TPP: Trans-Pacific Partnership 환태평양동반자경제협정
TSR-TKR: Trans-Siberian Railroad-Trans-Korean Railroad, 러시
　　　아횡단철도 -한반도 종단철도
WMD: Weapons of Mass Destruction, 대량살상무기

참고문헌

<국내문헌>

강수산, 「북한의 대남 적화통일전략의 실상」, 이대우 편, 『탈북자와 함
　　　께 본 북한사회』, 성남: 세종연구소, 2012
강진석, 『리더십 철학』, 서울: 동인, 2014
──, 『클라우제비츠와 한반도 평화와 전쟁』, 서울: 동인, 2013
──, 『현대전쟁의 논리와 철학』, 서울: 동인, 2012
──, 『전쟁과 정치: 전략의 철학』, 서울: 평단, 1996
기획재정부, 『2010-2014년 국가재정운영 계획』, 서울: 기획재정부, 2010
권숙도, 「구성주의적 관점에서 본 남남갈등의 이해」, 『사회과학연구』, 제
　　　28집 제1호, 부산: 경성대학교 사회과학연구소, 2012

김갑식, 「한국사회 남남갈등: 기원, 전개과정 그리고 특성」, 『한국과 국제정치』, 제23권 제2호, 서울: 경남대극동문제연구소, 2007
──────, 「남남갈등을 넘어: 진단과 해법」, 『남남갈등: 진단 및 해소방안』, 서울: 경남대 극동문제연구소, 2004
김남식, 「21세기 우리민족 이야기」, 『통일뉴스』, 2004
김명기, 「한국 군사정전협정 제60항에 관한 연구」, 『대한국제법학회 논총』, 제25권 제1호 제2호 합병호, 1980
──────, 「한국평화조약의 체결에 관한 연구」, 『대한국제법학회 논총』, 제31권 제2호, 1986
김상준, 「통일에 대비한 사법제도」, 『통일사법정책연구 2』, 서울: 대법원법원행정처, 2008
김연철 외, 『북한 어디로 가는가』, 서울: 플래닛미디어, 2009
김영윤 외, 『평화비용의 의미와 실익』, 서울: 통일연구원, 2005
김유찬, 『통일비용 및 재원조달 방안에 관한 연구』, 국가예산정책처 연구용역보고서, 서울: 국가예산정책처, 2010
김재한, 「남남갈등과 대북 강온정책」, 『국제정치연구』, 제9집 제2호, 2006
김창권, 「한반도 통일비영에 관한 비판적 소고」, 『산경논총』, 제25권 제2호, 2006
──────, 「독일통일비용 추계와 재원조달방안」, 『통일경제』, 서울: 현대경제연구원, 2005
김창희, 「대북정책의 단절성과 남남갈등에 관한 연구」, 『한국동북아논총』, 제56호, 광주광역시: 한국동북아학회, 2010
김충남, 「한국현대사 인식과 국가정체성 확립」, 『한국군사』, 제32호, 2013년 봄호, 서울: 한국군사문제연구원, 2013
김형기, 「하나의 대한민국: 갈등 넘어 통합으로」, 한국일보 창간 60주년 발표문, 2014
국방부, 『국방백서 2010』, IISS, 『MILITARY BALANCE』, 2012
노명준, 「북한의 주한미군 철수주장에 대한 논리적 대응방안」, 『정책연구』 제74호, 1985
도회근, 「남북관계의 현실과 국가의 평화통일의무」, 『통일의 공법적 문제』, 한국공법학회, 2010
동북아공동체연구회 편, 『제3의 지평: 동북아공동체와 한반도 미래전략』, 서울: 디딤터, 2012
라미경, 「민주시민교육을 통한 지방정치의 위상제고」, 『인문사회과학연구』, 제25집, 2009
로버트 엑셀로드 저, 이경식 옮김, 『협력의 진화(이기적 인간의 툿포탯

전략)』, 서울: 시스테마, 2009

매일경제·한국경제연구원·현대경제연구원, 『다가오는 대동강의 기적: 기회의 땅 북한』, 매일경제신문사, 2013

머니투데이, 「2020년 인구절벽 위기 온다」, 『머니투데이』창간기획, 서울: 머니투데이, 2014

민병학 편저, 『한국정치사상사』, 서울: 대경, 2005

박명림, 「남한과 북한의 헌법제정과 국가정체성 연구: 국가 및 헌법 특성의 비교적 관계적 해석」, 『국제정치논총』, 제49집 제4호, 2009

─────, 『민주주의 그리고 평화와 통일』, 성남: 세종연구소, 1999

박세일, 「국민통합 어떻게 이룰것인가 ─갈등과 대립으로 선진화는 불가능하다」, 『한국군사』, 제32호, 서울: 한국군사문제연구원, 2013

박재정, 「대북식량지원 운동의 정치기회구조와 남남갈등」, 『한국정치학회보』, 제43집 제3호, 2009

박종철, 『공동체 형성전략 및 과제와 초기 통합비용』, 서울: 통일연구원, 2011

박종철·고봉준·김성진·박영준·신상진·이승주·황기식, 『통일 한국에 대한 국제적 우려 해소와 편익: 지역 및 주변국 차원』, 서울: 통일연구원, 2012

박종철 외, 『통일환경 평가』, 서울: 통일연구원, 2010

박태규, 「한반도 통일에 따른 소요비용의 추계와 재원조달 방안」, 『한반도 통일시의 경제통합전략』, 서울: 한국개발연구원, 1997

손호철, 「남남갈등의 기원과 전개과정」, 『남남갈등: 진단 및 해소방안』, 서울: 경남대 극동문제연구소, 2004

삼일회계법인 대북투자지원팀, 『대동강의 기적: 개성에서 나진까지』, 서울: 삼일회계법인, 2013

서희석, 『통일후 토지문제 어떻게 해결할 것인가』, 서울: 기문당, 2006

세종연구소, 『국제질서 전환기의 국가전략』, 서울: 세종국가포럼, 2002

선우현, 「한국사회에서 '진보-보수 간 이념적 대립 구도'의 왜곡화: 대북 정책을 둘러싼 '남한 내 갈등 사태'를 중심으로, 『사회와 철학』, 제4호, 2002

신기욱, 『한국 민족주의의 계보와 정치』, 서울: 창작과 비평사, 2009

신율, 「욕구이론을 통해서 본 남남갈등」, 『한국정치학회보』, 제44집 제2호, 한국: 한국정치학회, 2010

신동진, 『통일비용에 대한 기존연구 검토』, 서울: 국회예산정책처, 2011

신창민, 「통일비용과 통일편익」, 『분단관리에서 통일대비로』, 서울: 통일연구원, 2010

──────, 『통일비용 및 통일편익』, 서울: 국회예산결산특별위원회, 2007

──────, 『통일비용과 분단비용 재점검 시사점』, OK times: Overseas Koreans times, 제139호, 2005

양운철, 「통일비용의 추징과 재원 조달방안」, 『세종정책연구』, 제2권 제1호, 성남: 세종연구소, 2006

요한 갈퉁(Johan Galtung) 저, 강종일·정대화·임성호·김승채·이재봉 옮김, 『평화적 수단에 의한 평화』, 서울: 들녘, 2000

윤성이, 「한국사회 이념갈등의 실체와 변화」, 『국가전략』, 제12권 제4호, 성남: 세종연구소, 2006

윤영관, 『독일통일의 단상』, 동북아공동체연구재단 주최 제10회 한반도 통일경제기획회의, 서울: (사)동북아공동체연구재단, 2013

염돈재, 『독일통일의 과정과 교훈』, 서울: 평화문제연구소, 2010

이규행, 『국정브리핑』, 2004.12.21.

이규영, 「독일의 정치교육과 민주시민교육」, 『국제지역연구』, 제9권 제3호, 2005

이상철·지대남, 『남·북한 군통합의 법적 문제』, 서울: 대청마루, 1995

이수혁, 『북한은 현실이다』, 서울: 21세기북스, 2011

이승현·김갑식, 「한반도 통일비용의 쟁점과 과제」, 『정책연구』, 서울: 국가안보전략연구소, 2011

이우영·손기웅·임순희 공저, 『남북한 평화공존을 위한 사회문화 교류협력의 활성화방안』, 서울: 통일연구원, 2001

이은형, 『북한의 교과서 '조선력사'에 보이는 한국고대사 인식의 변화』, 고려대학교 교육대학원, 2005

이정희, 「한국 시민사회 연구의 현황과 과제」, 김유남 엮음. 『한국정치학 50년』, 서울: 한울아카데미, 1999

이현출, 「국민통합을 위한 정치개혁 과제」, 『분쟁해결연구』, 제10권 제3호, 2012

임복규, 「남북한 인적 왕래에 따른 형사사건 처리방안」, 『통일사법정책연구 2』, 서울: 대법원법원행정처, 2008

임을출, 「남남갈등의 구조와 특성」, 조한범 외 다수, 『지속가능한 통일론의 모색』, 서울: 한울아카데미, 2014

임희섭, 「세계화 시대의 사회통합」, 『한국사회의 새로운 갈등 국민통합』, 서울: 인간사랑, 2007

장경모, 「북한의 전쟁관 분석」, 『정신전력연구』, 제20호, 서울: 국방정신교육원, 1997

장형수, 「통일과 재원조달 논의에 대한 새로운 고찰」, 『정책연구』, 서울:

국가안보전략연구소, 2011

정경영, 『한국의 구심력 외교안보정책』, 서울: 지식과 감성, 2014

─────, 「북한 급변사태와 한국의 국제협력」, Strategy 21, 통권 제25호, Vol.13, No.1, Summer, 2010

─────, 『유엔사의 미래역할과 한국군과의 관계정립 방안』, 2007년도 국회 국방위원회 정책연구보고서, 서울: 대한민국 국회, 2007

정인섭, 「통일과 조약승계」, 『경희법학』, 제34권 제2호, 서울: 경희대학교법학연구소, 1999

정용길, 『독일 1990년 10월 3일―통일을 생각하며 독일을 바라본다』, 서울: 동국대학교출판부, 2009

─────, 「분단국가의 통일사례가 한반도 통일에 주는 교훈에 관한 연구」, 『행정논집』, 제22호, 서울: 동국대학교, 1994

제성호, 『남북한관계론』, 서울: 집문당, 2010

제정관, 『남북한 군사통합방안과 통일국군 건설방향』, 경남대학교대학원 박사학위논문, 1998

진행남, 「한국사회의 이념적 갈등구조와 남북관계」, 『동아시아 한반도의 평화 세미나』 자료집, 2009

조동호, 『통일의 경제적 비용과 통일비용』, 서울: 민족통일연구원, 1997

조민, 「통일비전과 통일담론의 확산: 통일의 새벽이 동터오는가」, 통일 정책 자료 Online Service CO 14-04, 통일연구원, 2014

─────, 「통일정책과 국민통합」, 『통일정책연구』, 제12권 제2호, 서울: 통일연구원, 2003

조한범, 『남남갈등 해소방안연구』, 서울: 통일연구원, 2006

조한범 외, 『지속 가능한 통일론의 모색』, 서울: 한울, 2014

주봉호, 「남한사회 남남갈등의 양상과 해소방안 모색」, 『한국동북아논총』, 제64호, 광주광역시: 한국동북아학회, 2012

철학연구회 편, 『정의로운 전쟁은 가능한가』, 서울: 철학과 현실사, 2006

최윤철, 「평화통일 관련 입법에 대한 헌법적 평가」, 『통일의 공법적 문제』, 한국공법학회, 2010

최준옥, 『남북 경제통합과 재정정책(Ⅰ): 재정의 지속가능성에 영향을 미치는 요인분석』, 서울: 한국조세연구원, 2008

최호진, 「독일통일 과정에서 나타난 형사법적 문제」, 『통일과 법률』통권 제2호, 서울: 법무부, 2010

통일교육원, 『2012 북한개요』 서울: 통일교육원, 2012

─────, 『북한이해』, 서울: 통일교육원, 1999

통일부, 『통일백서』, 서울: 통일부, 2011

통일부 제출자료, 2010년 9월 1일

평화문제연구소 간, 『독일통일 바로알기』, 서울: 평화문제연구소, 2010

홍순직, 「남북통일 비용과 편익 어떻게 볼 것인가? —남북 통일, 편익이 비용보다 크다」, 『남북통일 비용과 편익 어떻게 볼 것인가』, 서울: 박병석 국회부의장실/국회입법조사처, 2012

홍익표, 「남북한 경제공동체 추진전략 및 과제」, 통일기반 조성을 위한 세미나 『남북공동체 형성과 통일』, 2011

하정열, 「평화통일과 한반도 이야기」, 『한반도 이야기』강의, 2010년 11월 26일

―――, 『국가전략론』, 서울: 박영사, 2009

―――, 『한반도 통일 후 군사통합 방안』, 서울: 팔복원, 1995

한명섭, 『남북교류와 형사법상의 제 문제』, 서울: 한울, 2008

황장엽, 『북한의 민주화와 민주주의 전략』, 서울: 시대정신, 2008

<외국문헌>

Bonnie S. Glaser and Scott Snyder, "Responding to Change on the Korean Peninsula: Impediments to China-South Korea-United States," CSIS, May, 2010

Charles Wolf Jr., "The Cost of Runiting Korea," Forbes.com, 2010.3.15

CSIS, "A Blueprint for U.S. Policy toward a Unified Korea," August, 2002.

Dieter Farwick, Ein Staat-Eine Armee, Report Verlag, 1992

Die Bundeswehr, Weissbuch 1994, Druckerei Bachem GmbH, 1994

Flassebeck, Heiner, "German Unification-Five Years Afler", Economic Consequences of German Unification and Its Policy Implication for Korea, KDI/DIW Joint Seminar, 1996

James E. Dougherty & Robert L. Pfaltzgraff, Jr, Contending Theories of International Relations: A Comprehensive Survey, New york: Harper&Row, 1990

John E. Chubb, Michael G. Hagen and Paul M. Sinderman, "Ideological Reasoning," in Paul M. Sniderman, Richard A. Brody and Philip E. Tetlock, Reasoning and Choice: Explorations in Political Psychology, New York: Cambridge University Press, 1991

Kwak Tae-hwan, "The Korean Peninsula, Peace Regime Building Initiative," Special Lecture at the Catholic University of Korea, Nov 7, 2011

Joerg Schoenbohm, Zwei Armeen und Ein Vaterland, Siedler Verlag, 1992

Lewis A. Coser, The Functional of Social Conflict, Free Press, New York, 1956

Kenneth E. Boulding, Conflict and Defense: A General Theory, Harper and Brothers, New York, 1963

Paul B. Stares and Joel S. Wit, "Preparing for Sudden Change in North Korea," Council Special Report 42, Council on Foreign Relations , January 2009

Peter M. Beck, "Contemtating Korean Reunification", The Wall Street Journal, January, 4. 2010

Robert D. Kaplan, "When North Korea Falls," The Atlantic, October, 2006

김정일, 「주체사상에 대하여」, 『친애하는 지도자 김정일 동지의 문헌집』, 평양: 조선노동당출판사, 1992

허종호, 『주체사상에 기초한 남조선 혁명이론과 조국통일 리론』, 평양: 사회과학출판사, 1975

<신문 및 인터넷>

『뉴 시 스』, 2012년 3월 22일
『동아일보』, 2013년 4월 26일
『문화일보』, 2014년 6월 27일
『연합뉴스』, 2014년 5월 16일
『연합뉴스』, 2004년 7월 27일
『조선일보』, 2013년 12월 19일
『조선일보』, 2010년 4월 4일
『프레시안』, 2012년 3월 12일
『한 겨 레』, 2003년 10월 10일

김동성, 「북한의 통일전선 전략전술과 대남정치 심리전」, 『전략연구』, 한국전략문제연구소, http://www.dbpia.co.kr/Article/3179126

NED 홈페이지, htt://www.ned.org

President Obama's commencement address at West Point, May
    28, 2014,
        http://www.whitehouse.gov/the-press-office/2014/05/
        28/remarks-president-united-states-military-academy-
        commencement-ceremony/-e670-11e3-afc6-a1dd9407abcf_
        print.html.

찾아보기

공동집필자 약력 (원장, 가나다순)

하정열(河正烈. Ha Jung-yul)

한국안보통일연구원장
북한대학원대학교 초빙교수
독일 육군사관학교 졸업
서강대 독문학과 졸업(문학사)
독일 지휘참모대학 졸업
동국대 행정대학원 졸업(행정학 석사)
북한대학원대학교 졸업(북한학박사)
일본 아오야마대학원에서 일본사 수학
예) 육군소장
전) 보병 제27사단장, 대통령 국방비서관
전) 한국전략문제연구소 안보전략연구소장

주요저술

"상호주의 시각에서 본 남북관계 분석"(박사
학위 논문), 2011.
『국가전략론』, 박영사. 2009.
『한반도 평화통일전략』, 박영사. 2004.
『대한민국안보전략론』, 황금알. 2012.
『한반도통일후 군사통합방안』, 팔복원, 2002.
『일본의 전통과 군사사상』, 팔복원. 1999.
『한반도희망이야기』, 오래, 2011.
『상호주의전략』, 오래, 2012.

강진석(姜墳錫. Kang Jin-suk)

한국안보통일연구원 국방연구소장
조화안보통일리더십 연구소 대표
공군협회 「항공우주력 연구」 편집장
공군사관학교 졸업(이학사)
국방대학원 졸업(안전보장학 석사)
충남대 대학원(정치학박사)
NATO School, CTBTO OSI Course(2007)
KAIST 지식최고경영자과정
예) 공군대령(전투기조종사)
전) 서울과학기술대학교 교수
전) 공군대학 교수 겸 정책전략처장(AWC)
전) UN 제1위원회(안보·군축) 한국대표단
리더십 철학, 국방·군사정책/전략, 항공우주
력 전문가로 활동

주요저술

"9.11테러와 미국의 안보전략 변화". (박사
학위 논문)
"국가대전략 수립을 위한 안보통일철학 연구"
「항공우주력연구」 2013. 12. 공군발전협회.
『전쟁과 정치』, 한원, 1989
『전략의 철학』, 평단, 1996
『한국의 안보전략과 국방개혁』, 평단, 2005
『현대전쟁의 논리와 철학 』, 동인, 2012
『클라우제비츠와 한반도 평화와 전쟁』, 동인, 2013
『군사사상사』, 공저, 플랫미디어, 2013
『리더십 철학』, 동인, 2013

라미경(羅美景. Ra Mi-kyoung)

한국안보통일연구원 평화연구소 부소장
순천향대학교 사회과학연구소 연구교수
충남대학교 대학원 졸업(정치학박사)
- 한국정치학회 연구이사
- 한국 NGO학회 이사
- 전) 여성정치세력민주연대대표
전) 통일부, 국가보훈처 정책자문위원

주요저술

"국제관계에 있어서 개발 NGO의 역할에
관한 연구" (박사학위논문)
『국제 NGO의 이해』. 한울출판사, 2008
『아시아문제와 시민사회 역할』. 경희대출판
문화원, 2010
『기로에 선 북한, 김정일의 선택』. 한울아카

전) 안전행정부, 소방방재청 평가위원

『데미, 2011
『동북아의 평화사상과 평화체제』. 도서출판 리북, 2004
『21세기 동북아 질서와 한반도』. 씨앗을 뿌리는 사람들, 2003

문성묵(文聖默, Moon Seong-mook)

한국안보통일연구원 통일연구소장
한국전략문제연구소 전문연구위원
(사)코리아DMZ협의회 남북분과위원장
육군3사관학교 졸업
경북대학교 졸업(문학사)
국방대학원 졸업(안전보장학 석사)
경북대학교 대학원 졸업(정치학박사)
예) 육군준장
국방부 정책자문위원 및 기관평가위원
전) 국방부 군비통제차장 및 북한정책과장
전) 남북군사실무회담 수석대표

주요저술

"중국의 경제발전과 군사전략 변화의 상관관계" (박사학위 논문),
『군사대국 중국』, 팔복원, 2000
『신세계질서론』, 공저, 대왕사, 1997
『전환기 안보상황하 한반도 실질적 평화정착 추진전략』, 대한민국 성우회 국제전략연구원, 2010
『평화공동체 추진구상』, 공저, KRIS, 2011
『통일여건 조성을 위한 군사적 긴장완화 및 평화체제구축방안』, 한국군사문제연구원, 2012
『신정부, 국가전략 DMZ 평화적 이용』, 공저, 통일연구원, 2012

이상철(李相哲) Lee Sang-chul

육군사관학교 법학과 명예교수
육군사관학교 문학사(국제정치학)
서울대학교 법과대학(법학사)
고려대학교 법과대학 대학원 졸업(법학석사)
독일 콘스탄쯔(Konstanz)대학교 법학박사(Dr. Jur.)
국방부장관 정책자문위원
합참의장 정책자문위원
한국공법학회 부회장
국방부 군무원선발 시험출제위원
행정안전부 국가고시 시험출제위원
육군사관학교 법학과 교수(1981-2013)

주요저술

헌법학개론, 박영사, 2013
군사법원론, 박영사, 2011
국방행정법원론, 도서출판 봉명, 2008
남북한 군통합의 법적 문제, 대청마루, 1995
군사법의 제문제, 한국학술정보(주), 2008
"국가배상법 제2조 제1항 단서의 위헌성" 외 논문 다수

이자형(李字炯, Lee Ja-hyung)

한국안보통일연구원 남북경제연구소장
한반백통일정책연구원 원장
숭실대·삼육대 외래교수
조선대학교대학원 졸업(경제학박사)
동경대 대학원 총합문화연구과 수료
와세다대학대학원 아시아태평양연구센터
일본ODA산하 FASID(국제개발고등기구)
개발원조 공동강좌 수료
경남대극동문제연구소 객원연구위원

주요저술

"구동독지역의 체제전환과 경제적 성과에 관한 연구" (박사학위 논문)
『남북한 관계의 현실과 발전을 위한 국회의 역할』, 2006, 국회사무처.
『북한경제개발추진전략과 대북개발지원시스템을 위한 국회의 역할』, 국회사무처, 2007
「北韓金融制度と改革方案」, 『經營經濟』, 朝鮮大學校經營經濟研究所, 2002.

한국은행경제연구원 객원연구원
와세다대학 대학원 교환연구원
大板經濟法科大學アゾア硏究所 客員硏究員
日本韓國人硏究者フォーラム會員

정경영(鄭京泳. Chung,Kyung-young)
한국안보통일연구원 안보연구소장
육군사관학교 졸업(국제관계학 학사)
미 육군지휘참모대 졸업(군사학 석사)
University of Southern California 대학
　원졸업(체계경영학 석사)
University of Maryland 대학원 졸업(국제
　정치학 박사)
동아시아국제전략연구소 소장
국방대·가톨릭대 교수
합참·연합사·육군본부 정책개발 참여
대통령직인수위·NSC·국방부 정책자문

안찬일(安燦一 An Chan-il)
1979년 탈북(북한군 민병대 부소대장)
건국대학교 정치학 박사(1979, 탈북자 1호 박사)
(사)세계북한연구센터소장
중앙대학교·서강대학 초빙교수
미국 컬럼비아대학 초빙교수
고려대학교 정치외교학과 졸업

「北朝鮮經濟の實像と經濟體制轉換可能性, -中國
　東歐の經驗を中心に-」, 小林英夫 編『北朝鮮
　と東北アジアの國際新秩序』, 學文社, 東京,
　2001.9.
「사회주의의 경제체제전환과 북한의 경제체제전
　환」, 『산업경제연구』, 한국산업경제학회, 1996.

주요저술
Building a Military Security Cooperation Regime
　in Northeast Asia (박사학위논문)
『한국의 구심력 외교안보정책』, 지식과 감성, 2014
『동북아 재편과 출구전략』, 21세기 군사연구소, 2011
『한국 국방의 도전과 과제』 공저, 한국학술
　정보, 2012
『동아시아 영토분쟁과 국제협력』 공저, 디딤
　터, 2014
North Korea and Security Cooperation
　in Northeast Asia, Co-authors, London,
　Ashgate, 2014

주요저술
『주체사상의 종언』, 을유문화사, 1997
『북한사회의 이해』 공저, 인간사랑, 2012
『10년 후의 북한』 공저, 인간사랑, 2011
『북한총람』 공저, 북한연구소, 2012

집필자문위원 약력

이재윤(李在輪 Lee Jae-Yun)

중앙대학교 경영경제대학 명예교수
깨달음경영학(MOSE) 창시자, 학회장
미국 Hartford대학교 경영학석사(MBA), 경
　　제학석사(MA)
중앙대학교 경제학 박사
중앙대학교 교수협의회 회장
평화통일국민포럼 이사 겸 교육위원장

주요저술

깨달음 경영 및 창조윤리 실천
국가핵심전략기술 개발에 관한 연구
군 R&D와 민간 R&D의 유기적 협력체제
『깨달음 경영학』

강명도(康明道 Kang Myong-Do)

1994년 탈북
경민대학교 효충인성교육원 북한학 교수
조선인민경비대원 평양시당 지도원
조선사회민주당 중앙위 국제부 지도원
인민무력부 보위대학 연구실 실장
통일부 통일연구원 연구위원
북한민주화위원회 북한선교국 국장

주요저술

『평양은 망명을 꿈꾼다』, M&B, 1995.

한국안보통일연구원

한국안보통일연구원(KISU: Korea Institute for Security and Unification)은 평화통일 국민포럼 산하의 연구기관으로서 2013년 3월 5일 창설되었으며 민주시민아카데미와 7개의 연구소가 운영되고 있습니다.

○ 연구원 사업

1. 안보, 통일분야의 전략과 정책연구
2. 국방, 평화, 북한문제와 국민통합에 관한 연구
3. 관계, 언론계, 학계, 경제계 및 일반국민 등에 대하여 안보문제에 관한 이해 제공
4. 안보, 통일, 국민통합 분야에 관한 국민의식 고취를 위한 교육 및 자문
5. 연구자료 및 학술지 발간
6. 민간전문가 육성을 위한 지원
7. 기타 평화통일 국민포럼과 연구원의 목적에 필요하다고 판단되는 사업

○ 조 직 도

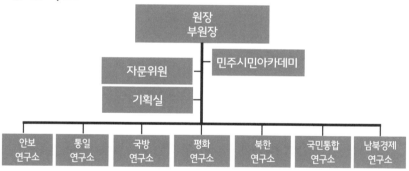

○ 임 원

원장:　　　 하정열
부원장:　 박정이, 정용상
안보연구소장:　 정경영
통일연구소장:　 문성묵
국방연구소장:　 강진석

평화연구소장:　　　 길병옥
북한연구소장:　　　 한관수
국민통합연구소장: 이재윤
남북경제연구소장: 이자형

공저자
하정열: 한국안보통일연구원 원장
강진석: 한국안보통일연구원 국방연구소장
라미경: 한국안보통일연구원 평화연구소 부소장
문성묵: 한국안보통일연원 통일연구소장
이상철: 한국안보통일연구원 자문위원
이자형: 한국안보통일연구원 남북경제연구소장
정경영: 한국안보통일연구원 안보연구소장
안찬일: 한국안보통일연구원 자문위원

집필 자문위원
이재윤: 한국안보통일연구원 국민통합연구소장
강명도: 한국안보통일연구원 자문위원

안전하고 평화로운
통일의 길 — 걸림돌 해결방안

초판인쇄   2014. 11. 1
초판발행   2014. 11. 15

저 자   하정열 외
발행인   황 인 욱
발행처   도서출판 **오 래**
　　　　　서울특별시용산구한강로2가 156-13
　　　　　전화: 02-797-8786, 8787; 070-4109-9966
　　　　　Fax: 02-797-9911
　　　　　신고: 제302-2010-000029호 (2010. 3. 17)

ISBN 978-89-94707-02-0   93340

 http://www.orebook.com
email orebook@naver.com

정가 14,000원